JN192135

新井紀子
東中竜一郎 編

人工知能プロジェクト

「ロボットは東大に入れるか」

第三次 AI ブームの到達点と限界

東京大学出版会

"Can a Robot Get into the University of Tokyo?"

The Achievements and Limitations of the Third Wave of AI

Noriko ARAI and Ryuichiro HIGASHINAKA, Editors

University of Tokyo Press, 2018

ISBN978-4-13-061407-8

はじめに

　「ロボットは東大に入れるか」（以下，「東ロボ」）は国立情報学研究所がグランドチャレンジとして 2011 年から開始したプロジェクトである．一般に，グランドチャレンジとは従来の研究の連続的な発展では解決が困難とみられる課題にあえて挑戦することで，問題点を洗い出し，次の核心的イノベーションの糸口を探るために設定される．

　グランドチャレンジの題材として「日本の大学入試」が選択されたのには主として 3 つの理由があった．

　第一の理由は，大学入試という総合的かつ広範囲の知的活動をコンピュータプログラムに解かせるということ自体の，前例のない難しさだ．チェス・将棋・囲碁といったボードゲーム，写真に何が写っているかをあらかじめ定めた有限個の物体に分類する物体検出，録音された音声を正しく文字に変換する音声認識等，これまで人工知能（AI）分野には特化型 AI 向けのさまざまなチャレンジがあり，その精度を比較するためのベンチマークが設定されてきた．特化型 AI 向けのベンチマークは，もちろんそれぞれ困難であり，それらを高精度で解く特化型 AI には有用性がある．その一方で，それらを単純に組み合わせたり，教師データを入れ替えたりすることでは総合的知的タスクを高精度で解決できる，より汎用的な AI にはなりえないことは，これまでの研究の中で既に多くの研究者が共有していた認識だろう．しかし，総合的知的タスク，特に人間が真剣に取り組んでいる総合的な知的タスクに挑戦しない限り，なぜ，どこで，このようなアプローチに限界が来るのか，AI を社会実装しようと試みたときにどのような課題が生じるかを，私たちは具体的には知りえない．そこで，参加するすべての研究者が（単に抽象的なレベルではなく）具体的なレベルで近未来の AI の可能性と限界を明晰に認識する——どのような問題設定においてどのようなコストと効果があるか等の認識を含む——ために，敢えて達成が困難と考えられる東大合格を最終目標として，大学入試をテーマとして選んだ．それは，2010 年段階で我々が到来を予測した第三次 AI ブームに対して，日本の研究者が「正しく，主体的に」参画するための準備をするためでもあった．ゼロ年代

後半の機械学習の研究に対する企業からの投資状況（いわゆるトップ国際会議への寄付，博士取得者の獲得状況等）から，次の AI ブームはアメリカの，特に検索やソーシャルネットワークサービスを無償でユーザに提供しているコミュニケーションプラットフォーマーが主役になることが予測されていた．ユーザが自己責任で利用する無償サービスが必要とする AI 技術の精度と，製造物責任が問われる日本のモノづくり企業に求められるそれは，根本的に異なる．そういう中で，統計とビッグデータによる AI 技術の限界がどこに来るかを正確に認識することが日本の戦略として必要だと考えたのである．実際に，深層学習が物体検出等で画期的な効果を上げたことで，2012 年ごろから第三次 AI ブームが開花し，米巨大 IT 企業によって牽引されることとなった．そこから流れてくる情報は，あくまでも彼らのビジネス上メリットがあるものに限られる．今，日本がコストを払ってでも正確に知るべき情報は，「可能性」以上に「限界」に関する情報である．日本において産学が連携し，100 人以上の研究者が参画して，日本として主体的にテーマを設定した上で，さまざまな方法論を試し，特に論文やプレスリリース等ではなかなか知りえない「限界」を目の当たりにすることができれば得難い経験になると考えた．

　第二の理由は，大学入試が（欧米と異なり）重大な社会関心事であり，人々の耳目を集めやすい「わかりやすい」テーマだということがある．そのようなテーマを選ぶことにより，AI 研究者や開発者だけでなく，他分野の研究者や一般市民の AI リテラシーを向上させることを目指したのである．市民に十分な AI リテラシーがないなか，AI ブームが米巨大 IT 企業によって牽引されれば，過剰な期待がバブル化し，誤った投資に向かう危険性が極めて高いだろう．それは国益を大きく損ねる．そこで，10 年という時間的制約を設けた上で，大学入試をベンチマークとして選択し，同時進行している AI 分野のイノベーションを逐次取り入れることにより，近未来の AI 技術の可能性と技術限界を社会全体に対して公開することをプロジェクトの目標に設定した．言い換えると，現状の AI を社会実装する上で，どんなコストと課題が待ち受けているかを，研究者ではない一般人も含めて，広く理解を深める「科学コミュニケーション」を前提として本プロジェクトは進められたのである．後でも触れるが，それはかつて経済産業省（当時：通商産業省）主導で行われた国家的な AI プロジェクトである「第五世代コンピュータ計画」が，失敗結果をフェアに公開しないまま研究を終了した結果，膨大な投資にもかかわらず，日本の AI リテラシー向上につながらなかったことへの反省に基づく．

　第三の理由は，日本では大学入試に毎年 50 万人以上の若者がチャレンジして
いるという事実である．毎年，新しい問題だけが作問されるセンター入試と記
述式の 2 次試験という二段構えの入試は，実は世界的にほとんど例がない．日
本の大学入試は，近未来の AI と若者の「能力」の少なくとも一端をフェアに
比較することが可能な世界的に見ても稀有なベンチマークだといえる．その結
果は，AI が広く社会実装されるであろう 2025 年以降の社会，特に労働市場が
どのように変容するかを具体的に予測する上で役立つと考えた．AI に代替され
る・されない能力がどのようなものかが明確化すれば，2025 年以降に求められ
る教育の設計にも役立つに違いない．

　東ロボでは，2013 年から 2016 年まで毎年大手予備校が提供する大学入試セ
ンター模試および東大の 2 次試験を想定した記述式模試（数学・世界史）を受験
し，その結果を広く社会に公開した．結果的に 2015 年，2016 年連続して，セ
ンター模試の総合成績が偏差値 56 を超え，日本の大学の約 7 割について，いず
れかの学科で合格可能性 80 ％以上という評価を得た．そこには複数の有名私立
大学も含まれた．おおよそ，受験生の上位 20%以内の成績である．だが，それ
以上の画期的な成績向上は，現状の AI 技術の連続的な進化では見込めない，と
いう十分な状況証拠が揃ったため，全科目で同時期に模試を受験する，という
形態でのチャレンジを 2016 年度で一旦凍結した．しかし，2017 年度には新し
い対象である化学の解答システムの構築にチャレンジする等，個別の研究開発
は継続している．

　本書は，東ロボのベンチマークの設定および各科目での解答器の研究開発の
「ファクト」を主として研究者に伝えるために編まれた．特に，本書が未来の研
究者にとって「第三次 AI ブームとは何であったか」を振り返るための資料とし
て有益であることを切に願う．

目次

序 章

東ロボプロジェクトは何を目指したか

本章では，「ロボットは東大に入れるか」の人工知能研究における意味，および，位置づけについて述べる．また，本プロジェクトでは，作成した解答器の性能を測るため，定期的に模試を受験してきているが，そのスコアの推移についても述べる．スコアの推移を見ることで，現時点での到達点と限界がおおまかに理解できるだろう．スコアの推移は，東ロボプロジェクトの軌跡でもある．プロジェクトの参加メンバーは，毎年の受験のために，どうしたらよい成績を達成できるかに苦心してきた．本書は，各科目のチームがどのようにしてこれらのスコアを実現してきたかを詳細に記録したものである．本章で説明する，本プロジェクトの意味，そして，スコアの推移を踏まえて，次章以降を読み進めていただきたい．

1　東大の入試問題を解けることの意味

「ロボットは東大に入れるか」（東ロボ）は，国立情報学研究所内の研究者との議論から，2030 年にはホワイトカラーの半数がデジタライゼーションによって機械に仕事を奪われるという近未来予測を，プロジェクトディレクターの新井が書籍『コンピュータが仕事を奪う』[新井 10] で 2010 年に発表したことをきっかけに始まった．当時の日本は，大きな落胆とともに終わった第五世代コンピュータ計画のショックから未だ立ち直っておらず，画像認識や自然言語処理など AI から分化し確立した分野の大規模プロジェクトは存在したが，リアルかつ多様な総合的知的処理を題材とする AI プロジェクトは提案すら憚られる空気があった．一方，海外では AI への巨額投資が始まっており，日本においても特に産学連携の AI プロジェクトの必要性が意識され始めた時期であった．

そのような状況認識の下，国立情報学研究所では東ロボを国立情報学研究所のグランドチャレンジと位置づけるべきか否かに関する検討会議が開かれた．

　大学入試突破を表面上の目標として設定することには次のようなメリットがある．

　現在人間が行っている作業をAI技術の導入によりEnd-to-Endで代替させようとする場合，「人間が行っている当たり前の判断」がAIにとっては困難，あるいは，コスト高すぎるということは少なくない．ただ，研究者も人間であることから，その事実を見過ごしがちになり，基礎研究の成果を社会実装することに失敗することが，ままある．過去の2回のAIブームが失望に終わった主因の1つもそれだ．2010年の段階で我々が到来を予想したビッグデータと統計的手法（機械学習）による第三次AIブームにおいても同様のことが起こることが予想された．そこで，機械の特定の機能を向上させるために設計されたものではなく，人間のある面の能力を測定する上で用いられる「大学入試」というベンチマークを用いることで，統計的手法がどのような事例でつまずくかを白日の下に明らかにする．その結果，研究者側も産業界もAI技術に関するリテラシーが向上し，過剰なAIへの期待を抑制するとともに，AI技術の適切な社会実装を支援することができる，というメリットである．

　国立情報学研究所は情報・システム研究機構という「大学共同利用機関法人」に属する研究所である．当然，東ロボも，国立情報学研究所内だけでなく，大学連携・産学連携で研究体制を敷くことが当初から想定されていた．特に，（その頃はまだこのキーワード自体が知られていなかったが）通常ならば競合関係にある複数の企業とともに「オープンイノベーション」の形態で推進する予定であった．「大学入試を突破するソフトウェア」の開発はその意味でも都合が良かった．なぜなら，そのようなソフトウェアに直接的な実用性はないため，特許等の知的財産の帰属を気にせずに本プロジェクトから得た「知」を共有できるからである．そのことは，東ロボの推進母体となった国立情報学研究所の「社会共有知研究センター」の設立目的にも合致していた．情報公開の流れから，大学入試センター等が過去の問題をデジタル化して公開していること等も後押しになった．加えて，日本は世界でも稀な大学入学試験制度をもつ国である．まず，センター入試と記述式個別試験という二段階入試であり，センター入試は毎年50万人以上が一斉受験する．どちらの問題も過去に出題した問題を繰り返して利用することがない（アメリカのSAT等はそうではない）．そのように，教師データとテストデータが完全一致することはありえないという意

味でも，研究対象としてフェアだ．加えて，学習指導要領が厳格に決められており（アメリカもヨーロッパもそうではない），出題範囲という「人間にとってのフレーム」は明確である．それが AI にとっても，囲碁や将棋のルール同様にフレームとして機能するか否か．それは近未来 AI の可能性と限界を見極める上で非常に重要なポイントだった．つまり，将棋でプロに勝つ困難さと，大学入試センター試験で高偏差値を獲得するのが，AI にとって「比較可能」なのか，それともまったく別問題なのか，ということは 2010 年当時，日本の AI 研究者で正確に理解していた人は稀有であったろう．

　以上は研究上の，加えて日本のイノベーションを正しい方向に導くためのメリットである．一方で，以下のような課題も指摘された．人間向けの複雑なタスクを現段階の AI に取り組ませても正解率しかわからず，「なぜ成績が伸び悩むか」の原因を特定できないという意見である．

　仮に「汎用的な AI」というものが，個々の基礎技術の純粋な積み上げで実現できるなら，その意見はもっともである．しかし，現状の AI はある意味「マトリョーシカ」的状況にある．「同義文判定」や「文書要約」といった限定的な状況と課題であっても，その中にまさにセンター入試で 4 択の中から最適な 1 つを選ぶというタスクと同じ構造の複雑さが含まれている．同義文判定と文書要約のような基礎研究が完成してから，より複合的な入試問題に取り組むというのが，研究の「適切な順序」であることは，まったく保証されない．その意味では，「できること」だけを研究成果として公開することは，サイエンス・コミュニケーションとしてミスリーディングでさえある．むしろ人間向けの複合的タスクでの結果を公開することで，統計に基づく自然言語処理の限界をありていに公開したほうが，アカデミアのみならず社会全体にとってプラスだと考えるに至った．

　数学の自動解答だけはできるのではないかとの誤った指摘が，人工知能の専門家からなされたことも興味深い．たとえば，「最近，ゲーデルの第一不完全性定理も自動証明されたらしいので，センター入試問題はできるのではないか」といった指摘である．これは人間の証明につきものの細かいギャップを証明支援システムの利用により埋めることができた，という証明支援と自動証明を混同したものである．専門家側もある意味タコツボ化していて，自らの分野（画像認識，自動翻訳，音声認識等）の技術動向は知り尽くしていても，隣の分野については正確な技術の見積もりができていないことの一例だろう．その意味でも，分野の縦割りを取り払って，複合的なタスクに挑むことは価値があると思った．

日本の大学入試ではなく，SAT などアメリカの入試を対象としたほうが良いのではないかとのコメントもあった．AI 分野に限らず情報学分野は圧倒的に英語優位であり（次は中国語），日本語でのベンチマークを運営しても十分な研究者数を確保できない上に，トップ国際会議やトップジャーナルで採択されにくいという事実がある．実際，東ロボのほうが先であるにもかかわらず，2013 年くらいから大学入試問題のベンチマークを用いた研究が自然言語処理分野で流行し，それらの論文は「入試問題を用いた研究として世界初だ」と主張し，東ロボに言及しないことが，たびたび起こっている．

若手の研究成果が適切に評価されるには英語圏の入試問題を題材にしたほうが良いのではないかという意見には一理ある．しかし，それでは日本語で社会実装をしようという日本の企業や社会はどうすればよいのだろう．しかも SAT はセンター入試に比べると著しくレベルが低い．過去問とまったく同じ問題，あるいは数値を変えただけの問題も多い．研究価値は低いと感じられた．

最後に，これは諸刃の剣になりうることだが，「ロボットは東大に入れるか」というフレーズが社会の耳目を集めすぎるという点が議論になった．アカデミアはこのような「耳目を集める」タイトルのプロジェクトを見ると，反射的に嫌悪感を示す．また，通常「社会に直接的に役に立つ」技術開発を目指している工学系的価値観からの反発も大きいと考えられた．「大学入試を解くソフトウェア」は直接に何らかの社会問題を解決するわけではないからだ．だが，注目が集まることで，本ベンチマークに挑戦しようという若手研究者を集めやすくなるとの利点がある．参加する企業にとってもメリットは大きいだろう．

さまざまな観点からプロジェクトのメリット・デメリットが議論され，最終的に 2011 年から 2021 年まで 10 年間かけて東大への合格を目指すという「わかりやすい目標」が設定された．より「現実的」な中間目標として，センター入試において，2013 年までにベースラインとなるシステムを構築し，どこかの大学に入学させること，2015 年にいずれかの国公立大学に入学させるまで実力を向上させること，そして 2016 年に関東地方および近畿地方の難関私立大学，具体的には，MARCH（明治・青山学院・立教・中央・法政）・関関同立（関西・関西学院・同志社・立命館）のいずれかの学科に入学させることが設定された．2016 年度の目標は極めてチャレンジングでリスクが大きいというのが，当時のメンバーの多くの感触であった．方法論としては，国立情報学研究所が AI に学習させるコンテンツ，主として教科書，参考書，過去 20 年分のセンター模試，予備校の模試等の著作権処理および必要なデジタル化とアノテーションを行

い，産学の研究者に呼びかけてオープンイノベーションあるいはコンペ形式で推進することを想定した．特に，国立情報学研究所は 1997 年から NTCIR（エンティサイル）という情報アクセス技術に関するタスク型のワークショップを 1 年半ごとに開催してきた実績がある．NTCIR を通じてタスクを公開し，広く参加者を求めることで，効率的に研究開発を進められると考えたのである．

　2011 年 2 月，IBM が開発してきた Watson がアメリカのクイズ番組 Jeopardy! においてチャンピオン 2 人を破ったというニュースをきっかけに，「ロボットは東大に入れるか」を国立情報学研究所のグランドチャレンジとして正式に発足させることが承認された．ただし，2016 年段階で東大合格への具体的な道筋が見込めない場合にはプロジェクトを凍結する可能性がある，という一定の縛りが設けられた．

　グランドチャレンジ開始の際に国立情報学研究所に提出した申請書の目的と推進体制を参考のために以下，転載する．

【タイトル】　人工頭脳プロジェクト〜東大入試に迫るコンピュータから見えてくるもの〜

【研究目的】　1950 年代にクロード・シャノンによって緒がつけられ，その後，マッカーシーやミンスキーによって花開いた「人工知能」に関する研究は，1980 年代以降はフレーム問題やシンボルグラウンディング問題に阻まれ，個別の対象領域に限定された方法論へとシフトしていった．このような現実的戦略を取ることによって，検索や機械翻訳，画像処理等の精度が 1990 年代以降格段に高まったことは大いなる成果であるが，それは同時に人間の思考に関する深い理解を妨げてきた側面もある．人工知能に関連する諸分野（自然言語処理，画像処理，ロボティックス，音声処理等）の研究者が国内外を問わず参加できるコンソーシアム型研究基盤を構築した上で，2000 年代以降の成果を互いに共有することで，人間の思考に関するホリスティック（holistic）な理解を深めることを目的として本研究プロジェクトを提案する．

【研究プロジェクトの推進体制】　本研究プロジェクトは，（1）自然言語の意味の統一的計算モデルの研究（サブプロジェクトディレクター宮尾祐介）（2）画像・自然言語・物理モデルの相補的理解に基づく実世界理解（サブプロジェクトディレクター稲邑哲也）（3）高度複合情報アクセスシステムのためのコンソーシアム型実験研究基盤（サブプロジェクトディレクター神門典子）（4）ロボッ

トは東大に入れるか（サブプロジェクトディレクター新井紀子）4部門と全体のプロジェクトを有機的に運営する統括部門によって構成される．

（1）では，計算機による高度な言語理解を目標とし，自然言語テキストが表現する意味を形式的・計算論的に扱うための理論や技術の研究を行う．計算機が言語を理解する第一歩として，言語で表現されたさまざまな情報から同等な情報や関連する情報を認識する必要がある．一般に，同じ情報を表すのにさまざまな言語表現が用いられ，逆に同じ言語表現が状況によってさまざまな情報を表す．したがって，言語表現のレベルではなく言語が表している情報を直接的に示す表現，すなわち意味を操作対象とする必要がある．意味をどのように形式的に表すか，そして意味の同値性や差異をどのように計算するかは自然言語処理研究において重要な未解決問題であり，本研究でその解明を目指す．

（2）では，ロボットシミュレーションのような，物理則モデルに基づくシミュレーション技術と自然言語処理技術を融合させることによって，教科書に記述されているような，ある程度の基本的な物理モデルの知識だけを与え，それに膨大な量の計算を必要とする物理シミュレーションによる未来予測技術を統合することで，ある程度の精度での予測や質問への回答ができるレベルのシステムの実現を目指すとともに，本研究での成果を対話型ヒューマノイドロボット研究に接続させる．

以上の研究のベンチマークとして，（4）で構築されたアノテーションを付した大学入試の過去問題を用いる．大学入試問題は国語，英語，数学，理科（物理・化学・生物・地学），社会（世界史・日本史・地理・現代社会・倫理・政治経済）など多様な分野にわたって，図表と数式混じりのテキストが与えられ，演繹・帰納，常識・知識・論理的判断を複合的に用いて，質問応答・複数選択・要旨記述・意見表明が求められる．ホリスティックな人間の思考理解のためには適切な題材のひとつだと考えられる．

（3）では，（4）のベンチマークを国内外の共同研究者に提供するための統合実験研究基盤を構築する．情報アクセス技術をEnd-to-Endで開発するのは，現在の研究状況では効率的とはいえないため，コンポーネントごとに並列的に研究を進め，かつ，多様な研究グループがそれぞれ得意なコンポーネントについて研究し，相互に成果を活用できるコンソーシアム型の研究開発によって，高度情報アクセスに関する多様なグランドチャレンジの可能性はさらにひろがる．また，1998年から継続しているNTCIRプロジェクトにおいて本プロジェクトのためのスペシャルタスクを設定し，評価を行う．

2 東ロボプロジェクトの歩み

東ロボプロジェクトが始まったのは 2011 年であるが，その年から試験問題を解いてそのスコアを計測し，スコアの改善を目指していくという営みを開始した．

当初は，国立情報学研究所が主催する評価型ワークショップである NTCIR の RITE（ライト）と呼ばれる含意関係認識のタスクの中で，社会科（主に世界史）の問題が取り組まれた．

含意関係認識というのは，2 つのテキストがあるとき，一方がもう一方を含意するかどうかを判定するという処理である．センター試験の世界史の問題は，基本的に，選択肢の内容が教科書の文章に意味的に含まれているかどうかを判定する問題，すなわち含意の問題であるため，RITE のサブタスクとして取り組まれたのである．

なお，含意関係認識が必要となる科目は世界史ばかりではない．ある事実が教科書に照らして合っているか間違っているかということを判断する行為は他の科目でも発生する．英語や国語では，文章が与えられ，その文章を踏まえて最も適切な選択肢を選ぶ問題が多い．これはつまり含意関係認識の問題といえる．含意関係認識に取り組むことは，東ロボプロジェクト全体，特に人文系の科目，にとって大きな意義があった．

RITE にオーバーラップする形で，社会科以外の科目の受験も始めた．2013 年と 2014 年は代ゼミセンター模試を受験し，2015 年と 2016 年にはベネッセ・進研マーク模試を受験した．また，選択式のセンター試験だけでなく，記述式の東大 2 次試験の模試（数学・世界史）も受験した．

なお，試験問題を解くと言ったとき，多くの人は東ロボという実体を持ったロボットが，机に座って鉛筆を持って，試験問題を解くところを想像するかもしれない．しかし，東ロボでは，問題を解くための知能に着目しているのであり，物理的に紙の上に書かれた問題を読んで，マークシートを塗りつぶして解答することには注力していない．そのため，試験問題を解く場合は，あらかじめ事前に電子化された試験問題（XML 形式）が入力であり，その入力について，コンピュータプログラムが解答を電子的に出力する．解答を出力するプログラムのことを解答器，もしくはソルバー (solver) と呼ぶ．解答は人間がマークシートを埋めて，それが採点される．2016 年の東ロボ成果報告会では，(株)デ

ンソーの東ロボ手くんが，2 次試験の世界史の記述式問題の解答を実際にボールペンを使って原稿用紙に記入する様子が披露されたが，これはあくまでもデモンストレーションであった．

　以降，RITE，センター模試，そして，東大形式模試のそれぞれの結果について述べる．

2.1　RITE の結果

　RITE は，Recognizing Inference in TExt の略で，NTCIR におけるテキスト含意認識のタスクである．RITE は全部で 3 回開催された．RITE-1（2011 年），RITE-2（2013 年），そして，RITE-VAL（2014 年）である．これらの中で，社会科（主に世界史）の問題が扱われた．

　RITE-1 では，文ペアを与えて含意関係を判断させるタスク（ExamBC）のみが取り組まれた．すなわち，テキスト対 (t1, t2) を入力として t1 から仮説 t2 が真だと推論しうるか，そうでないかを判別する 2 値分類（binary classification）の問題である．t1 と t2 の例は以下である．

> t1: 石垣島は，冬でもハイビスカスが咲き乱れる楽園だ
> t2: 石垣島の冬の気温は高い．

この文ペアでは，t1 が t2 を含意すると判定できれば正解となる．

　RITE-2 では，RITE-1 と同じ ExamBC に加え，根拠となる文を与えないタスク（ExamSearch）も実施された．つまり，t2 のみが与えられ，それが真かどうかを判断する根拠となる t1 を所定のテキストデータから探しつつ，その t1 が t2 を含意するかを判定しなくてはならない．たとえば，t2 として以下が与えられる．

> t2: パルテノン神殿の建つ丘は，アクロポリスと呼ばれている．

t2 の根拠となる t1 を Wikipedia や教科書のテキストから探す必要があるため，ExamSearch は ExamBC よりも難しいタスクだと言える．RITE-VAL では，ExamSearch のみが実施された．

　RITE-1, RITE-2, そして，RITE-VAL の結果を，それぞれ，表 1，表 2，表 3 に示す．RITE-1 では，文ペアに対する 2 値分類の精度が問われたため，ある問題について，でたらめに回答しても正解できる確率（チャンスレベル）は 50% である．RITE-2 および RITE-VAL についてはセンター試験と同じ 4 択の問題に

表 1 RITE-1 の結果

Run	Accuracy
IBM-JA-EXAM-01	0.7217
TU-JA-EXAM-02**	0.7183
TU-JA-EXAM-03**	0.7042
IBM-JA-EXAM-02	0.6742
LTI-JA-EXAM-03	0.6674
KYOTO-JA-EXAM-02	0.6561
KYOTO-JA-EXAM-03	0.6561
LTI-JA-EXAM-02	0.6538
JAIST-JA-EXAM-02	0.6516
JAIST-JA-EXAM-03	0.6516
TU-JA-EXAM-01	0.6493
JAIST-JA-EXAM-01	0.6222
LTI-JA-EXAM-01	0.6018
KYOTO-JA-EXAM-01	0.5928
IBM-JA-EXAM-03	0.5837
JUCS-JA-EXAM-01	0.5204
TU-JA-EXAM-02	0.1154
TU-JA-EXAM-03	0.1131
Baseline (char overlap)	0.6516

注）アスタリスクがついているものは回答が出力された
文ペアについてのみ集計した結果であることを示す.

表 2 RITE-2 の結果

ExamBC の結果

System	Correct Ratio
NII-03	57.41
NII-01	57.41
NII-02	55.56
WasedaU-01	52.78
WasedaU-03	52.78
NEC-02	51.85
WasedaU-02	51.85
NagoyaU-02	49.07
NEC-01	49.07
NEC-03	47.22
KyushuIT-03	45.37
KyotoU-02	43.52
NagoyaU-03	42.59
JAIST-03	42.59
JAIST-02	41.67
JAIST-01	40.74
KyushuIT-02	39.81

ExamSearch の結果

System	Correct Ratio
*NEC-03	34.26
*NEC-01	33.33
*NEC-02	32.41
*NII-02	31.48
*NII-03	31.48
KyotoU-01	28.70
*NII-01	26.85
KyotoU-02	26.85
NTTData-01	25.93
NTTData-02	25.93

注）アスタリスクがついているものは締
め切り後に提出された結果を示す.

表 3 RITE-VAL の結果．JA, JB はそれぞれ日本史 AB, MS は現代社会，PE は政治経済，WA, WB はそれぞれ世界史 AB を示す．

Run ID	MacroF1	Accuracy	JA	JB	MS	PE	WA	WB
RITEVAL-NUL-JA-FV-03	61.93	63.23	0.474	0.375	0.250	0.400	0.357	0.435
RITEVAL-NUL-JA-FV-01	60.41	62.06	0.526	0.438	0.300	0.440	0.429	0.435
RITEVAL-NUL-JA-FV-05	60.16	62.26	0.579	0.438	0.300	0.440	0.393	0.435
RITEVAL-NUL-JA-FV-02	59.84	62.06	0.526	0.438	0.300	0.440	0.464	0.435
RITEVAL-NUL-JA-FV-04	59.46	61.28	0.474	0.438	0.350	0.480	0.357	0.348
RITEVAL-SKL-JA-FV-01	57.28	59.53	0.474	0.375	0.300	0.200	0.321	0.348
RITEVAL-KJP-JA-FV-05	57.00	57.59	0.579	0.375	0.250	0.280	0.286	0.174
RITEVAL-KitAi-JA-FV-02	56.37	57.59	0.211	0.188	0.200	0.240	0.179	0.174
RITEVAL-KJP-JA-FV-01	56.04	56.42	0.421	0.313	0.200	0.160	0.250	0.043
RITEVAL-CL-JA-FV-01	55.61	59.34	0.263	0.188	0.250	0.160	0.250	0.304
RITEVAL-SKL-JA-FV-04	55.50	56.42	0.368	0.188	0.250	0.360	0.286	0.304
RITEVAL-SKL-JA-FV-05	55.33	60.51	0.263	0.250	0.450	0.160	0.321	0.435
RITEVAL-CL-JA-FV-02	55.00	59.92	0.211	0.125	0.150	0.160	0.321	0.348
RITEVAL-SKL-JA-FV-02	54.87	59.92	0.316	0.313	0.300	0.360	0.286	0.522
RITEVAL-SKL-JA-FV-03	57.77	55.45	0.421	0.250	0.100	0.160	0.357	0.348
RITEVAL-KitAi-JA-FV-03	54.65	57.00	0.211	0.313	0.350	0.240	0.321	0.261
RITEVAL-KTU-JA-FV-02	54.31	59.73	0.158	0.250	0.200	0.160	0.286	0.435
RITEVAL-KTU-JA-FV-01	53.88	59.92	0.158	0.250	0.150	0.240	0.286	0.217
RITEVAL-SKL-JA-FV-03	53.84	56.03	0.316	0.250	0.250	0.440	0.286	0.261
RITEVAL-CL-JA-FV-03	53.58	59.73	0.211	0.063	0.150	0.160	0.357	0.348
RITEVAL-KSU-JA-FV-02	53.51	63.81	0.316	0.250	0.250	0.400	0.393	0.435
RITEVAL-NAK-JA-FV-01	53.16	55.36	0.263	0.125	0.250	0.280	0.250	0.217
RITEVAL-KSU-JA-FV-03	53.15	63.62	0.316	0.250	0.250	0.400	0.357	0.522
RITEVAL-KJP-JA-FV-04	52.92	52.92	0.263	0.188	0.100	0.280	0.286	0.261
RITEVAL-KJP-JA-FV-02	52.75	53.11	0.316	0.250	0.100	0.160	0.214	0.348
RITEVAL-NAK-JA-FV-02	51.81	61.21	0.368	0.250	0.200	0.200	0.214	0.348
RITEVAL-KSU-JA-FV-01	50.97	51.36	0.368	0.500	0.300	0.280	0.393	0.391
RITEVAL-KitAi-JA-FV-01	50.94	58.37	0.263	0.250	0.350	0.200	0.429	0.435
RITEVAL-KTU-JA-FV-03	49.57	59.14	0.211	0.188	0.150	0.160	0.321	0.261
RITEVAL-SITLP-JA-FV-01	44.89	60.89	0.316	0.375	0.250	0.220	0.143	0.391

取り組んだため，チャンスレベルは 25% である．

　RITE-1 のトップスコアは 0.72 であった．RITE-2 のトップスコアは，ExamBC では 57.41%，ExamSearch では，28.70% であった．ExamBC と ExamSearch でスコアが大きく異なることから，根拠となる文を探すということの難しさがうかがえる．RITE-VAL については，社会科の複数科目を受けているが，どの科目についても，トップスコアはおおよそ 40% から 50% の正答率であった．

2.2　代ゼミセンター模試の結果

　2013 年には，学校法人高宮学園代々木ゼミナール（以下，代ゼミ）の全国センター模試（以下，代ゼミセンター模試）に挑戦した．模試の結果は表 4 の通りであった．数学 II・数学 B と世界史 B，日本史 B が偏差値 50 を超えたものの他の科目は 50 を切っており，厳しい出だしだったといえる．

　2014 年にも代ゼミセンター模試に挑戦した．表 5 に 2014 年の結果を示す．

表 4　2013 年の代ゼミセンター模試の結果. 太字は偏差値 50 を超えたものを示す.

	満点	全国平均点	本人得点	本人偏差値
英語	200	88.3	52	41.0
国語（現代文＋古文）	150	72.2	62	45.9
国語（現代文）	100	51.5	42	44.7
数学 I・数学 A	100	52.0	57	**51.9**
数学 II・数学 B	100	47.6	41	47.2
世界史 B	100	46.6	58	**55.2**
日本史 B	100	45.6	56	**56.1**
物理	100	42.0	39	48.3
総合 7 科目コース	900	459.5	387	45

表 5　2014 年の代ゼミセンター模試の結果. 太字は偏差値 50 を超えたものを示す.

	満点	全国平均点	本人得点	本人偏差値
英語	200	93.1	95	**50.5**
国語（現代文＋古文）	150	60.2	69	**54.2**
国語（現代文）	100	45.9	49	**51.9**
数学 I・数学 A	100	47.1	40	46.9
数学 II・数学 B	100	50.4	55	**51.9**
世界史 B	100	40.8	52	**56.1**
日本史 B	100	47.2	44	48.2
物理	100	32.7	31	49.0
政治・経済	100	38.1	17	34.3
文系 7 科目コース	900	422	386	47.3

この年は，新たに参画した NTT とその共同研究先によるチームが，英語で平均点を超える好成績を達成したことが特徴である. 具体的には，言語モデルと呼ばれる単語の並びの統計情報を穴埋め問題に適用したり，発話意図や感情の推定技術を会話文の穴埋め問題に適用することでスコアアップを果たした. これらの技術は統計翻訳や対話システムに用いられているものであり，それらを試験問題にうまく適用できた形となった. ただ，ほかの科目についていえば，国語は偏差値 50 を超えたものの，他の科目については大きな成績アップはなく，全体としての偏差値も微増 (47.3) であった.

2.3　ベネッセ・進研模試の結果

　2015 年，2016 年は，ベネッセホールディングスの進研模試総合学力マーク模試（以下，ベネッセ・進研マーク模試）を受験した.
　2015 年の模試の結果は表 6 の通りである. この年は，数学と世界史について，大きな改善が見られた. 数学では，問題文に対する言語処理の一部で人による

表 6　2015 年のベネッセ・進研マーク模試の結果. 太字は偏差値 50 を超えたものを示す.

	満点	全国平均点	本人得点	本人偏差値
英語（筆記）	200	86.0	80	48.4
英語（リスニング）	50	24.6	16	40.5
国語	200	105.4	90	45.1
数学 I・数学 A	100	45.5	75	**64.0**
数学 II・数学 B	100	42.8	77	**65.8**
世界史 B	100	45.9	76	**66.5**
日本史 B	100	46.6	55	**54.8**
物理	100	49.4	42	46.5
5 教科 8 科目文系型	950	416.4	511	**57.8**

表 7　2016 年のベネッセ・進研マーク模試の結果. 太字は偏差値 50 を超えたものを示す.

	満点	全国平均点	本人得点	本人偏差値
英語（筆記）	200	92.9	95	**50.5**
英語（リスニング）	50	26.3	14	36.2
国語	200	96.8	96	49.7
数学 I・数学 A	100	54.4	70	**57.8**
数学 II・数学 B	100	46.5	59	**55.5**
世界史 B	100	44.8	77	**66.3**
日本史 B	100	47.3	52	**52.9**
物理	100	45.8	62	**59.0**
5 教科 8 科目文系型	950	437.8	525	**57.1**

介入を許したものの, 数 IA で 75 点（偏差値 64.0）, 数 IIB で 77 点（偏差値 65.8）を獲得した. 2014 年の成績と比較すると, 数 IA で 17.1 ポイント, 数 IIB で 13.9 ポイント, それぞれ偏差値が向上したことになる. 世界史 B については, 日本ユニシス(株)が参画し, RITE-VAL の手法をさらに改善したシステムを用いることで, 平均点を 30 点上回る 76 点（偏差値 66.5）という好成績を収めた. 全体としての偏差値も一気に 50 台の後半となった. なお, 英語の成績は下がっているが, 代ゼミセンター模試とベネッセ・進研マーク模試では試験問題の傾向の違いやその年のセンター試験の傾向が変わったことなどが影響した.

2016 年の模試の結果は表 7 の通りである. この年の成績は 2015 年のものと大きく変わってはいない. 引き続き世界史が好調で, また, 物理が好成績を収めた. 受験した 5 教科 8 科目のうち数学（数学 IA・数学 IIB）, 英語（筆記）, 物理, 日本史 B・世界史 B の 4 教科 6 科目で, 同じ模試を受験した約 12 万人の人間の平均を上回る偏差値 50 以上の成績をあげた.

2016 年は, 東ロボプロジェクトが始まって 5 年の節目の年だった. 2016 年

の段階で東大合格への具体的な道筋が見込めない場合にはプロジェクトを凍結する可能性がある，という縛りが設けられていたことは先に述べたが，これ以上のスコアアップを短期間で実現することは容易ではないと参加メンバーも考えていたところであり，この年をもって，センター模試をプロジェクトチーム全員で受ける営みは休止した．

2.4　センター模試の結果のまとめ

　ここまでのセンター模試の成績（偏差値）の推移（主な科目についてのみ）を図1の折れ線グラフに示す．

　科目によって傾向が大きく異なることが見てとれる．世界史は最後の2年安定して好成績を収めており，技術的に確立されたといえるだろう．数学や物理の理数系科目についても，比較的好成績を収めていることがわかる．しかし，スコアはそれほど安定しているわけではない．国語や英語は，苦戦していることが見てとれる．この並びは非常に示唆的である．現状の技術限界を端的に表しているといえるだろう．具体的には，この順位は問題を解くために必要な読解能力と比例していると考えられる．読解の難しさについては，本書の随所で触れていく．

　センター模試の結果，合格可能性80%（いわゆるA判定）と判定された大学・学部・学科の数の推移は表8のとおりである．最終年の2016年では，東大には届かなかったものの，有名私立大についても合格可能性80%が達成できたことは大きな成果であった．

図 1　センター模試における偏差値の推移

表 8　合格可能性 80%（いわゆる A 判定）と判定された大学・学部・学科の数の推移

		全大学数	全学部数	A 判定の大学数	A 判定の学部数
2013 年	国公立大学	165	566	1	2
	私立大学	579	1670	403	814
	合計	744	2236	404	816
2014 年	国公立大学	166	570	4	6
	私立大学	581	1697	472	1092
	合計	747	2267	476	1098
2015 年	国公立大学	170	570	33	39
	私立大学	580	1723	441	1055
	合計	750	2293	474	1094
2016 年	国公立大学	172	576	23	30
	私立大学	584	1753	512	1343
	合計	756	2329	535	1373

表 9　東大形式模試のスコアの推移（数学・世界史）

		満点	学生平均点	得点	偏差値
2013 年	数学＜文系＞	80	24.9	40	59.4
2013 年	数学＜理系＞	120	21.8	40	61.2
2014 年	数学＜文系＞	80	25.9	32	54.1
2014 年	数学＜理系＞	120	26.8	36	55.7
2015 年	数学＜文系＞	80	25.0	39	59.2
2015 年	数学＜理系＞	120	31.1	20	44.3
2016 年	数学＜文系＞	80	19.9	46	68.1
2016 年	数学＜理系＞	120	30.8	80	76.2
2015 年	世界史	60	17.2	21	54.1
2016 年	世界史	60	14.5	16	51.8

　なお，センター模試以外に，数学と世界史については，東大の 2 次試験の模試である代ゼミ東大入試プレ（2013, 2014, 2016 年）および駿台東大入試実戦模試（2016 年）にも取り組んだ．表 9 は，数学と世界史のスコアの推移である．記述式という大きなチャレンジであるにもかかわらず，数学は 2016 年に 76.2 という高偏差値を達成した．また，世界史については，平均点を上回るスコアが達成できた．

参考文献

[新井 10]　新井紀子：コンピュータが仕事を奪う，日本経済新聞出版社 (2010)

第 1 章

English
英語

言語処理技術の適用と深層学習の利用

本章では，東ロボ英語ソルバーについて紹介する．まず，英語問題の特徴について説明し，これまでに受験したセンター模試における点数やその推移について述べる．そして，英語における問題種別ごとに，東ロボ英語ソルバーがどのように解答するかを具体的に説明していく．英語問題は大きく，短文問題，複数文問題，長文問題に分けられる．現状，比較的高精度で解くことができるのは，短文問題だけであり，複数文問題，長文問題については課題が山積している．課題の本質は，人工知能による文章の読解の難しさである．

1.1　学術的な位置づけ

　英語を学ぶということは英語の文法だけでなく，英語の文化も同時に学ぶことであると言われる．しかし，コンピュータにとって英語を学ぶということはそれ以上の意味をもつ．それは，人間を学ぶということである．そもそも，コンピュータにとって言語が日本語であるか，英語であるかは大きな差ではない．問題となるのは日本語もしくは英語で語られるその内容である．その内容は人間の活動と同様，多岐に及ぶ．それらの内容を理解し，適切に答えるということは，人間を理解することに他ならない．日本語や英語の問題が解けるようになるということは，人間を理解することである．これは，自然言語処理，そして，人工知能研究の大きなテーマである．

　東ロボでは，英語問題はセンター試験のものと 2 次試験のものがあるが，我々はここまでセンター試験に取り組んできている．センター模試はこれまでに 3 回受けた．表 1.1 から表 1.3 は我々のチームが受けた 3 回の模試の点数を表に

表 **1.1**　第 1 回代ゼミセンター模試の結果（2014 年度）

2014		問題種別	得点	配点	得点率
	1A	発音	6	6	100
	1B	アクセント	8	8	100
	2A	文法・語彙・語法	12	20	60
	2B	会話文完成	4	12	33.4
	2C	語句整序	8	12	66.7
	3A	未知語（句）語彙推測	8	8	100
	3B	不要文除去	5	15	33.4
	3C	意見要旨把握	12	18	66.7
	4A	読解（統計資料）	15	20	75
	4B	読解（生活資料）	5	15	33.4
	5	読解（物語）	0	30	0
	6	読解（論説）	12	36	33.4
	合計		95	200	47.5
		受験者平均	93.1		

表 **1.2**　ベネッセ・進研マーク模試・6 月の結果（2015 年度）

2015		問題種別	得点	配点	得点率
	1A	発音	6	6	100
	1B	アクセント	8	8	100
	2A	文法・語彙・語法	8	20	40
	2B	語句整序	4	12	33.4
	2C	応答文完成	4	12	33.4
	3A	会話文完成	4	8	50
	3B	不要文除去	5	15	33.4
	3C	意見要旨把握	6	18	33.4
	4A	読解（統計資料）	0	20	0
	4B	読解（生活資料）	5	15	33.4
	5	読解（物語）	18	30	60
	6A	読解（論説）	12	30	40
	6B	段落タイトル付与	0	6	0
	合計		80	200	40
		受験者平均	86		

	リスニング			
1	短会話・Q&A 選択	8	12	66.7
2	短会話・応答文選択	2	14	14.3
3	会話文・Q&A 選択	4	12	33.4
4	モノローグ・Q&A 選択	2	12	16.7
合計		16	50	32
	受験者平均	24.6		

表 1.3 ベネッセ・進研マーク模試・6 月の結果（2016 年度）

2016		問題種別	得点	配点	得点率
	1A	発音	6	6	100
	1B	アクセント	8	8	100
	2A	文法・語彙・語法	18	20	90
	2B	語句整序	12	12	100
	2C	応答文完成	8	12	66.7
	3A	会話文完成	0	8	0
	3B	不要文除去	5	15	33.4
	3C	意見要旨把握	6	18	33.4
	4A	読解（統計資料）	10	20	50
	4B	読解（生活資料）	10	15	66.7
	5	読解（物語）	6	30	20
	6A	読解（論説）	6	30	20
	6B	段落タイトル付与	0	6	0
	合計		95	200	47.5
		受験者平均	92.9		

		リスニング			
	1	短会話・Q&A 選択	2	12	16.7
	2	短会話・応答文選択	4	14	28.6
	3	会話文・Q&A 選択	2	12	16.7
	4	モノローグ・Q&A 選択	6	12	50
	合計		14	50	28
		受験者平均	26.3		

したものである．

　2014 年は代ゼミセンター模試，2015 年と 2016 年はベネッセ・進研マーク模試のものである．2015 年と 2016 年はリスニングも受験している．なお，2013 年は我々のチームではなく国立情報学研究所を中心としたチームが英語を担当しており，そのときの記録は 200 点満点中 52 点であった．センター試験の設問は基本的に 4 択であるため，52 点というのはランダムに回答を選んでも当たる数値であった．

　我々は，英語のそれぞれの問題に対し，言語処理におけるさまざまな知見を適用し，センター模試に臨んできた．2014 年は 95 点，2015 年は 80 点，2016 年は 95 点であった．2014 年の模試に比べ，2015 年以降は問題が難化したこともあり，一時点数を下げたが，概ね，現状の東ロボ英語ソルバーは，受験者平均を上回る点数を収めることができている（リスニングを除く）．

　英語問題にはいくつか種類がある．大きく分けると，短文問題，複数文問題，長文問題である．短文問題は，問題文がおおよそ 1 文から構成され，その 1 文

中の内容を問う問題である．発音・アクセント，文法・語彙語法，語句整序，応答文完成などである．複数文問題は，複数の文（おおよそ 5〜10 文）から構成され，その内容を問う問題である．会話文完成，不要文除去，意見要旨把握などである．長文問題はさらに長い文章が対象となる．読解（統計資料），読解（生活資料），読解（物語），読解（論説），タイトル付与などである．なお，読解（論説）については，文章と選択肢の内容の一致を問うことから内容一致問題とも呼ばれる．これらの問題では，長文だけでなく，イラスト・図表・グラフなどとテキストを組み合わせて理解する必要がある．短文問題から複数文問題，長文問題になるに従い，扱うべき文脈が複雑になり，高次の処理が必要になってくる．これらの問題を解くことで現状の AI がどの程度の長さの文脈を扱うことができ，どの程度の情報を統合して理解することができるかを明らかにすることができる．点数を見てもわかるとおり，短文問題は概ね現在の東ロボ英語ソルバーでも対処可能である．しかし，複数文問題では 40% 程度の正解率となり，長文問題はほぼチャンスレベルの正解率である．

　複数文問題，長文問題に正確に答えるためには，形態素解析，構文解析といった基礎的な解析の他，談話解析，意味解析も必要となってくる．人間が解くような読解問題をコンピュータに解かせるにはどのような技術が必要か，それらをどのように組み合わせないといけないのか，どのようなデータが必要でどのような学習を行う必要があるのか，まだまだわかっていないことが多い．英語問題に取り組むことで，これらの問いの答えに少しずつ近づいていけるのではないかと考えている．

　なお我々は，言語処理の技術で回答に使えそうと考えたものは，何でも利用するようにしてきた．世の中に配布されているツール，リソース，そして，最新の深層学習の手法などのほとんどのものは試してきたと言ってよい．ここで紹介しているのは，そのような取り組みを通じてわかってきた言語処理の奥深さである．

　以降の章では，英語センター模試におけるそれぞれの問題種別について，東ロボ英語ソルバーがどのように回答したか，どのように間違ったかを具体的に述べる．現状の技術限界を理解していただければ幸いである．なお，文献 [東中 17a, 東中 17b] にも英語チームの営みについて触れているので，ぜひ併せて参照されたい．

1.2　アクセント・発音問題

　2011 年からのセンター試験のアクセント問題は，四つの単語選択肢の中から

最もアクセントの強いシラブルの位置が他の選択肢と異なるものを選ぶ問題が
ほとんどである．アクセント問題のセンター模試の例を以下に示す．

> 次の問いにおいて，第一アクセント（第一強勢）の位置がほかの三つと
> 異なるものを，それぞれ下の (1)〜(4) のうちから一つずつ選べ．
> (1) advice (2) control (3) event (4) modern

（2014 年度第 1 回代ゼミセンター模試 第 1 問 B 問 1）

また，2011 年からのセンター試験での発音問題は，四つの単語選択肢の中か
ら，指定される文字が他の選択肢の発音と異なるものを選ぶものがほとんどで
ある．その例を以下に示す．

> 次の問いにおいて，下線部の発音が，ほかの三つと異なるものを，それ
> ぞれ下の (1)〜(4) のうちから一つずつ選べ．
> (1) flight (2) idle (3) ignorant (4) lively

（2014 年度第 1 回代ゼミセンター模試 第 1 問 A 問 1）

この問題を解くため Carnegie Melon University (CMU) で作成された音声認
識・合成用の発音・アクセント辞書[1]を利用した．この辞書は，単語見出しの
後に，その単語の発音記号，第一アクセントと第二アクセントの位置が記述さ
れている．この辞書を用いたアクセント・発音問題ソルバーの処理フローを図
1.1 に示す．このソルバーでは最初に問題文の文字列を見て，問題がアクセント
問題か発音問題かを判定する．

まず，図 1.1 上部のアクセント問題ソルバーについて述べる．図のように四
つの選択肢 (advice, control, event, modern) の単語の発音記号および，アクセ
ント位置を CMU の辞書を検索して調べる．下線を引いたところが第一アクセ
ントの場所である．この発音記号の母音の数を数えると下線のシラブルの位置
がわかる．この情報を使って，他の三つとアクセント位置の違うものを探す．
この結果，modern が解答であることがわかる．

次に，発音問題ソルバーの例を図の下部を使って説明する．ここでは，選択肢
単語の i の発音が異なる単語を探す．ここでも CMU の辞書を用いる．しかし，
CMU の辞書には，指定された文字（ここでは i）がどの発音に対応するのかと
いった情報が記述されていない．一般に，文字と発音記号の対応関係を求める
ことは，それほど簡単ではない．これは，high の gh のように発音が割り当てら

---

1) http://www.speech.cs.cmu.edu/cgi-bin/cmudict

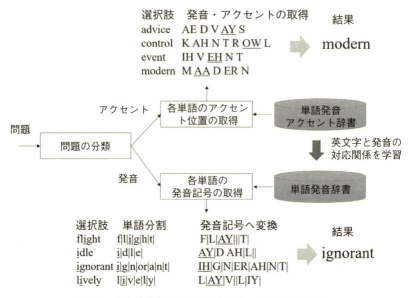

図 1.1　発音辞書を用いたアクセント・発音問題ソルバー

れない文字が存在したり，一つの文字に二つの発音記号が割り当てられたりするからである．そこで，与えられた文字の発音を得るため，[Jiampojamarn 07]の提案する手法を利用する．この手法は，辞書中に存在するすべての単語とその発音記号を使って，文字と発音記号の長さを適宜変更し，文字と発音記号の対応関係を求め，その対応関係の確率を計算するものである．この確率から計算される尤度という，その対応関係の尤もらしさを計算し，その尤もらしさを向上させるように統計的に対応関係を学習する．このような学習手法を Expectation Maximization (EM) アルゴリズムと呼ぶ．この手法により作成された文字と発音記号の対応関係を用いて，与えられた単語の発音記号を求める．このとき，単語中のどの文字がどの発音記号に対応するかもわかるので，その情報を用いて，指定された文字の発音を求める．

　図 1.1 の下に示す例では，四つの候補の単語が上記の手法により，文字に対する発音記号が得られる．この対応関係を示すため，図では文字が区切られ，その区切られた文字ごとに発音記号が付与されている．ここで注意してほしいのは，図中の flight の gh に発音記号が付与されていないことと，idle の d に，D AH という二つの発音記号が割り当てられていることである．このように発

音記号が対応しない文字や，複数の発音が割り当てられる文字に対しても，うまく対応関係を求めることができている．この例では，i の発音は，下線部で示す発音記号で示され，三つの単語の発音記号が AY となっている．ignorant の文字 i だけは，発音記号が IH となり，他と異なることがわかる．このため，正解は ignorant となる．以上の手法により，2011 年以降のセンター試験，センター模試でほぼ満点を達成できた．

1.3　文法・語法・語彙問題

　文法・語法・語彙問題とは，図 1.2 のように，文中に開いている空欄に最もふさわしいものを，四つの候補の中から選ぶ穴埋め問題である．

　この場合，空欄 12 に最もふさわしい選択肢は，②の for である．我々はこの問題に回答するため，統計的機械翻訳などで文の流暢さを測るために用いられている言語モデルを適用した．言語モデルとは，大規模なコーパスから計算される単語の並びの出現確率の情報である．図 1.3 のように，空欄に選択肢のいずれかを埋め込み，言語モデルでその文（単語列）の出現確率を計算することで，単語の並びとして尤もらしい選択肢を選ぶことができる．文の出現確

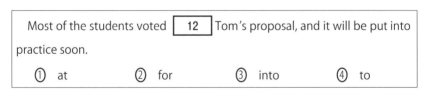

Most of the students voted 12 Tom's proposal, and it will be put into practice soon.

① at　　　　② for　　　　③ into　　　　④ to

図 **1.2**　文法・語法・語彙問題の例（2016 年度ベネッセ・進研マーク模試・6 月 第 2 問 問 5）

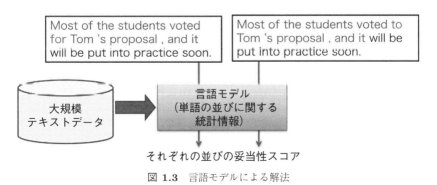

図 **1.3**　言語モデルによる解法

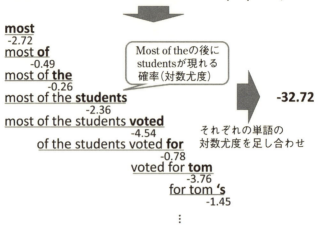

図 **1.4**　言語モデルを用いた文出現確率の計算

率の具体的な計算の仕方であるが，ある単語の出現確率は，図 1.4 のようにその直前の単語列が与えられた場合の条件付き確率で定義される．これらを掛け合わせる（対数尤度の場合は足し合わせる）ことで，文の出現確率を算出する．

　言語モデルの性能は，モデルの学習に用いるコーパスのサイズ，および学習時の設定に大きく依存する．2015 年度までは，SRILM [Stolcke 02] のデフォルト設定（N-gram 出現頻度による計算効率化あり）を用いて，One billion word corpus (1billion) から 5-gram で構築した言語モデルを利用していた．N-gram[2]の出現頻度による計算効率化とは，出現頻度が低くあまり重要でない N-gram を省き，サイズ効率のよいモデルを構築することである．どちらも自然言語処理研究では一般的な設定・サイズではあったものの，この方法で訓練した言語モデルでは，特定の事物を表す名詞などの出現数の小さい表現で頻繁に N-gram が途切れてしまい，正しく文の流暢さを評価できなかった．

　図 1.2 の例では，Tom がやや出現数の少ない単語であるため，voted for Tom を連続した単語列で評価することができず，voted for と for Tom に途切れた単語列で評価することになる．すなわち，voted for と for Tom で個別に計算した出現確率の合計と，voted to と to Tom で個別に計算した出現確率の合計

---

2)　N-gram: N 個の単語の並びのこと．自然言語処理では，長い単語の並びについて統計量が得られないことが多いため，短い並び（たとえば $N = 3$）に着目して統計量を計算することが一般的である．

で比較することになる．ここで，voted for A には「A に投票する」，voted to (do) には「～することを評決する」という意味があるため，voted for と voted to のみでの比較では，出現確率に大きな違いは得られないことになる．本来は，voted 　12　 Tom's proposal なのだから，voted for A の表現に当てはまると判断すべき問題であるが，2015 年度版の言語モデルではそうした比較をすることができず，④の to が正解と誤った回答をしてしまっていた．

このような問題を解決するため，2016 年度では，N-gram の頻度による計算効率化の影響と，コーパスサイズの影響について検証を行った．表 1.4 に用いたコーパスの一覧を示す．Common Crawl 以外の各コーパスは，新聞やニュース記事，映画字幕などに関する，人手で整備されたコーパスであり，概ねクリーンなデータである．0.9 G sent（9 億文）はこれらの人手で整備されたコーパスを集めたものを指す．一方 CommonCrawl は，Web 上のテキストを極めて大規模に収集したコーパスであり，人手で整備できる量の数十倍のテキストが含まれている．しかしながら，全体的に自然文ではないテキスト（HTML タグ構造など）や，判別不能なスラング，非英語文が混入しているという欠点をもつ．自動処理で可能な範囲で，そうしたノイズを除去したものを学習に用いた

表 1.4 コーパスの種類とそのサイズ．単語頻度 10 以下は UNK に置換．

コーパス名	説明	文数	サイズ
1billion	One billion word corpus（ニュース）[3]	32,541,199	4.0GB
Gutenberg	Gutenberg corpus（フリー小説）[4]	105,724,676	12GB
UMBC	UMBC text corpus（ニュース系）[5]	134,000,311	18GB
Enwiki	English wikipedia corpus [6]	146,768,004	15GB
LDC2011	Gigaword corpus [7]	164,676,799	21GB
Common Crawl (1G)	Common Crawl から抽出 [8]	1,009,716,842	108GB
0.9 G sent	Common Crawl (1G) を除いて合算	917,741,427	70GB
1.9 G sent	Common Crawl (1G) と 0.9 G sent の合算	1,927,458,269	178GB
6 G sent	Common Crawl を増やしたもの	6,001,232,913	637GB

3)　http://www.statmt.org/lm-benchmark/
4)　https://web.eecs.umich.edu/~lahiri/gutenberg_dataset.html
5)　http://ebiquity.umbc.edu/blogger/2013/05/01/umbc-webbase-corpus-of-3b-english-words/
6)　https://en.wikipedia.org/wiki/English_Wikipedia
7)　https://catalog.ldc.upenn.edu/ldc2011t07
8)　http://commoncrawl.org/

が，必ずしもすべてを除去しきれているわけではないことに注意されたい．なお，表 1.4 に示す文数は，ノイズ除去後の文数である．また，出現頻度が 10 回以下の単語はすべて未知語を表す UNK タグに置換しており，不要にモデルサイズが大きくなることを防いでいる．

コーパスサイズの分析に加え，文自体の違いによる，出現確率への影響についても分析する．文長が長くなったり，珍しい単語が含まれるほど，文の出現確率は流暢さとは無関係に低下する．そのため，正解率を高めるためには，それらの影響を取り除く必要がある．ここでは，上記検証とともに，出現単語の頻度などによる，文出現確率の正規化の検証について説明する．

なお，大規模コーパスの利用に際し，SRILM ではモデルの計算がその実装上不可能であったため，本検証のモデル作成には KenLM [Heafield 11] を用いた．モデルの検証には，大学入試センター試験の本試験および追試験の過去問，代ゼミセンター模試，ベネッセ・進研マーク模試，独自に収集したその他の問題を合わせた，合計 552 問をベンチマークデータとして用いた．

まず，N-gram 頻度による計算効率化の有無について比較する．5-gram の言語モデルを One billion word corpus で訓練すると，SRILM デフォルト設定の頻度による計算効率化あり（出現確率が 10^{-8} よりも大きいものを対象とする）の場合，ベンチマークの開発データ上での正解率が 0.650，計算効率化なしの正解率は 0.779 であった．出現頻度の非常に小さい単語列であっても，できる限り，ありうる単語列か否かを評価することは重要だといえる．

次に，文出現確率計算時の正規化の方法について，7-gram，1.9 G sent で N-gram 計算効率化なしで訓練したモデルについて，表 1.5 の項目の検証を行った．空欄頻度正規化は，空欄に入る選択肢中の単語の 1-gram 出現確率の平均で，全体の出現確率を割ったものである．選択肢に珍しい単語が出てきた場合，単語の並びとして正しい選択肢であっても，単語列の出現確率は低下してしまう．空欄中の単語の出現確率で正規化することで，文全体の出現確率が低下す

表 1.5　正規化方法による正解率の変化

正規化方法	精度
正規化なし	0.822
文長正規化	0.833
空欄頻度正規化	0.833
文長正規化＋空欄頻度正規化	0.853
文長正規化＋空欄頻度正規化＋数詞変換	0.857

る影響を防ぐことができると予想される．数詞変換は，数字を桁数のみがわかるように変換する（2017→NNNN，29→NN など）ものである．年号のような数字は，実際の意味が類似していても，単語上ではまったく異なる単語として扱われるという特徴がある．この正規化により，表層の小さな違いで不要にスパースになる（統計量が得られにくくなる）ことを防ぐことができると考えられる．文長正規化は，文全体の単語数で，得られた出現確率を割るものである．これにより，長い選択肢ほど確率の掛け算が増え，尤度が低下する影響を緩和する．表 1.5 より，各正規化は概ね 1 ポイント程度の改善が見られており，すべて行った場合が最もよいことがわかる．

図 1.5 に，頻度計算効率化を行わずに 7-gram 言語モデルを訓練した場合の性能について，訓練に用いたコーパス中の文数との関係を示す．おおむねコーパスの文数の対数に比例して，正解率が上昇していることがわかる．しかしながら，完全な比例関係となっているわけではなく，コーパスの種類による違いが見られる．たとえば，One billion word corpus の文数は，他のコーパスの 1/3〜1/4 程度に限られているものの，他の Common Crawl 以外のコーパスと同程度の正解率を示している．逆に，Gutenberg コーパスや OpenSubtitles コーパスでは，文数に対して正解率が低めとなっている．Gutenberg コーパス（小説）や OpenSubtitles コーパス（英語字幕）には，英語ではない文が含まれていたり，小説・字幕ゆえのスラング・省略・表現崩れが多く含まれているため，「正しい」文を前提とする試験問題にはうまく合わなかったものと考えられる．ま

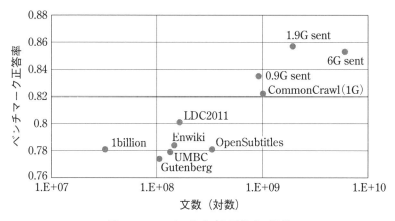

図 1.5　コーパスサイズと正解率の関係

た，CommonCrawl (1G) と 0.9 G sent（CommonCrawl 以外の全コーパス）を比較すると，ほぼ同じ文数にもかかわらず，正解率が 2 ポイント程度異なっている．CommonCrawl は Web から文・非文の区別なく収集したコーパスであるため，除去しきれていないノイズが混入していたことで，精度が低下したものと考えられる．

1.9 G sent と 6 G sent を比較してみると，文数は 3 倍以上増加しているにもかかわらず，正解率上ではむしろやや低下していた．0.9 G sent に Common Crawl (1G) を加えた際には正解率が改善していたことを踏まえると，1.9 G sent に含まれている 20 億文程度が，本アプローチの上限となっている可能性がある．実際に上限であるかを検証するには，よりサイズの大きなコーパスでモデルを訓練する必要がある．しかし，6 G sent の時点でモデル学習に 1 週間程度を要しているため，こうした検証を行うためには，言語モデルの訓練自体の効率化も並行して考慮する必要がある．

本節で説明した言語モデルによる方法では，いくつか解答できないタイプの問題が存在する．たとえば，連続した単語列から出現確率を評価する今の方法では，not only～but also のように距離の離れた文法的な対応関係を正しく捉えることは困難である．こうした距離の離れた対応関係は，that 節などの挿入でも発生するため，この課題を解決することで大幅な正解率改善が期待できる．遠い対応関係を捉える方法として，単語間の係り受け関係の出現確率をモデル化する Dependency Language Model [Gubbins 13] という方法も提案されているが，計算量の問題から学習に使える文数が少なく，実際に適用してみたところ，正解率はむしろ低下した．こうした係り受け関係を高速に捉える，もしくは that 節のような構造を仮想的に 1 単語に押し込めて，現在の単語列による方法でも扱えるように工夫するなどの対策が考えられる．また，接続詞で順接か逆接かなど，意味的な判断が不可欠な問題も存在している．こうした問題への対応が期待される方法として，Long Short-Term Memory (LSTM) [Hochreiter 97] などの，再帰的構造をもつニューラルネットワーク（Recurrent Neural Network, RNN）を利用する手法 [喜多 17] が提案されている．本節で紹介した大規模 N-gram と組み合わせることで，さらなる解答精度の向上を目指していきたい．

1.4　会話文完成問題

　会話文完成問題は，次に示すように，会話文中の空所に相応しい文を四つの
選択肢から選び，会話文を完成させる問題である．この問題では空所 $\boxed{27}$ に
入る正解は選択肢 (1) となる．

Taylor: Are you ready to leave for the baseball game?
Akira: Almost! My guitar lesson ran late and I got home ten minutes ago.
Taylor: Sara's on the phone. She's outside the stadium. What should I tell her?
Akira: $\boxed{27}$ We'll never find her in the stadium.
Taylor: I'll also say we'll be there in 20 minutes. Is that OK?
選択肢:(1) Ask her to wait at Gate 11.
　　　　(2) I'm at a guitar lesson.
　　　　(3) Say we're already at the stadium.
　　　　(4) We'll meet her inside.

(2015 年度ベネッセ・進研マーク模試・6 月 第 3 問 A 問 1)

　会話文完成問題は複数文問題であり，複数の会話文からなる会話の流れが自
然となるような選択肢を選ぶ必要がある．そこで，四つの選択肢の各場合につ
いて会話の流れの自然さを推定し，最も自然な流れとなる選択肢を選ぶという
解法を開発した．会話の流れの自然さは，人間同士の対話データの流れに照ら
して，隣接発話らしさのスコアと感情極性の流れの自然さのスコアの重み付き
和として算出する [堂坂 16]．

　隣接発話らしさとは，二つの発言が会話の中で隣り合って現れる確からしさ
を表す．各選択肢の場合において，空所を含む発言と直後の発言の間で隣接発
話らしさを求め，空所が会話の最後の発言にある場合のみ，空所直前の発言と
の間で隣接発話らしさを求める．これは，後述の開発データセットを使って解
法の正解率を評価した結果，空所直前の発言との間の隣接発話らしさは考慮せ
ず，空所直後の発言との間の隣接発話らしさのみ使った方が正解率が高くなっ
たためである．

　隣接発話らしさを求めるため，NTT シチュエーション対話コーパスと Movie-
DiC コーパス [Banchs 12] の 2 種類の対話データからサポートベクトルマシン
(SVM) 認識器を学習した．図 1.6 は二つの対話データから抜粋した対話例であ
る．NTT シチュエーション対話コーパスは，会話の場面と話題を指定した上で，
作業者に対話を作成してもらったものであり，68,020 発言からなる．Movie-DiC

A: Hi, where are you going?
B: I have a 40th class reunion.
A: Well, that sounds like fun.
B: It would be but I also have tickets to the Yankees.
A: Have you thought about selling them or trading them?
...

(a) NTT シチュエーション対話コーパスの対話例

JO: I'm sorry to bother you, I should've called first.
KAFFEE: I was just watching a baseball game.
JO: I was wondering if – how you'd feel about my taking you to dinner tonight.
KAFFEE: Jo, are you asking me out on a date?
JO: No.
...

(b) Movie-DiC コーパスの対話例

図 **1.6**　対話データ例

コーパスは映画のスクリプトを収集したものである．本研究では，Movie-DiC コーパスのうち，対話の中で話者が交代する回数が 3 回以上 15 回以下のデータ（277,184 発言）を使った．特徴量は，隣接する会話文の 1,2,3-gram のペア（フレーズペア）を用いた．

この方法は，フレーズペアの数が N-gram 数の 2 乗に比例し，データ量が膨大になるため，特徴抽出により，隣接発話らしさの認識への貢献度が高いペアを事前に 20,000 個選出して，学習に用いた．しかし，フレーズペアを選出することにより，必要な情報量が落ちて，解法の性能を悪化させる可能性がある．なお，この問題に取り組むため，深層学習による方法についても評価した．これについては後述する．

感情極性の流れの自然さとは，連続する発言文の間で話者の感情極性（ポジティブかネガティブか）の変化が小さいほど，自然な会話の流れとなるという考え方に基づくスコアである．感情極性推定には感情極性コーパス [Pang 04] から学習した SVM 認識器を使った．

図 1.7 に，先に示した問題例に解法を適用した際の隣接発話らしさと感情極性の流れの一部を示す．空所を含む発言中の "ask" と直後の発言中の "ok" のフレーズペアが抽出されている．この問題では，正解の選択肢 (1) の場合が隣接発言らしさのスコアが最も高く，最終スコアも最高値となった．

解法の評価は，大学入試センター試験の本試験と追試験，代ゼミセンター模試，ベネッセ・進研マーク模試，独自に収集したその他の問題を合わせた合計 241 問のうち，163 問を開発データセット，78 問をテストデータセットに分け

話者	発言	隣接発話らしさ	感情極性
Taylor	Sara's on the phone. She's outside the stadium. What should I tell her?		(Positive / Negative)
Akira	[Ask her to wait at Gate 11.] We'll never find her in the stadium.	フレーズ・ペア (ask, say) (ask, ok) (wait, 'll) (wait, i_'ll)	(Positive / Negative)
Taylor	I'll also say we'll be there in 20 minutes. Is that OK?		(Positive / Negative)

図 1.7　隣接発話らしさと感情極性の流れの自然さによる会話文完成問題解法の例

表 1.6　隣接発話らしさと感情極性の流れの自然さによる会話文完成問題解法の正解率

解法	スコア重み			開発データ	テストデータ
	感情	隣接 1	隣接 2		
situ	0.20	0.80	—	60/163(0.37)	31/78(0.40)
movie	0.15	0.85	—	58/163(0.36)	31/78(0.40)
situ-movie-mixed	0.15	0.85	—	59/163(0.36)	28/78(0.36)
situ-movie-coord	0.30	0.40	0.30	64/163(0.39)	35/78(0.45)

たものを使った．開発データセットで正解率が最大になるように解法のスコア
の重みなどのパラメタを調整し，テストデータセットでの正解率により解法の
性能を測った．

　また，対話データが隣接発話らしさの推定に与える影響を評価するため，NTT
シチュエーション対話コーパスのみから隣接発話らしさの認識器を学習した場
合 (situ)，Movie-DiC コーパスのみから認識器を学習した場合 (movie)，二つの
コーパスを混合したデータから認識器を学習した場合 (situ-movie-mixed)，各
コーパスから学習した二つの認識器により別々にスコアを計算する場合 (situ-
movie-coord) を比較した．

　評価結果を表 1.6 に示す．各手法において開発データセットを使って決めら
れたスコアの重みを示した．「感情」は感情極性の流れの自然さのスコアであり，
「隣接 1」と「隣接 2」は隣接発話らしさのスコアである．situ-movie-coord 法の
ときのみ，NTT シチュエーション対話コーパスから学習した認識器のスコアの
重み（隣接 1）と Movie-DiC コーパスから学習した認識器のスコアの重み（隣接
2）を示している．テストデータの正解率を見ると，二つの対話コーパスから学習
した隣接発話らしさ認識器を組み合わせた場合 (situ-movie-coord) が最も高い
正解率 0.45 となった．二つのコーパスを混合した場合に正解率が下がり，各々

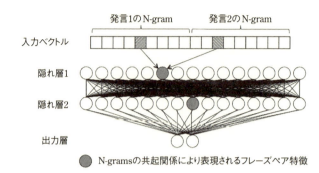

図 1.8　ニューラルネットワーク内で抽出が期待されるフレーズペアの例

のコーパスから学習した二つの認識器を組み合わせた場合に正解率が上がることから，コーパスによって獲得できる隣接発話が異なっていることが考えられる．

　前述のフレーズペアを示す特徴ベクトルの次元が指数関数的に増加する問題に対しては，深層学習を用いるアプローチを試みた．ニューラルネットワークは，隠れ層にて入力ベクトルの共起関係（同時に出現するという関係）を学習することが可能である．また，各ベクトルを適切に抽象化し，細かな表記ゆれなどに頑健な学習ができる可能性がある．したがって，1,2,3-gram の特徴ベクトルをそのまま入力ベクトルとすることで，次元数を膨大にすることなく，認識に有効なフレーズペアが学習できることが期待される．抽出が期待されるフレーズペアについて，図 1.8 に示す．各列は，上から順に，入力ベクトル，隠れ層のユニット，隣接発話らしさを出力する出力層である．入力は隣接する各発言から生成した N-gram のベクトルの連結であるが，隠れ層にて，灰色に塗られたユニットのように二つの入力ベクトルの結合を表現できることが期待できる．更に，層を増やすことで，結合されたユニット同士の結合も考慮できると考えた．

　実際に，多層パーセプトロン[9]を表現するニューラルネットワーク (Multilayer Perceptron, MLP)[Rumelhart 86] と，畳み込みニューラルネットワーク (Convolutional Neural Network, CNN) [LeCun 98] を用いて評価を行った．CNN は，画像処理によく用いられるニューラルネットワークであり，複数の隣接するデータをまとめ上げる機構をもつ．近年では，複数の隣接する単語をまとめ上げて処理することもできることがわかってきたことから，言語処理においても，よく用いられるようになってきた．CNN により特定の単語からなるパターンや特定のフレーズなどを捉えることができると期待できる．

---

9)　非線形な活性化関数を用いた 3 層以上のニューラルネットワーク．

表 **1.7**　SVM 法とニューラルネットでの隣接発話らしさによる解法の正解率

解法	開発データセット	テストデータセット
situ（隣接発話らしさのみ）	59/163(0.36)	29/78(0.37)
MLP3 層 (situ)	50/163(0.31)	27/78(0.35)
MLP4 層 (situ)	50/163(0.31)	22/78(0.28)
CNN (situ)	50/163(0.31)	23/78(0.29)
NN+SVM (situ)	57/163(0.35)	26/78(0.33)

　ここで学習できる特徴は N-gram の共起特徴であることから，隣接発話らしさを学習した SVM 認識器とを比較する．結果を，表 1.7 に示す．学習データは全てにおいて，NTT シチュエーション対話コーパスのみを用いた．ニューラルネットワークの各手法において，各 N-gram の特徴ベクトルは 1,000〜30,000 の間で試行し最も良かった 7000 次元を，ニューロン数は 100〜2,000 の間で試行し各解法に対して最も良かった値を用い，バッチサイズ（一度のパラメータ更新に用いる学習データのサイズ）は 500 とした．ニューラルネットワーク単体でも 31%程度の正解率であり，同一の特徴ベクトルを入力として学習した SVM 認識器とを組み合わせても，正解率は開発データセット，テストデータセット共に 33〜35%(NN+SVM) 程度にとどまった [成松 17]．また，学習データ量が同等の状況では，事前にフレーズペアを選定して学習した SVM 認識器の正解率に及ばなかった．ニューラルネットワークで高い正解率を得るためには，膨大な学習データが必要である．本解法に有効な質と量の学習データの収集，生成が今後の課題である．
　最後に，次に示す問題を例にとって，隣接発話らしさと感情極性の流れの自然さを用いた解法のエラー分析を行う．

> David: I think I need to start exercising again. I didn't do much all winter.
> Ruth: I thought you said you go for a long walk every day.
> David: I try to. 19
> Ruth: Well, now that the weather is better, you have no excuse not to walk!
> 選択肢: (1) Actually, I don't usually walk in the spring.
> 　　　　(2) But when it's cold and snowy, I get lazy.
> 　　　　(3) Exercising in the winter keeps me warm.
> 　　　　(4) In fact, I really like walking in the snow.

（2013 年度大学入試センター試験 第 2 問 B 問 2）

　この問題の正解は選択肢 (2) であるが，解法は選択肢 (1) を選んだ．誤りの原因は，選択肢 (1) の "walk" と隣接する第 4 文の "walk" のフレーズペアから，これらの発言は隣接しやすいと認識したためであった．しかし，この問題を解くためには，空所と隣接しない第 1 文で「冬には運動しなかった」と言っていることに着目し，第 1 文と空所を含む第 3 文の間で会話の流れの自然さを求め

る必要がある. 正解選択肢 (2) の「寒かったり雪が降ると怠ける」という発言
は第 1 文と同様の内容であり, 自然な会話の流れとなるが, 他の選択肢はそう
はならない. たとえば, 選択肢 (1) の「春は普段は歩かない」は, 第 1 文とは
異なる季節についての発言である. 隣接発話らしさと感情極性の流れの自然さ
はともに, 隣接する発言間の首尾一貫性を捉える方法であるため, こうした問
題を解くことは難しい.

　このように, 今後は隣接しない発言の間の首尾一貫性を捉える方法の開発が
必要である. さらに, そういった幅広い首尾一貫性を認識できるだけでなく, そ
れぞれの首尾一貫性を適用すべき問題かどうかを識別する方法が必要となる.

1.5　不要文除去問題

　不要文除去問題とは, 一つのパラグラフの中に含まれる複数の文の中から,
それを取り除くとまとまりがよくなるような文を一つ除くという問題である.
文章の「まとまりのよさ」は自然言語処理研究において, 結束性や首尾一貫性
と呼ばれる. これらは, cohesion や coherence という英単語が割り当てられる
ことが多いが, cohesion が表層的・局所的な文の結びつきを表すのに比べて,
coherence は文章全体の大局的な文の結びつきを表すために用いられることが
多い. 本問題は, 受験者の結束性の理解を測るための問題だと言える. そして,
本問題では, 文章 (段落という小さな単位ではあるが) 全体を対象とするため,
coherence の方が問題となる. 以下は不要文除去問題の例である.

次の問いのパラグラフ (段落) には, まとまりをよくするために取り除いた方がよい文が一
つある. 取り除く文として最も適当なものを, 下線部 (1)–(4) のうちから一つ選べ.

A one-way trip takes you through the heart of Australia, traveling 2,979 km on one
of the world's greatest train journeys. (1) The Ghan train was named after the
Afghan camel drivers who reached Australia's unexplored center. (2) Camels are
known to be the best animals for desert transport. (3) Starting in Adelaide in
the south, it takes 20 hours to reach Alice Springs in the middle of Australia.
Furthermore, it takes another 24 hours to reach the final stop, Darwin, in the north.
(4) Passengers can enjoy the stunning, untouched scenery of the real Australia in
comfort. There is a choice of luxury private cabins or the more sociable row seating
to suit all budgets.

(2016 年度ベネッセ・進研マーク模試・6 月　第 3 問 B　問 1)

我々は不要文除去問題について以下の三つのアプローチを試した.

Word2vec に基づく手法 一つの文章はトピックとしてひとまとまりになって
いるべきであるという観点を踏まえて，除去した文とそれ以外の文との意
味的類似度を計算する．この意味的類似度が最も低い（すなわち，意味的
に遠い）ものが除去されるべき文であるとの仮説を置き，そのような選択
肢を選ぶ．なお，意味的類似度の計算には Word2vec [Mikolov 13] を用い
る．Word2vec とは，周辺単語が似ている単語ほど似たベクトルとなるよ
うに，大規模データから各単語のベクトルを学習する手法のことである．
単語をベクトルという数値表現に変換でき，ベクトル上でさまざまな演
算を実現できることから，現在の言語処理において極めて重要な技術と
なっている．たとえば，cat と kitten という二つの単語について考えてみ
よう．それぞれ，猫と子猫という意味の単語であるが，これらの周辺には
それぞれ似たような単語が出現すると考えられる．たとえば，cute だっ
たり mouse だったりといった単語が出現するだろう．周辺単語が似てい
るため，これらに割り当てられるベクトルは近いものとなるのである．単
語がベクトルで表現されると，単語間の類似度はそのベクトルの角度（コ
サイン類似度）などで計算できるようになる．コサイン類似度は，2つの
ベクトル間の類似度を測る一般的な方法の一つである．Word2vec を用い
た解法への説明に戻ると，まず，選択肢の文を単語に分割する．そして，
それぞれの単語に対する単語ベクトルを加算していく．これを選択肢の
ベクトルとする．次に，選択肢以外の文（複数ある）についても同様にベ
クトルを求め，これらのベクトルのコサイン類似度を計算し，コサイン類
似度が最も小さくなる選択肢を選ぶ．

Entity Grid に基づく手法 Entity Grid [Barzilay 08] とは，名詞句に着目した
結束性を測る手法である．たとえば，名詞句は主語として出現し，その
後目的語や間接目的語として現れ，最後に前置詞句の中に現れるといっ
たことが多いが，このように名詞句の使われ方を表現したデータ構造が
Entity Grid である．今回，*Wall Street Journal* (*WSJ*) から，数十万パ
ラグラフを抽出し，オリジナルの段落を正例，ランダムに並び替えた段落
を負例として，それぞれの Entity Grid から得られる特徴量から，結束性
を評価するモデルを，ランキング問題を扱えるように SVM を拡張した
Ranking SVM によって学習した．本手法では，各選択肢について，それ
ぞれを抜いた文章を作成し，学習されたモデルに照らして，最も結束性が
高いと判断される選択肢を選ぶ．

深層学習 (CNN) に基づく手法　CNN を用いて結束性の評価を行うモデルを学
習する手法である．具体的には，Kim の手法 [Kim 14] を用いる．学習
データには Entity Grid のときと同様のものを用いた．本手法では，各選
択肢について，それぞれを抜いた文章を作成し，学習されたモデルに照ら
して，最も結束性スコアが高くなる選択肢を選ぶ．

不要文除去のベンチマークとして 120 問を独自に作成し，上記アプローチの
それぞれの精度を測ったところ，以下のようになった．

Word2vec	Entity Grid	CNN
56.7% (68/120)	33.3% (40/120)	25.8% (31/120)

Word2vec に基づく手法が最も精度が良く，この手法が最終的に採用された．
Entity Grid と CNN については，チャンスレベルと同じか少しよい程度であっ
た．Word2vec による手法が，単純ながら比較的高い精度で正解を選ぶことが
できていることは驚きである．トピックとしてのまとまりは不要文除去問題に
おいて重要だと言える．

冒頭で示した問題について，東ロボ英語ソルバーは以下のように計算し正解
できた．以下は，各選択肢とその選択肢以外の文章との類似度である．

選択肢 1	選択肢 2	選択肢 3	選択肢 4
0.746644	0.726705	0.839997	0.799244

ここから，選択肢 2 が最も類似度が低い（意味的に遠い）ため，東ロボ英語
ソルバーはこれを選択することができた．

以下の問題は東ロボ英語ソルバーは正解できなかった．

次の問いのパラグラフ（段落）には，まとまりをよくするために取り除いた方がよい文が一
つある．取り除く文として最も適当なものを，下線部 (1)–(4) のうちから一つ選べ．

When opening a new business, having an effective leaflet to attract customers is
essential. You might want to emphasize your company's name. (1) However, it's
better to focus on the product you are selling. It's especially important to write the
difference between your products and other companies' products. A good example
of a statement for a vegetable shop is "delivered from the grower every day." Try
not to write too much. (2) Instead, use pictures to create an image and add impact.
(3) Pictures can remind you of the feeling when you first started your new business.
(4) You should also consider color contrast, fonts and their size. There are various
Internet sites that give more information so I recommend checking these before you
start your leaflet.

（2016 年度ベネッセ・進研マーク模試・6 月　第 3 問 B　問 2）

　この問題において，各選択肢について以下のような Word2vec の類似度が得られていた.

選択肢 1	選択肢 2	選択肢 3	選択肢 4
0.866168	0.616549	0.843895	0.756871

　ここから，選択肢 2 が最も意味的に遠いため，東ロボ英語ソルバーはこれを選択してしまった. しかし，正解は選択肢 3 である. なぜなら，「写真が会社を始めたときのことを思い起こさせる」という内容は，この文章全体の目的と関係がないからである. この文章の目的は「会社を始める際にどのように効果的な宣伝をするか」ということであり，この文はこの目的に合致しない. それぞれの単語の意味内容が似ていても文章の意図としてまとまりを欠いているこのようなケースは Word2vec では対応できない. 今後は，文章全体の意図などを考慮していく必要がある.

1.6　意見要旨把握問題

　意見要旨把握問題は，図 1.9 のように，対話中の 1 人の話者の発話に対して，ファシリテータ役の話者が提示する四つの要旨候補の中から，最も当該話者の意見に近いものを選択するという問題である.

Stephen:　Thank you, Dr. Ishii. I agree we are living in a time when　technology will soon improve even more rapidly. Looking back at the　1900s shows us how people faced rapid changes in their societies. I think this has lessons for us today. One of the biggest changes of the 20th century was the rise of a global society. I believe airplanes made this possible. For the first time, people could travel quickly to the farthest corners of the earth and experience life in other countries. Certainly telephones and the Internet had an impact as well. But there's no substitute for traveling to new places and actually meeting people.

Sue:　I've heard this opinion before, Stephen. Are you saying 　32　 ?

① airplanes helped create our global society
② foreign travel was not possible before the 1900s
③ technology will soon change more slowly
④ telephones and the Internet were more important than airplanes

---

図 **1.9**　意見要旨把握問題の例 (2016 年度ベネッセ・進研マーク模試・6 月 第 3 問 C 問 1)

　図 1.9 では，Stephen: "One of the biggest changes of the 20th century was the rise of a global society. I believe airplanes made this possible." と話している．この部分と各要旨候補の意味的な類似度を比較することで，選択肢①の airplanes helped create our global society が正解であるとわかる．ここでの困難な課題は，元発話中の文と要旨候補の間の意味的な類似度の適切な評価である．もちろん，まったく同一の文であれば，「完全に一致」と判定することはたやすい．しかしながら，用いられている単語が言い換えられていたり，そもそも文の構造が異なっている場合には，意味的な類似度を正しく評価することは容易ではない．我々はこの問題に対して，近年研究が盛んな深層学習に基づく手法の有効性を調べた．具体的には，以下の 5 種類の手法を比較した．

(1) Word2vec 提示意見と要旨候補を表す文ベクトルのコサイン類似度を計算し，最も類似した要旨を正解とするもの．各文ベクトルは，文に含まれる単語について Word2vec を用いて得られたベクトルを平均したものとする．単語ベクトルの平均を利用するため，意味的な一致を詳細に捉えることは苦手としている一方，大まかな内容の類似性の評価を学習データ量に依らず安定して行える利点をもつ．

(2) WMD Word Mover's Distance (WMD) と呼ばれる，各文に含まれる単語間の対応関係の強さを Word2vec などを利用して推定し，その強さに基づいて文間の類似度を評価する手法 [Kusner 15]．Word2vec で類似度を評価する方法に比べ，単語ごとに類似する単語が存在するか否かを考慮することができる．なお，Word2vec では単語の極性（ポジティブ・ネガティブ）が反転している単語対も類似単語と評価されるため，意味的な逆転を捉えられないという問題がある．ここでは，fastText [Joulin 16] を用いた極性判定の情報も付加し，極性が反転していた場合には文間類似度

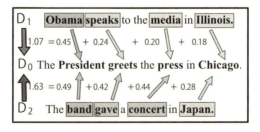

図 1.10　WMD のネットワーク構造

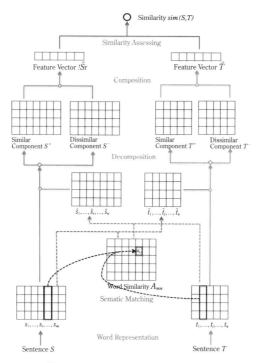

図 **1.11** CNN のネットワーク構造

が遠くなるような補正を行った.

(3) CNN CNN を用いて 2 文間の類似度を計算する手法 [Wang 16] を導入したもの(図 1.11 を参照).CNN を利用することで,効率よく単語のパターンを捉えることができるとともに,2 文間の類似している部分,差異のある部分を個々にモデル化し統合するネットワークとすることで,より詳細に意味的な一致を調べることができると予想される.

(4) Attentive Reader Attentive Reader と呼ばれる,Attention(注意)機構を備えた RNN を利用したもの [Hermann 15](図 1.12 を参照).元発話と要旨候補との意味的な類似度の推定を,元発話中の対応箇所の推定と同時に行う手法である.意味的な類似度の推定自体は,Attention 付きの RNN から得られる文ベクトルの重み付き内積を取る形で行う.意見要旨把握問題は,発言中の一部分を見て解くことが多いため,そうしたAttention 機構が有利に働くと予想される.

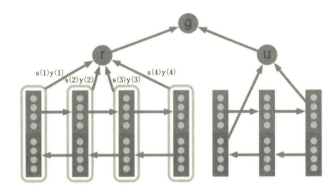

図 1.12　Attentive Reader のネットワーク構造

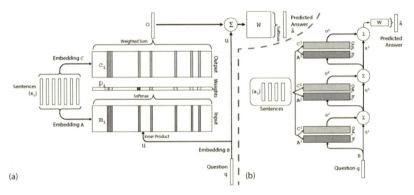

図 1.13　End-to-End Memory Networks

(5) End-To-End MN End-to-End Memory Networks と呼ばれる手法を利用したもの [Sukhbaatar 15]（図 1.13 を参照）．元発話および要旨候補に含まれる各文をベクトルにエンコードしておき，要旨候補と類似する元発話中の文のベクトルを重み付きで足し合わせることで，解答に用いるベクトル（解答ベクトル）を得る．さらに，図 1.13(b) に示すように，解答ベクトルを入力として新たな解答ベクトルを得るというように，上記操作を多段で行うこともできる．得られた解答ベクトルに対して識別器のニューラルネットワークを適用することで，選択肢の中から正解を選ぶ．複数文にまたがる文脈を表現できる手法として知られており，正解を判断する根拠が複数文にわたる場合に有用であると考えられる．

上記の 5 手法について，正解率を比較する．上記のうち，(3), (4), (5) は

表 **1.8** 各手法のベンチマークでの評価（正解率）

手法	Word2vec	WMD	CNN	Attentive Reader	End-to-End MN
正解率	48/120	47/120	45/120	45/120	38/120
	(0.4)	(0.391)	(0.375)	(0.375)	(0.317)

識別的な手法であるため，正解データが必要である．(3) CNN，(4) Attentive Reader に関しては，NTT で構築した言い換えコーパス（88,000 言い換え対：文対ごとに，同義・反義・無関係の 3 種類のアノテーションが付与されている）を用いた．(5) End-to-End MN については，適当な学習データが手に入らなかったため，試験問題を学習データに用い，交差検定で評価を行った．また，評価データ（ベンチマーク）にはセンター模試（過去問題）を用いた．表 1.8 にベンチマークの評価結果を示す．結果から，最もシンプルな Word2vec による方法が最も良いことがわかる．大量の学習データを必要とする識別的手法では，今回用いた程度のデータ量では正しく学習することができず，正解データを必要としない手法のほうが正解率が高くなったものと考えられる．また，Word Mover's Distance は Word2vec よりも性能が向上すると期待していたが，予想に反して Word2vec よりも若干低い正解率となっていた．これは，試験問題に特有の性質で，表層が似ている文は引っ掛け問題でむしろ不正解が多い，という特徴に基づくものと考えられる．正解率を上げるという観点からすると，今後はそうした単純な表層の一致の先にある，内在する意味をうまく捉える手法を考案していくことが重要である．

1.7　未知語句語義推定問題

　未知語句語義推定問題とは一段落程度の英語文章中で下線部が付与されている単語あるいは連語に対して，これと意味的に同等な英語表現を四つの選択肢から選ぶ，というものである．下線部は平均的な受験生の語彙レベルを超える語句，すなわち，これらの受験生にとっての未知語句であり，周囲の文脈から意味を推定する必要があることから，本問を「未知語句語義推定問題」と呼ぶ[10]．
　問題の例を図 1.14 に示す．なお，正解は②の perfect example である．
　段落中の下線部に対してどういう関係にある選択肢を選ぶべきかは，冒頭の日本語指示文には明示されておらず，段落の下にある空欄付きの英文（"In this

---

10)　問題冒頭の日本語指示文にも「下線部の語句の意味を文章から推測し」と注記されている．

次の問いの英文を読み，下線部の語句の意味をそれぞれの文章から推測し，□に入れるのに最も適当なものをそれぞれ下の①-④のうちから選べ.

問 2: In my high school years, my friend and I felt that Mr. Bell was the epitome of a good high school PE teacher. He was not tall or well-built, but he was able to teach sports which often required a lot of strength and endurance. Furthermore, he had the ability to make us do our best and never give up. Even today I believe I have never met a better PE teacher.
In this situation, the epitome of a good PE teacher is one who is the 28 .
選択肢：
① athletic kind
② perfect example
③ practical sort
④ strict type

図 1.14　未知語句語義推定問題の例（2013 年度大学入試センター試験 第 3 問 A 問 2）

situation ...")（「問いの文」）を解釈する必要がある．しかし，実際はすべて下線部の語句と意味的に同等，あるいは，類似関係にある選択肢を選ぶ問題になっている.

ここで，「意味的に同等」ということは必ずしも「置換可能」ということを意味しない．多くの問題では図 1.14 の例のように下線部と置換可能な表現を選べばよいが，過去問には下線部を正解選択肢で単純に置換すると文法的に不適格になってしまう問題が全体の 16.5% 存在する．この中には，下線部が定動詞形（時制をもつ形）であるのに対して，選択肢が to-不定詞形となっているような単純なものだけでなく，以下のように，下線部が「人物の特徴を表す形容詞」であるのに対して，「人物を特徴づける行為を表す動詞句」が選択肢として正解であるような問題も存在する．しかしながら，下線部と意味的になるべく近い選択肢を選ぶ，ということには変わりない.

問題文：... Mr. Joseph Malunga is a maverick politician. ...
In this passage, maverick means someone who 28 .
正解選択肢：④ thinks differently from most people

（2009 年度大学入試センター試験 追試験 第 3 問 A の一部）

なお，2015 年度以降，この問題は長文読解問題の一部に組み入れられている.

本問を解くには「下線部と意味的にもっとも近い選択肢を選ぶ」こと，すなわち，意味の世界で下線部と選択肢の類似性（近接性）を評価することが必要である．言語表現の意味を計算機内でどのように表現するべきかは非常に難しいテーマであるが，本研究では後述の多次元ベクトルによる表現（意味ベクトルと呼ぶ）を用いる．処理全体は次の二つのステップから構成される．

1. 下線部および選択肢の言語表現に対して意味ベクトルを作成する．
2. 選択肢のうち，意味ベクトルが下線部のそれに最も近いものを選ぶ．

次に説明するように，最初のステップにおいて，一つの言語表現（下線部または選択肢）に対して複数の意味ベクトル（候補）が作成される可能性がある．2番目のステップはこのことを前提に設計されている．

まず言語表現に対する意味ベクトルの作成について説明する．言語表現が一つの単語の場合，不要文除去問題や意見要旨把握問題と同様に Word2vec により得られるベクトルをそのまま用いる．

言語表現が複数単語からなる場合，連続する複数語からなる連語を一語扱いすることで，Word2vec によって意味ベクトルを作成する方法と同様に大規模コーパスからベクトルを作成できる．しかしながら，複数語からなる言語表現については数が膨大となり，必要となるコーパス量も桁違いに増えるため，網羅的に作成することは困難である[11]．したがって，このような表現については問題を解く段階で個々の単語から意味ベクトルを作成する処理が必要となる．

我々は複数単語からなる言語表現の意味ベクトルを式 (1.1) に示すように各単語の意味ベクトルの加重和で求める[12]．

$$v_p(W = w_1, \ldots, w_n) = \sum_{i=1}^{n} idf(w_i) v_w(w_i) \tag{1.1}$$

ここで，$v_p(W)$ は言語表現 $W = w_1, w_2, \ldots, w_n$ に対するベクトル，w_i はこの言語表現を構成する単語，$v_w(w_i)$ は単語 w_i の意味ベクトル，$idf(w_i)$ はその単語の重要度であり Inverse Document Frequency (IDF) 値を用いる [Pershina 15]．

以上の方法で下線部に対する意味ベクトルを得ることができるが，二つの問題がある．

---

11) 頻度の高い固定的な連語はあらかじめデータベース化しておく．
12) 複数語からなる言語表現の意味ベクトルを構成語の意味ベクトルからどのように構成するかについては [Blacoe 12] が検討している．それによると，ベクトルの加算を含む三つの方法を比較したところ，パラフレーズ関係の識別においてさほど変わらない結果となった．したがって本研究で用いている「重み付き加算」も悪くない選択だと思われる．

　一つめの問題は連語 (collocation), 特にイディオム (idiom) の扱いである. イディオムも連語の一種であるから加重和の節の方法でベクトルを求めることができる. この方法で採用している IDF による重み付けがイディオムに有効であることは報告 [Pershina 15] されているが, そもそも連語やイディオムの定義は「個々の単語の意味から全体の意味が推測できない単語の並び」であることから, 構成単語の加重和のみで全体のベクトルを構成することには限界がある.

　もう一つの問題はベクトルを作成するときに用いるコーパスの偏りや網羅性の不足などから, 低頻度の単語に対するベクトルが欠損していたり, ベクトルが試験問題分野における単語の意味の近さを反映していなかったりすることである.

　そこで, 我々は, これまで説明してきた手法で得られるベクトルのほかに, 英語辞書（英語表現に対してその意味を英語で記述した辞書）[13]を参照し, その語義定義文から, 先述の加重和の方法でベクトルを作成して, 当該言語表現の意味ベクトルの候補に加えることにした. なお, 語義定義文が複数存在する場合はこれら各々からベクトルを作り, 候補に加えた.

　ここで, ベクトル化したい表現が連語の場合, 辞書中の語義定義が一つの単語であればその単語の意味ベクトルを当該連語の意味ベクトルと考えてよいだろう. また, 語義定義が複数語の場合は, 連語に比べると語義定義文は要素合成的である可能性が高いと考えられるため, このような方法でもより妥当なベクトルを得られることが期待できる. また, ベクトル化したい表現が一語の場合も, 辞書中の同義表現のベクトルを利用することで, 本来同義関係にある単語を正しく同義であると判定できる可能性がある. ただし, 誤った意味ベクトルを追加して, 本来, 同義ではないものを同義と判定してしまう副作用も生じる可能性がある.

　次に, 解答の選択について説明する. 上述のステップ 1 により, 下線部および各選択肢に対して, 一つ以上のベクトルが作成されるので, これらを用いて選択肢を選ぶ方法を説明する.

　まず, 各選択肢と下線部との類似度を計算する. 選択肢と下線部にはそれぞれ複数のベクトルがありうるので, 各々から一つずつベクトルを選んだすべての組合せのうち, 一番類似度の高い組の類似度を当該選択肢と下線部との類似度とする. たとえば, 下線部に対するベクトルが二つ, 選択肢①に対するそれ

---

13)　具体的には英語 Wiktionary (http://en.wiktionary.org/) を用いた.

表 **1.9** 未知語語義推定問題の実験結果（正解率）

	辞書なし	IDIOM	IDIOM+SYNONYM
−IDF	0.51	0.65	0.59
+IDF	0.55	0.65	0.69

が三つ存在する場合，$2 \times 3 = 6$ 通りの類似度を計算し，その最大のものを下線部と選択肢①の類似度とする．二つの意味ベクトルの「類似度」にはコサイン類似度を用いる．

このようにして下線部と各選択肢との類似度を計算し，類似度が最大となる選択肢を解答候補として出力する．

ここまで説明してきた手法を，過去のセンター試験（本試験と追試験）および予備校が実施したセンター試験の模擬試験問題，合計 55 回分 109 問[14]に対して適用し，正解率を評価した．

Word2vec のベクトルデータは大規模なニュース記事コーパス（延べ語数 1,000 億語）から 300 万の語句に対して作成されたものを利用した[15]．また，IDF 値は New York Times の 3 年分（2008〜2010 年）の記事[16]を用いて算出した[17]．

IDF による重み付け，および，辞書引きの効果を調べるため，これらの有無による正解率も求めた．結果を表 1.9 に示す．この表で +/−IDF は IDF 重みの有無を，IDIOM，SYNONYM はそれぞれ連語，および，単語に対する英語辞書の利用を表す．

表の右下欄が提案手法の正解率であり，約 70% となった．連語に対する辞書の導入（「IDIOM」）は辞書をまったく使わない場合（「辞書なし」）と比べて，IDF 重みの有無にかかわらず，有意に効果的であった[18]．これはベクトルの加重和で捉えられない意味が扱えたためと考えられる．これに対して，単語に対する辞書引きを追加しても（「IDIOM」と「IDIOM+SYNONYM」の間には）有意差が認められず，IDF 重みがない場合にはノイズを混入させることとなった．IDF の導入については特に連語と単語の両方に辞書を利用した場合（「IDIOM+SYNONYM」）に導入の効果が有意に認められた．

14) 基本的には各試験ごとに 2 問出題されているが，2015 年のセンター追試験のみ 1 問しか出題されていないため 109 問となった．問題はすべて国立情報学研究所で XML 化したものを使用した．
15) https://code.google.com/archive/p/word2vec/
16) https://catalog.ldc.upenn.edu/LDC2011T07
17) 一つの記事を一つの文書 (document) とした．
18) 符号検定により有意水準 5% で評価．以下同様．

1.8　内容一致問題

　論説文の読解問題において，内容一致問題が頻繁に出題されている．内容一致問題は，与えられた長文全体または指定された段落について説明している選択肢のなかから正しいものを選ぶ問題である．問題の例を図 1.15 に示す．

　大学入試センター試験における内容一致問題の問題本文は通常 5〜8 段落（全体で 30〜50 文）程度の長さがあり，4 択問題が通常 5 問出題される．対象となる段落が指定されることが多いが本文全体を対象にした問題も出題されることがある．また，内容が一致しない選択肢を解答させる場合もある．

　この例の場合は，6 段落で構成された「オーディオ機器の音質」に関する本文（647 語）に対し，小問 1〜5 でそれぞれ段落 (1), (3), (4), (5), (6) の内容について問うており，特に小問 1 では，段落 (1) の内容について，ベル研究所の蓄音機がエジソンの蓄音機よりもどうであるかを問う問題になっている．ちなみにこの問題の正解は選択肢④の「より現実に近い音が再生できる」である．

【6】次の文章を読み，下の問い（A・B）に答えよ．なお，文章の左にある (1)〜(6) は段落の番号を表している．（配点 36）

(1) In 1877, Thomas Edison invented the phonograph, a new device that could record and play back sound. For the first time, people could enjoy the musical performance of a full orchestra in the convenience of their own homes. A few years later, Bell Laboratories developed a new phonograph that offered better sound quality; voices and instruments sounded clearer and more true-to-life. These early products represent two major

(中略)

The advances over the years have been significant in both areas, but it is important not to let the music itself get lost in all the technology.

(2) Although the phonograph made listening to

(以下略)

A 次の問い（問 1〜5）の $\boxed{47}$〜$\boxed{51}$ に入れるのに最も適当なものを，それぞれ下の①〜④のうちから一つずつ選べ．

問 1 According to paragraph (1), Bell Laboratories' phonograph could $\boxed{47}$ than Thomas Edison's.
① be build more quickly and cheaply
② be operated with less difficulty
③ play more musical instruments
④ reproduce sound more realistically

図 1.15　内容一致問題の例（2014 年度大学入試センター試験 第 6 問 A の一部）

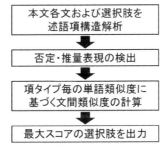

図 **1.16**　解析手順の概要

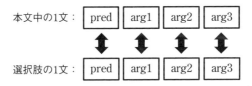

図 **1.17**　項タイプごとの単語類似度の計算

　この問題に正解するためには，本文中の1文〜数文からなる該当箇所に対し，
選択肢が妥当な説明となっているか否かを判定する必要がある．

　内容一致問題に対する解法の概要を図 1.16 に示す．内容一致問題では，問題
選択肢と該当段落の内容が意味的にどのくらい近いかを測る必要がある．分析
の結果，選択肢は 1 文程度と短く，正解の選択肢を導くための本文中の文章は
1〜2 文の割合が最も大きかったため，該当段落の各文と選択肢の文を総当たり
で類似度を算出し，最も高い類似度をもつ組合せがあった選択肢をシステムの
回答とした．文同士の類似度は，述語項構造解析と Word2vec を用いた単語類
似度をベースとして否定表現の有無，推定表現の有無のスコアも考慮して計算
した．

(a)　述語項構造解析と単語類似度による文間類似度の算出

　図 1.17 に示すように，本文中の 1 文と選択肢の 1 文の文間類似度を計算する
際には，それぞれの文を述語項構造解析し，述語 (pred) と 3 タイプの項 (arg1,
arg2, arg3) の組を抽出したあと，本文中の 1 文に含まれるすべての述語項構
造と選択肢の 1 文に含まれるすべての述語項構造について，総当たりで pred,
arg1，arg2，arg3 それぞれの主辞となる単語について単語類似度を計算し，そ
の合計値を文間類似度とした．述語項構造の解析には，英語の HPSG パーザで
ある Enju [Miyao 02, Matsuzaki 07] を使用した．また単語類似度の計算には

Word2vec を用いた．そして本文中の 1 文と選択肢の 1 文との文間類似度が最も大きなペアの選択肢を解答として出力した．

この際，段落指定がある問題については，該当段落の文のみを用いて選択肢との一致度を計算し，合計値を比較した．段落指定がない問題は，全段落の文と選択肢との一致度を計算し，合計値の比較を行った．

また，否定表現を含む文と含まない文とでは，述語項構造レベルで類似度が高くても異なる内容であると考えられる．そのため，与えられた文が否定表現を含むか否かを特定し，否定表現の有無が一致しない場合は，文間類似度にペナルティを与えた．ペナルティの値は，開発用データで最も正解率が上がるような値を実験的に求めた．

推量表現については，推量表現を含む文では曖昧性が増し，類似度に影響を与えると考えられる．そのため，与えられた文が推量表現を含むか否かを特定し，推量表現の一致度に応じたスコアを文間類似度に加味した．スコアの値は否定表現の場合と同様実験的に求めた．

作成したソルバーの評価は，大学入試センター試験の過去問 11 回分および代ゼミセンター模試 5 回分，ベネッセ・進研マーク模試 3 回分を用いて行った．なお，6A の問題で段落が指定されるようになったのは 2009 年度以降であり，それ以前の問題は，段落指定がなく本文全体に対して内容説明を選択する問題である．本評価データでは，本試験 11 回のうち古い方の 9 回分がもともと段落指定がない問題である．

また，段落指定がどの程度精度に影響しているかを調べるため，問題文で段落が指定されていてもその情報を無視して本文全体について文間類似度を計算する方法についても実験を行った．

実験結果を表 1.10 に示す．試験問題によって結果にばらつきがあり，模擬試験では高い精度が得られる場合があるものの，大学入試センター試験の本試験では 28%と低い精度にとどまった．また，段落指定の有無による影響はほとんど見られなかった．

表 1.10   評価結果

試験	段落指定あり	段落指定なし
本試験（11 回分）	28% (16/57)	32% (18/57)
代ゼミ（5 回分）	40% (10/25)	36% (9/25)
ベネッセ（3 回分）	60% (9/15)	60% (9/15)
合計	36% (35/97)	37% (36/97)

誤答した問題について分析したところ，以下に示す主に 4 つの原因があることがわかった．

(i) 構成する単語が類似単語でない言い換え

> 本文該当箇所：Spending time on social networking websites, one can see how much people love sharing stories of their lives.
>
> 問題文：According to (1), it is common to 47 through social networking services.
>
> 正解選択肢：share one's experiences with others

（2014 年度第 3 回ベネッセ・駿台マーク模試 第 6 問 A 問 1）

本文該当箇所の表現と選択肢の表現でほとんど類似単語がないために正しい選択肢の文間類似度のスコアが大きくならず誤答してしまうケースがあった．上記の例では，本文の "one can see how much people love sharing stories of their lives." と選択肢の "it is common to share one's experiences with others" の内容がほぼ同じであることを認識する必要があるが，表層的な単語だけをみると類似単語がほとんどない．提案手法は単語の類似度をベースとした手法であるため，このようなケースでは正解を得られないことが多かった．

(ii) 名詞句を用いた言い換え（太字は引用者による）

> 本文該当箇所：Because of **his rare color he had** become quite famous.
>
> 問題文：Why was Snowflake a popular exhibit at the zoo? 49
>
> 正解の選択肢：**He was an unusual color**.

（2007 年度大学入試センター試験 第 6 問 A 問 4）

> 本文該当箇所：Interestingly, **growing numbers of foreign students** have accompanied changes in U.S. general education.
>
> 問題文：In paragraph (3), the author suggests changes in general education at U.S. universities are happening along with changes in 48 .
>
> 正解の選択肢：**the ratio of foreign students**

（2014 年度第 1 回ベネッセ・駿台マーク模試 第 6 問 問 2）

上記のように本文または選択肢の内容一致に関わる部分が，名詞句で表現されている場合，誤答が多くみられた．提案手法では文の述語構造を用いて類似度を計算しているため，名詞句で表現された部分の内部の項構造が取り出せず，文の類似度に反映されていなかった．

(iii)　表層形の異なり

> 本文該当箇所：When they **find** good flowers and come back to their hive and meet their peers, they "dance."
> 問題文：According to paragraph (2), honeybees dance in order to 46 .
> 正解の選択肢：tell their fellows about flowers they have **found**

（2013 年度第 2 回代ゼミセンター模試 第 6 問 A 問 1）

　上記の動詞の過去分詞と現在形のように，表層形が異なると，Word2vec による類似度スコアが低くなってしまう場合があった．たとえば，'find' と 'found' について実験に用いた Word2vec の単語類似度の値は，0.60 という低い値であった．今後，単語を正規化して類似度を計算することも検討したい．

(iv)　該当箇所が複数の文に分散

> 本文該当箇所："His name was Snowflake," he continued, "and he was a **gorilla**, a very special albino **gorilla**, with white fur and pink skin. When only three years old, Snowflake was captured in the forests of Africa and then brought to the zoo.
> （中略）
> Grandpa smiled at Valerie and said, "Anyway, maybe it's best not to plan everything. All kinds of wonderful, unexpected **encounters** may be waiting for you on your trip.
> 問題文：What unexpected experience did Grandpa describe from his first trip to Barcelona? 48
> 正解選択肢：**Encountering** an unusual **gorilla**.

（2007 年度大学入試センター試験 第 6 問 A 問 3）

　上記のように，選択肢に合致する内容を表現する単語が，本文中の複数の文に，分散して存在する場合があった．この場合，いずれかの項タイプでの単語一致度が高くても，その他の項タイプでの単語一致度が低くなり，文全体の一致度は低くなってしまう．その結果，一致度の合計スコアが他の選択肢より低くなり正解が得られなくなる現象がみられた．

　逆に，選択肢文中の単語を類似単語で言い換えた程度の文が本文に出現する問題であれば，提案手法でほとんどの問題で正解が得られていた．しかし，そのような問題は割合として多くなく，正解率は低くなることが多かった．

　さらに，少数ではあるが，本文中に含まれる英熟語の意味を問う問題，価値判断を問う問題で人間の常識的知識が必要となる問題，本文全体からわかる著者の主張の要約を問う問題なども含まれていた．今後このような問題に対応するためには，述語項構造が異なるような言い換えの考慮，複数文の要約と選択肢との類似度の評価，常識的知識を利用した処理などが必要であると考えられる．

1.9 段落タイトル付与問題

　段落タイトル付与問題とは，長文内の指定された 4〜5 個の段落のそれぞれに
対してタイトルとして適切な言語表現を選ぶ問題である．問題の例（長文は一
部抜粋）を図 1.18 に示す．

　長文の (2)(3) などは段落番号であり，その下の表の左列が段落番号，右が対
応するタイトルを入れる欄である．一部の段落にはタイトルが与えられている．

---

(2)Sometimes dance serves to help teach social rules to young members of
a community. A kind of dance called the minuet is a good example. The
minuet originated in France and by the 18th century had become popular
among the European elite. In Britain, debutantes, or upper-class women
about to make their entrance into adult society by attending their first
dance, were strictly trained for their first ......

(3)Dance has also been used to make sure that adults follow the rules
of their community. An example comes from research conducted in the
mid-1900s on dances performed after hunts by the Mbuti Pygmies, an
ethnic group ......

Paragraph	Content
(1)	Typical roles of dance today
(2)	[51]
(3)	[52]
(4)	[53]
(5)	[54]
(6)	[55]

選択肢：
① Dance for passing down appropriate behavior
② How dance improves a group's staus
③ The common function of dance and its significance
④ The demonstration of group force through dance
⑤ Using dance to point out unfavorable actions

図 **1.18**　段落タイトル付与問題の例（2013 年度大学入試センター試験 第 6 問 B）

表の下が選択肢であり，表の右列の空欄の数と同数である．一つの選択肢を二つの段落に対して選ぶことはできないため，本問題は，選択肢を段落に重複なく割り当てたもの（以下「解答候補」と呼ぶ）の中から最も適切なものを選ぶ問題と考えることができる．解答候補の総数は選択肢の数，すなわち，4 ないし 5 の階乗であるから 24 ないし 120 となる．本問は 4〜5 個の段落のすべてについて完答した場合にのみ得点となることから，ランダムに選択した場合に得点できる確率（完答率）は解答候補数の逆数の 0.04 ないし 0.008 となり，非常に低い．

　解答手法の概略について述べる．我々は「段落に対する正しいタイトルは当該段落と意味的に類似している」との想定に基づき，選択肢と段落との意味的な類似性を計算し，各選択肢が意味的に類似した段落に対応付けられるように解答する，という方法を取る．

　ここで考えなければならないことは次の 2 点である．

1. 段落と選択肢との間の意味的類似性をどのように計算するか
2. 各段落と各選択肢の間の意味的類似性がわかったとき，全体としてどのように選択肢と段落を対応づければよいか

以下，順に説明する．

　段落と選択肢の意味的な類似性の数値化については，未知語句語義推定問題と同様の手法を用いる．すなわち，段落と選択肢それぞれをベクトル化し，二つのベクトルのコサイン類似度を用いる．

　しかしながら，このように段落中の全単語を単純に使うのが適切かどうかは検討を要する．パラグラフ中でキーとなる部分のみの単語を用いる方がより正確なベクトルになる可能性がある．英語の論説文においては，パラグラフの先頭あるいは末尾の文がキーになっていることが多いことから，これらの文のみに絞ることを試みる．また，段落中で選択肢と強く関連している部分のみを使うという考え方もある．

　以上より，我々は段落のすべての文を利用することに加え，次の方法で段落中の文を選び，そこに含まれる単語のみを利用して式 (1.1) でベクトル化することを試みた．

　先頭) 段落の最初の 1 文，

　末尾) 段落の最後の 1 文，

前後) 段落の最初の 1 文と最後の 1 文,

類似) 段落中で最も選択肢との類似度が高い文,

ここで,「類似」については当該段落のみでは文は決まらず,類似度を計算する選択肢ごとに決定される.

選択肢についても段落と同様に,当該言語表現に含まれる全単語を式 (1.1) により Word2vec と IDF でベクトル化した.なお,二つ以上の選択肢の間で共通する単語は選択肢を区別するには不要であると考えて,これらを削除する方法も試した.

段落と選択肢のすべての組合せについて類似度が求まったとして,重複なく選択肢を段落に対応づける方法を考える必要がある.我々は次の三つの方法を試した.

一つ目は「貪欲法 (greedy search)」と呼ばれるもので,段落と選択肢の類似度が最大のものから順に重複がないように決めていく方法である.まず,段落と選択肢の組のうち類似度最大のものを選んでその組合せを確定させる.たとえば段落 (2) と選択肢④の組の類似度が最大であればこれを解答として確定させる.次に残された段落と選択肢(段落 (2) と選択肢④以外の組)について類似度最大の組を選び確定させる.この処理をすべての段落の選択肢が確定するまで繰り返す.これは,人間の解き方によく似ているように思われる.

二つ目の方法は類似度の総和(平均)が最も大きい組合せを用いるというものである.すべての可能な解答候補(重複なしに選択肢を解答欄に割り当てたもの)を作り,各解答候補について段落と選択肢の類似度の和を求め,和が最大の候補を選ぶ.解答候補の数は段落(=選択肢)の数の階乗になるが段落数はたかだか五つであるから計算量については問題ない.

三つ目は二つ目とほぼ同様であるが,類似度の平均が最大のものを選ぶのではなく,類似度の低い段落と選択肢の組がなるべく含まれないようにするという戦略である.処理の流れは二つ目と同じであるが,各解答候補(選択肢を重複なく段落に対応付ける組合せ)について,類似度が最低の組の類似度をその候補のスコアとして使うところが異なる.すなわち類似度の低い選択肢と段落の組合せが含まれる候補を避ける戦略である.選択肢と段落の不適切な組合せを避ける方法であることから,消去法と考えることができる.

上述の手法を過去のセンター試験,および,予備校の模擬試験の合計 42 問に適用した.

表 1.11　段落タイトル付与問題の実験結果

段落の文選択	選択肢の共通単語	完答率 (%)	段落正解率 (%)
類似	削除	45	67
全て	削除	40	64
全て	残す	40	62
類似	残す	38	68
前後	削除	38	61

　実験の結果を表 1.11 に示す．表の左列の「段落の文選択」とは段落に対する
ベクトルを構築する際に利用した文のことである．なお，「全て」とは段落中の
全単語を利用した場合である．完答率とは，完答した問題数を全問題数 (=42)
で割った数である．段落正解率とは段落単位で求めた正解率であり，正しい選
択肢と対応づけられた段落数を解答すべき段落の総数で割ったものである．表
を見ると，段落のベクトル化に際しては選択肢との類似度が一番高い文を使い
(「類似」)，選択肢のベクトル化については選択肢間の共通単語を削除したもの
(「削除」) が一番高い完答率となった．完答率は 45% とランダムな解答より有
意に高いものの絶対値としては十分とはいえない．

　誤り理由としては，正解タイトルが段落の内容を抽象化した表現の場合（た
とえば，具体例を列挙した段落に対して examples のようなタイトルが与えら
れている場合），類似度がさほど高くならないこと，正解でない選択肢に当該段
落に含まれる単語（に類似した単語）が出現すると正解でないにもかかわらず，
そちらの類似度が高くなることなどが挙げられる．前者に対して特に段落のタ
イトルが属性名を含むとき（例：X の歴史），段落が当該属性に関するものかど
うかを文書分類で推定する方法が検討されている [井内 17].

1.10　リスニング

　リスニングのソルバーでは，最初に音声認識を行って音声を文字に変換する．
その後，問題自体は会話文完成や意見要旨把握と近いため，会話文完成問題のソ
ルバーと意見要旨把握問題のソルバーを用いて，問題を解く．ただし，図表が
ある問題や，会話完成文問題や意見要旨把握問題として扱えないものは，現状対
応しておらず，ランダムに解答を選択している．2015 年のベネッセ・進研マー
ク模試の結果は，50 点中 16 点であった．また，2016 年の模試の結果は 50 点
中 14 点であった．この結果は，ランダムに解答した場合の正解率とほぼ変わら

ない．よって，ここではソルバーの説明をせずに，ソルバーで利用した音声認識と，リスニング問題の難しさについて述べる．

　最初に，音声認識について説明する．音声認識では，Google Cloud Speech API の音声認識なども利用することが可能であるが，Google Cloud Speech API の音声認識は，使用に制限がある．そこで，深層学習などの最新の手法を導入している Kaldi [Povey 11] を音声認識に利用した．2015 年の音声認識では，Librispeech [Panayotov 15] という Kaldi に添付されている音声認識モデル作成のための手順書に従って，音響モデルと言語モデルを作成した．このレシピはさまざまなモデルを作成できるように設計されているが，2015 年の音声認識では，LibriVox パブリックドメインオーディオブックス[19]に含まれる 460 時間の雑音を含まない音声を利用して隠れマルコフモデル（状態が観測されないマルコフ過程のこと．時系列データのモデル化によく利用される）とニューラルネットワークによる音響モデルを学習した．また，Project Gutenberg books [20]中の 14,500 のパブリックドメインの本に出現する 803,000,000 単語の文章から，言語モデルを学習した．

　この音響モデルと言語モデルによる音声認識の評価を行った．その結果，Google の音声認識に比べて，リスニング問題に対する音声認識性能が低いことが確認された．これは，言語モデルを学習した過去の書籍の文章が，リスニング問題に多く出題される対話文の統計的性質とは異なっていることによると推測した．そこで 2016 年の音声認識では，対話文に対しても言語モデルが対応できるように，映画の字幕の書き起こし 2,454,833,527 単語からなる文章と映画のレビュー 1,299,775 単語からなる文章を，Librispeech の言語データに加えて，言語モデルの再学習を行った．ここで用いた映画の書き起こし学習データは OpenSubtitles プロジェクト[21]のテキストから，映画のレビューの学習データは Movie-DiC [Banchs 12] のテキストから作成した．このモデルと 2015 年のモデルと Google の音声認識の音声認識性能を図 1.19 に示す．このグラフの縦軸は単語誤り率である．図が示すように，言語モデルの改良により，対話に対しても，Google に近い性能を達成できていることがわかる．

　以上で述べた 2015 年と 2016 年のモデルの認識例を以下に示す（下線は誤り箇所を示す）．

---

19)　https://librivox.org/
20)　http://www.gutenberg.org/
21)　http://www.opensubtitles.org/en/

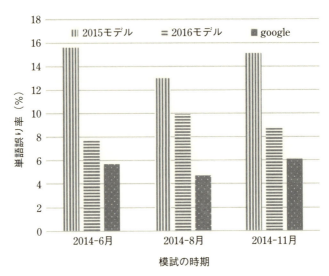

図 1.19　各音声認識モデルの単語誤り率

2015 モデル：The costume <u>parties</u> next <u>week end</u>.

2016 モデル：The <u>Costume</u> <u>Party</u> is next weekend.

正解　　　　：The costume party is next weekend.

2015 モデル：<u>Whom</u> I'll <u>just</u> like a rabbit and you can be a dog.

2016 モデル：<u>m</u> I'll <u>just</u> like a rabbit and you can be a dog.

正解　　　　：Hmmm. I'll dress like a rabbit and you can be a dog.

2015 モデル：<u>Oh came</u> where can we get costumes.

2016 モデル：<u>Okay</u> where can we get costumes.

正解　　　　：OK. Where can we get costumes?

2015 モデル：Let's go <u>to morrow</u>.

2016 モデル：Let's go tomorrow.

正解　　　　：Let's go tomorrow.

　このように，新しいモデルでは，"to morrow" などの誤りが改善され，残っている誤りも "OK" や "Hmmm" といった内容にあまり寄与しないところにあり，致命的な音声認識の誤りが少なくなっていることがわかる．以上の結果から，リスニングにおいて，音声認識の性能は比較的高く，50 点のテストで 14 点

しか取れないという結果の大きな原因ではないことがわかる. では, なぜリスニングの結果は, こんなに悪いのであろうか? ここでは, リスニング問題の難しい点を例題を用いて説明する.

以下の問題は音声認識的にも, 言語的にも難しい問題である.

Woman: I bought Jennifer a birthday present. I have her address in
　　　　Toronto.
Canada. What's her postal code?
Man: M5M 2M2.
Woman: M5M 2N2?
Man: 2M2. M as in Mary.

What's Jennifer's postal code ?
(1) 2M2 M5M (2) 2N2 2M2
(3) M5M 2M2 (4) M5M 2N2

(2015 年度ベネッセ・進研マーク模試・6 月 リスニング 第 1 問 問 2)

音声認識では, 大量の学習データから学習した言語モデルを利用して, 言語的に最もつながりやすい単語列の候補に絞り込み, 正解の候補を出力する. しかし, 郵便番号のような, 過去の文章にはほとんど存在しない無意味な文字系列は, このような言語モデルの絞り込みが働かず, 高い音声精度を達成できない. たとえば, 上記の "M5M 2N2" では, 通常の言語モデルを使うと, "They will find vent to him too." となってしまう.

また, この問題では, M5M 2M2 と M5M 2N2 の両方が聞き取れたとしてもこのどちらを選択すればよいかを判定することが難しい. この問題では, M as in Mary という文字訂正のプロトコル (手順) も知っていないと問題が解けない. このような言語的な難しさもある.

意見要旨把握問題のソルバーでは, Word2vec による単語の意味ベクトルを用い, コサイン類似度が高いものを選択する. しかし, その戦略では解けない問題もある. その例を以下に示す.

> Woman: This cafe is great for studying.
>
> Man: Yes it's very quiet. Hey, isn't that Tom's tablet computer?
>
> Woman: He must have forgotten it. Don't worry I have his phone number.
>
> Man: He'll be glad we found it.
>
> What will the man and woman do?
>
> (1) Ask to borrow their friend's computer.
>
> (2) Call their friend about something he left behind.
>
> (3) Get their friend's advice about tablet computers.
>
> (4) Invite their friend to study with them.

(2016 年度ベネッセ・進研マーク模試・6 月 リスニング 第 1 問 問 3)

　この問題では，正解は (2) であるが，この選択肢には，something や call や left といった問題文中には，まったく出てこない単語が出現する．このため，連接する文章の近さの情報だけでは，問題が解けない．解答の something が文中の computer であることを理解しなければならないし，phone number という語から call という動詞を予測しなければならない．リスニングでは，このような人間にはすぐわかることや常識的なことでも，コンピュータにとって難しいことが随所に存在する．

1.11　イラスト問題

　センター試験英語（リスニング）では，選択肢が英文ではなくイラストで示される問題が，例年 2, 3 題出題される．この種類の問題（以下，「イラスト問題」と称する）についての取り組みを 2016 年より開始した．基本的な戦略は以下のとおりである．まず，イラストを英文に変換し，文章問題用のソルバーを流用できるようにする．イラストの英文変換にあたっては，近年急速に精度が向上した画像キャプショニングの技術を援用する．なお，現時点ではイラスト問題の選択肢を十分な精度で英文に変換できておらず，正解率の評価に至っていない．本節では，アプローチの方法と到達点，課題認識についての現状をまとめる．

　基本的なアプローチとしては，画像キャプショニングの技術を利用した．こ
れは自然画像に対する英文キャプション手法として知られた，CNN と LSTM
を組み合わせて使用するものである [Vinyals 15]．DNN による自然画像のラベ
リングは近年急速に高精度化が進み，ImageNet の 1,000 クラスに対して 5%以
下 [Ioffe 15] という人間と比べて遜色ないレベルに至っている．これをもとに
した英文キャプションも多くの場合情景に対する適切な記述が得られるように
なった．この手法をイラスト選択肢の英文選択肢への変換に利用する場合，以
下の課題がある．

- イラスト画像の適切なキャプション文が生成可能か．
- 選択肢間の差異が適切に反映された英文選択肢を生成可能か．

我々は，このうち前者に絞って検討を行った．

　前段についてまず課題となるのは，適切な学習データの収集である．センター
試験の過去問，および予備校などが実施した過去問における既存類題の合計数
はせいぜい 200 問程度であり，同一物体のイラストが多数必要な CNN で画像
を学習するのに通常用いられる数千以上という規模には到底及ばない．そこで，
初期検討として (1) 自然画像の線画化データが利用可能か，(2) 漫画のデータが
利用可能か，について検討した．

　(1) の試みとして canny edge detector[22] により MS COCO [Lin 14] の画像
データベースを線画化して学習・認識を行った．20 クラスのオブジェクトに対
し，各 20～100 枚程度のデータを用意してクラス識別の精度を評価してみるとク
ラスによって極端に精度に差が生じた．たとえば zebra や clock は 80%以上の
精度であるのに対して train，bird などは 20%に満たない．図 1.20 の airplane
は精度が高い例，train は精度が低い典型例である．この差は主に背景の状況，
即ち背景のテクスチャ起因のエッジの多寡によって生じたものと考えられる．処
理した写真約 1,000 枚については，そのままで使用できるデータはおよそ 5%程
度にとどまり，単純な利用は難しい．オブジェクトの形状に合わせた背景除去
などの操作が必要になると考えられる．

　(2) の例として Manga109 データベース [Fujimoto 16] の一部，20 冊合計約
3,000 ページのデータにアノテーションを行い，線画画像による学習と認識を評
価した．人物，動物，物体などの計 40 クラスに各 10 枚から 100 枚程度の学習

---

22)　https://docs.opencv.org/3.0-beta/doc/py_tutorials/py_imgproc/py_canny/
py_canny.html

（a）class：airplane　　　　　　　　（b）class：train

図 1.20　自然画像の線画化の例

データを用意し，学習・認識を行った結果は平均で 40%程度の識別率であった．
(1) と同様にクラス間の差異は大きいが，男性と女性，家とビルなどの特定クラ
ス間の混同が大きい．試みに男性クラス，女性クラスの学習データを集中的に
増加させ，合計 400 枚とした場合でも，精度は男性クラスで 50%へ，女性クラ
スで 68%となお不十分であった．漫画データは最初からオブジェクトが明確に
描かれているため，写真の線画化データと比較して背景の問題は小さい．一方
で，クラス内変動要因として描き方のタッチによる影響が大きく，精度向上に
は極めて多数の学習データが必要になることが予想される．

　ここまで説明してきたとおり，画像認識単体に十分高い精度を期待するには
イラストデータの量を相当増加させる必要があるが，問題と作画タッチを揃え
かつラベル付きのデータを大量に整備することは容易ではない．イラスト画像
認識単体の精度が不十分でもキャプション文の精度を向上させる方策を考える
必要がある．そこでイラスト情報のみから英文への変換ではなく，英文で与え
られた問題文の利用ができないかを検討した．具体的には問題文中に含まれる
単語を利用してキャプション文生成時の語彙に制約を加える．たとえば図 1.21
にキャプション付けを行うと，図中のオブジェクトのうち desk, computer は
キャプション文の上位 5 候補に含まれるが，books は含まれていない．

　しかし問題文に含まれる名詞リストに "books" があることから，これを含む
キャプション文の順位を上げるリランキング操作が有効と考えられる．この制

問題文
- W : Nice office, George. Which desk is yours ?
- M : It's over there the one with a computer on the left and some books on the right.

候補文（上位5）
a laptop computer sitting on top of a desk
a laptop computer sitting on top of a table
a computer mouse sitting on top of a wooden desk
a computer keyboard sitting on top of a wooden table
a laptop computer sitting on top of a wooden table

図 **1.21** リスニング：選択肢イラストの例

- a close up of a pair of scissors
- a pair of scissors sitting on top of a table
- a close up of a plate of food
- a close up of a plate of food on a table
- a pair of scissors on a cutting board

図 **1.22** 無関係な単語を含むキャプション例

約条件を 100 位までのキャプション候補文に適用したところ，books を含む英文が上位になることが確認できた．

候補文の例：

- a laptop computer sitting on top of a desk.

- a laptop computer sitting on top of a wooden desk.

- a laptop computer sitting on top of a stack of books.

また反対に誤認識によりイラストと無関係な名詞が含まれるタイプの誤り例も多く発生する（図 1.22）．これに対しては，問題文に無関係な単語の抑制操作が考えられる しかし一般的な単語の使用は必要であるため，一定数の基本語彙は当然利用することとする．試みにキャプション候補のリランキングにあたり，問題文語彙の名詞＋ベーシック・イングリッシュに含まれる単語（850 語）のみを使用する制約を加えた結果，この図に対して，"a piece of cake on the table"，"a close up of a piece of cake on a plate" などのキャプションが上位候補として生成された．

　今後は，問題文語彙とキャプション生成のより密な結合についても引き続き進めていく．また，問題文とイラストの両方および相互の関係での所謂「常識」的な知識を要する解釈が必要な問題もある．選択肢が同一カテゴリに属する一部のタイプの問題については，問題文中から抽出した単語候補と付随する単語の極性分析から正解のイラストを判定する手法 [盛 18] で正解が得られる事例もある．これらを含めて，マルチモーダルな知識の表現・利用の観点からも，イラスト問題に対する取り組みを継続していく予定である．

1.12　図表の読み取り

　センター試験の英語問題では例年，長文問題の中でグラフなどの図表を読み取り，答える問題が出題されている．こうした問題を解答するためには，グラフを認識することが必要となる．まだ文章とグラフを統合的に理解し，問題に答えるまでには至っていないが，ここでは，縦棒グラフの認識手法について述べる．

　センター試験で用いられる棒グラフのパターンを図 1.23 に示す．使用されるグラフは (a) のような単純な棒グラフと (b) のような積み上げ棒グラフに分類できる．また，特徴として，白黒であること，凡例の分類を水玉，横縞などのハッチングを用いて行っていることが挙げられる．

　棒グラフの認識手法として，構成要素の色を用いた手法 [Savva 11] やハフ変換を用いた手法 [Zhou 00] などが挙げられるが，これらの手法はハッチングや積み上げ棒グラフに対応していない．センター試験に用いられる棒グラフを認識するためには，ハッチングや積み上げ棒グラフに対応した認識手法が必要となる．

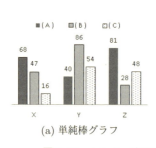
(a) 単純棒グラフ

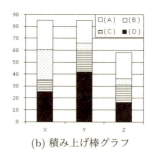
(b) 積み上げ棒グラフ

図 **1.23**　センター試験で用いられる縦棒グラフのパターン

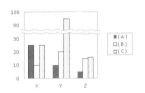 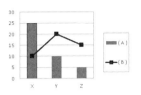

図 **1.24** センター試験で用いられる特殊なグラフ

　我々は，画像処理の技術を用い，縦棒グラフ画像を入力として，構成要素を抽出し，問題解答に必要となる数値データを出力する手法の検討を行っている．具体的な処理として，グラフ領域の取得，目盛線消去，凡例抽出，棒の抽出，数値，棒グループ名の抽出がある．

　センター模試に使用されている縦棒グラフ画像 15 枚を入力とし，その読み取り精度の評価を行ったところ，単純棒グラフでは，F 値が 0.860 と高い精度で読み取りを行うことができた．しかし，積み上げ棒グラフでは F 値が 0.494 と十分な精度で読み取りを行えないこともわかった．

　今後の課題としては，積み上げ棒グラフの分割方法の見直しが挙げられる．また，今回使用した模試データに含まれず，センター本試験で使用されているグラフとして図 1.24 のような数値軸に省略があるグラフや折れ線グラフが描かれたグラフなどが挙げられる．こうした特殊なグラフへの対応も課題である．

1.13　まとめと今後の展開

　ここまで，英語センター模試におけるそれぞれの問題種別について，東ロボ英語ソルバーがどのように解答したか，どのように間違ったかを具体的に述べてきた．

　英語問題には，短文問題，複数文問題，長文問題という 3 種類の区分があるが，短文問題はほぼ正解できるようになったものの，複数文問題では 40%程度の正解率，長文問題ではチャンスレベルの正解率である．

　複数文問題では，Word2vec に基づく手法がよい成績を収めている．深層学習の手法を用いても，学習データ量の問題だったり，学習した結果に一般性がなかったりすることから，好成績は残せていない．Word2vec に基づく手法は単語の意味をある側面で適切に捉えており，比較的ロバストな結果を残せているのではないかと考えている．

　長文問題では，文章が長いため，複数文問題よりもはるかに難しい．これら
の問題を解くことは自然言語処理・人工知能分野において大きなチャレンジで
ある．文章だけでなく，図表の理解が必要であり，図表を適切に読み取るだけ
でも困難である．

　リスニングについては，音声認識精度はある程度高いものの，その後の処理で
は，複数文問題を解く必要がある．また，リスニングならではの難しさも残る．

　現状，英語チームは複数文問題の改善を目指して活動している．深層学習に
基づく手法をベースとし，エラー分析を重ねながら，人間の読解能力に近づい
ていきたいと考えている．

ヒューリスティクス

　対象が複雑になるほど科学的な理論の予測力は弱くなる．特に，人間くらい複雑
な対象になると，完全に予測できる現象のほうが珍しくなる．たとえば，薬と病気
の関係は「薬 A が病気 X に効くことがあるのは否定できない」にとどまるのが普通
であり，一卵性双生児の間で異なりうるすべての性質は「遺伝子 X が影響すること
がある」以上の説明はできない．

　人工知能研究においても事情は同じである．論理を主な手段とした初期の AI 研
究からの最も重要な教訓の 1 つは，ヒューリスティクス，すなわち，「必ずという訳
ではないが多くの場合に上手くいく方法」が AI の中心的な研究対象だということ
だろう．最も初期の AI プログラムである Logic Theorist は「(p または q) かつ (p
ならば q)，ならば q」のような命題論理の定理証明を自動的に行うシステムだった．
そこでは既に，証明の次のステップでどういう公理を使うべきか，といった選択の
ためのヒューリスティクスが最も重要な要素だと述べられている．数学のように最
も「カッチリした」対象に関する知能についても，ヒューリスティクス抜きには説
明できないのだ．

　さて，時折このようなことを言う人がいる：「ヒューリスティクスを集めるような
『汚い仕事』が必要になるのは論理に基づく古い AI 技術の欠点で，大量データを用
いた統計的な手法はそれを超える新しい理論だ」．確かにこの意見には正しいところ
もある．数表の形でまとめられた大量のデータから法則性を見出すことは，人間よ
りも計算機のほうが得意だろう．しかし，統計的な学習の根本は「だいたい上手く
いっているかどうか」を確率の言葉で言い直したものである．つまり統計的な学習
とはヒューリスティクスをデータから効率的に見つけ出す方法の一つなのだ．

　統計的学習で重要な概念に正則化がある．正則化とは，「青い服を着て赤信号を
渡ったら黄色の車にひかれかけた」という経験から「青い服のときに黄色の車が近く

にいたら赤信号を渡るのはやめよう」のように汎用性のない知識を引き出すことを防ぐ仕組みである．正則化の多くは「赤信号は渡らない」のように「結果（車にひかれない）が同じなら規則は簡単なほどよい」という原理を数量的に言い表したものになっている．しかし「簡単である」という基準にはさまざまなものがあり，どれを選ぶべきかあらかじめわからないことが多い．

　実際に，正則化についての選択を含め，「どんなデータでも必ずうまくいく学習方法は存在しない」ということが証明されている（No Free Lunch 定理）．すなわち統計的学習とは「必ずうまくいくわけではないが多くの場合にヒューリスティックスを効率よく集められる方法」つまり，ヒューリスティックスを集めるためのヒューリスティクスなのだ．

参考文献

[Banchs 12] Banchs, R. E.: Movie-DiC: A Movie Dialogue Corpus for Research and Development, in *Proceedings of the 50th Annual Meeting of the Association for Computational Linguistics (ACL) Short Papers-Volume 2*, pp. 203–207 (2012)

[Barzilay 08] Barzilay, R. and Lapata, M.: Modeling local coherence: An entity-based approach, *Computational Linguistics*, Vol. 34, No. 1, pp. 1–34 (2008)

[Blacoe 12] Blacoe, W. and Lapata, M.: A comparison of vector-based representations for semantic composition, in *Proceedings of the 2012 Joint Conference on Empirical Methods in Natural Language Processing and Computational Natural Language Learning (EMNLP-CoNLL)*, pp. 546–556 (2012)

[Fujimoto 16] Fujimoto, A., Ogawa, T., Yamamoto, K., Matsui, Y., Yamasaki, T., and Aizawa, K.: Manga109 Dataset and Creation of Metadata, in *Proceedings of the First International Workshop on coMics ANalysis, Processing and Understanding (MANPU)* (2016)

[Gubbins 13] Gubbins, J. and Vlachos, A.: Dependency Language Models for Sentence Completion, in *Proceedings of the 2013 Conference on Empirical Methods in Natural Language Processing (EMNLP)*, pp. 1405–1410 (2013)

[Heafield 11] Heafield, K.: KenLM: Faster and smaller language model queries, in *Proceedings of the 6th Workshop on Statistical Machine Translation*, pp. 187–197 (2011)

[Hermann 15] Hermann, K. M., Kočiský, T., Grefenstette, E., Espeholt, L., Kay, W., Suleyman, M., and Blunsom, P.: Teaching Machines to Read and Comprehend, in *Proceedings of Advances in Neural Information Processing Systems (NIPS)*, pp. 1693–1701 (2015)

[Hochreiter 97] Hochreiter, S. and Schmidhuber, J.: Long short-term memory, *Neural computation*, Vol. 9, No. 8, pp. 1735–1780 (1997)

[Ioffe 15] Ioffe, S. and Szegedy, C.: Batch Normalization: Accelerating Deep Network Training by Reducing Internal Covariate Shift, in *Proceedings of the 32nd International Conference on Machine Learning (ICML)*, Vol. 37, pp. 448–456 (2015)

[Jiampojamarn 07] Jiampojamarn, S., Kondrak, G., and Sherif, T.: Applying Many-to-Many Alignments and Hidden Markov Models to Letter-to-Phoneme Conversion, in *Proceedings of Human Language Technologies 2007: The Conference of the North American Chapter of the Association for Computational Linguistics (NAACL-HLT)*, pp. 372–379 (2007)

[Joulin 16] Joulin, A., Grave, E., Bojanowski, P., and Mikolov, T.: Bag of Tricks for Efficient Text Classification, *arXiv preprint arXiv:1607.01759* (2016)

[Kim 14] Kim, Y.: Convolutional neural networks for sentence classification, in *Proceedings of the 2014 Conference on Empirical Methods in Natural Language Processing (EMNLP)*, pp. 1746–1751 (2014)

[Kusner 15] Kusner, M. J., Sun, Y., Kolkin, N. I., and Weinberger, K. Q.: From Word Embeddings To Document Distances, in *Proceedings of the 32nd International Conference on Machine Learning (ICML)*, pp. 957–966 (2015)

[LeCun 98] LeCun, Y., Bottou, L., Bengio, Y., and Haffner, P.: Gradient-based learning applied to document recognition, *Proceedings of the IEEE*, Vol. 86, No. 11, pp. 2278–2324 (1998)

[Lin 14] Lin, T.-Y., Maire, M., Belongie, S., Hays, J., Perona, P., Ramanan, D., Dollár, P., and Zitnick, C. L.: Microsoft COCO: Common Objects in Context, in *Proceedings of European Conference on Computer Vision (ECCV)*, pp. 740–755 (2014)

[Matsuzaki 07] Matsuzaki, T., Miyao, Y., and Tsujii, J.: Efficient HPSG Parsing with Supertagging and CFG-Filtering., in *Proceedings of the 20th International Joint Conference on Artificial Intelligence (IJCAI)*, pp. 1671–1676 (2007)

[Mikolov 13] Mikolov, T., Sutskever, I., Chen, K., Corrado, G. S., and Dean, J.: Distributed representations of words and phrases and their compositionality, in *Proceedings of Advances in Neural Information Processing Systems (NIPS)*, pp. 3111–3119 (2013)

[Miyao 02] Miyao, Y. and Jun'ichi, T.: Maximum entropy estimation for feature forests, in *Proceedings of the Second International Conference on Human Language Technology Research (HLT)*, pp. 292–297 (2002)

[Panayotov 15]　Panayotov, V., Chen, G., Povey, D., and Khudanpur, S.: Librispeech: An ASR corpus based on public domain audio books, in *Proceedings of IEEE International Conference on Acoustics, Speech and Signal Processing (ICASSP)*, pp. 5206–5210 (2015)

[Pang 04]　Pang, B. and Lee, L.: A Sentimental Education: Sentiment Analysis Using Subjectivity Summarization Based on Minimum Cuts, in *Proceedings of the 42nd Annual Meeting of the Association for Computational Linguistics (ACL)*, pp. 271–278 (2004)

[Pershina 15]　Pershina, M., He, Y., and Grishman, R.: Idiom Paraphrases: Seventh Heaven vs Cloud Nine, in *Proceedings of the First Workshop on Linking Computational Models of Lexical, Sentential and Discourse-level Semantics*, pp. 76–82 (2015)

[Povey 11]　Povey, D., Ghoshal, A., Boulianne, G., Burget, L., Glembek, O., Goel, N., Hannemann, M., Motlicek, P., Qian, Y., and Schwarz, P.: The Kaldi speech recognition toolkit, in *Proceedings of IEEE Workshop on Automatic Speech Recognition and Understanding (ASRU)* (2011)

[Rumelhart 86]　Rumelhart, D. E., McClelland, J. L., and PDP Research Group, eds.: *Parallel Distributed Processing: Explorations in the Microstructure of Cognition, Vol. 1: Foundations*, MIT Press (1986)

[Savva 11]　Savva, M., Kong, N., Chhajta, A., Fei-Fei, L., Agrawala, M., and Heer, J.: ReVision: Automated Classification, Analysis and Redesign of Chart Images, in *Proceedings of the 24th Annual ACM Symposium on User Interface Software and Technology (UIST)*, pp. 393–402 (2011)

[Stolcke 02]　Stolcke, A.: SRILM–an extensible language modeling toolkit, in *Proceedings of the 7th International Conference on Spoken Language Processing (ICSLP)* (2002)

[Sukhbaatar 15]　Sukhbaatar, S., Weston, J., and Fergus, R.: End-to-end memory networks, in *Proceedings of Advances in Neural Information Processing Systems (NIPS)*, pp. 2440–2448 (2015)

[Vinyals 15]　Vinyals, O., Toshev, A., Bengio, S., and Erhan, D.: Show and Tell: A Neural Image Caption Generator, in *Proceedings of the IEEE Conference on Computer Vision and Pattern Recognition (CVPR)*, pp. 3156–3164 (2015)

[Wang 16]　Wang, Z., Mi, H., and Ittycheriah, A.: Sentence Similarity Learning by Lexical Decomposition and Composition, in *Proceedings of the 26th International Conference on Computational Linguistics (COLING)*, pp. 1340–1349 (2016)

[Zhou 00]　Zhou, Y. P. and Tan, C. L.: Hough Technique for Bar Charts Detection and Recognition in Document Images, in *Proceedings of 2000 International Conference on Image Processing*, Vol. 2, pp. 605–608 (2000)

[井内 17]　井内 健人, 菊井 玄一郎, 杉山 弘晃, 但馬 康宏：表現の類似性と文書分類を併用したセンター試験英語段落タイトル付与問題の解答手法, 第 23 回言語処理学会年次大

会, pp. 655–658 (2017)

[喜多 17] 喜多 智也, 平 博順：RNN 言語モデルを用いた平叙文完成問題の自動解法, 第 23 回言語処理学会年次大会, pp. 1149–1152 (2017)

[菊井 16] 菊井 玄一郎, 湯藤 真大, 但馬 康宏：英語センター試験「未知語語義推定問題」解答のための評価尺度について, 2016 年度人工知能学会全国大会予稿集, 1K2-4 人工知能学会 (2016)

[成松 17] 成松 宏美, 杉山 弘晃, 堂坂 浩二, 東中 竜一郎：雑談対話システムにおける前後の発話の繋がりを用いた最適発話選択手法の検討, 2017 年度人工知能学会全国大会予稿集, 2H2-4 (2017)

[盛 18] 盛 陽, 南 泰浩：画像と文章知識の融合による英語テスト自動解答手法の研究, 情報処理学会第 80 回全国大会, 2T-01 (2018)

[東中 17a] 東中 竜一郎, 杉山 弘晃, 成松 宏美, 磯崎 秀樹, 菊井 玄一郎, 堂坂 浩二, 平 博順, 南 泰浩, 大和 淳司：「ロボットは東大に入れるか」プロジェクトにおける英語科目の到達点と今後の課題, 2017 年度人工知能学会全国大会予稿集, 2H2-1 (2017)

[東中 17b] 東中 竜一郎, 杉山 弘晃, 堂坂 浩二, 南 泰浩, 成松 宏美, 磯崎 秀樹, 菊井 玄一郎, 平 博順, 大和 淳司：「ロボットは東大に入れるか」という企て：1. 英語問題への挑戦から分かった技術的課題, 情報処理, Vol. 58, No. 7, pp. 600–602 (2017)

[堂坂 16] 堂坂 浩二, 坂本 祐磨, 高瀬 惇：隣接発話らしさを利用した英語会話文完成問題の回答手法, 2016 年度人工知能学会全国大会予稿集, 1K3-4 (2016)

第 2 章

Japanese

国語

テキストの表層的情報に基づくアプローチ

本章では，センター試験「国語」に対する解答器について述べる．
「国語」という科目は，入試科目のなかで最も捉えどころのない科目である．大学入試の「国語」は，現代文，古文，漢文の 3 つに分けられる．このうち，古文と漢文は，受験生にとってほとんど外国語のようなものであり，外国語と同じように単語や文法を覚え，現代日本語に翻訳する能力を身につけることが，主要な対策となる．実際，古文や漢文の問題は，単語や文法の知識を問う問題や現代文に翻訳する問題，および，それに基づく内容理解の問題が出題されるため，このような対策は有効であり，コンピュータで解く場合でも，同様のアプローチをとることになる．

一方，現代文はどのような知識や能力を身につければ点数が上がるのかが，それほどはっきりしない．出題される問題は，漢字問題や語句問題などの知識を問う問題を除けば，文章の理解を問う問題であり，そこで必要となる能力は，いわゆる文章の読解力である．しかしながら，この「文章の読解力」という能力は曖昧模糊として捉えどころがなく，どこから手をつければよいかさえはっきりしない．

現在の技術では，長い文章を「理解」すること，その内容を把握することは，ほとんどできない．つまり，コンピュータは文章が読めない．しかしながら，その一方で，大学入試の国語の問題がまったく解けないというわけではない．「理解」や「内容把握」なしでも問題を解く方法は存在する．特に，現代文の問題は，当初予想していたよりも問題が解けることが判明し，センター試験形式（選択式問題）では，平均的な高校生と同等のレベルに到達した．

表 2.1　現代文の問題構成

		問題種別	出題数	配点
第 1 問 評論	問 1	漢字問題	5	10
	問 2〜問 5	読解問題	4	32
	問 6	総合問題	1〜2	8
第 2 問 小説	問 1	語句問題	3	9
	問 2〜問 5	読解問題	4	31
	問 6	総合問題	1〜2	10

2.1　センター試験「国語」の構成

　大学入試センター試験の「国語」では例年，大問 4 問が出題される．第 1 問が現代文の評論，第 2 問が現代文の小説，第 3 問が古文，第 4 問が漢文である．それぞれの大問の配点は 50 点で，合計で 200 点満点である．なお，漢文問題の解法に関する研究は，2013 年から 2016 年までの 4 年間，まったく実施しなかったので，本章では取り上げない．

2.1.1　現代文

　センター試験「国語」現代文の問題構成を表 2.1 に示す．第 1 問（評論），第 2 問（小説）のどちらの大問においても，その中核は，問 2 から問 5 の 4 つの設問である．これらの設問は，本文中のある部分（傍線が付けられているので，傍線部と呼ばれる）を参照しながら本文の内容について問う，いわゆる読解問題である．読解問題の配点は，設問あたり 7〜8 点と非常に大きく，読解問題 8 問で 100 点中の 63 点を占める．これは，センター試験の他の教科には見られない，国語の大きな特徴である．つまり，読解問題 1 問の出来不出来が，8 点（総得点の 8%）の違いとなる．

　4 年間の研究では，この読解問題と，漢字問題（第 1 問の問 1）と語句問題（第 2 問の問 1）の自動解法に取り組んだ．問 6（便宜的に総合問題と呼ぶ）は，出題傾向が多様であり，解き方の道筋が見えなかったため，研究対象とはしなかった[1]．

　国語現代文の 4 年間のフォーマルラン（性能評価）の結果を表 2.2 に示す．1 年目の 2013 年を除き，受験生の平均レベルと同等の成績を収めたとみなして

---

1)　フォーマルランでは，問題形式に対してあらかじめ定めた選択肢番号の選択肢を選ぶソルバーを使用した．

表 2.2　国語現代文のフォーマルランの結果一覧

		問題数	配点	代ゼミ模試		ベネッセ模試	
				2013	2014	2015	2016
第1問	漢字問題	5	10	10	10	10	10
	読解問題	4	32	8	16	24	24
	総合問題	2	8	0	4	4	0
第2問	語句問題	3	9	3	6	9	9
	読解問題	4	31	16	8	16	7
	総合問題	2	10	5	5	5	5
合計		20	100	42	49	68	55
偏差値				44.7	51.9	*52-53	N/A

*概算値

よい．それぞれの問題に対するソルバー（解答器）のサマリは，次のとおりである．

漢字問題ソルバー　2013年のフォーマルラン用に実装し，2014年に細かな修正を行った．4年間のフォーマルランでは全問に正解した．

評論読解問題ソルバー　4年間に亘って研究を継続し，2013年に本文照合法，2014年に節境界法，2015年に機械学習を用いた解法，2016年に2段階選抜法を実装した．後半の2年のフォーマルランでは，4問中3問に正解した．

語句問題ソルバー　2013年のフォーマルラン用に実装し，2014年には新たなソルバーを作成した．2014年以降のフォーマルランでは，その2つのソルバーを組み合わせたソルバーを使用した．後半の2年のフォーマルランでは，全問に正解した．

小説読解問題ソルバー　2013年のフォーマルラン用に作成し，2014年には新たなソルバーを作成した．2014年以降のフォーマルランでは，その2つのソルバーを組み合わせたソルバーを使用した．4年間のフォーマルランでは，4問中2問正解した年（2013年と2015年）と，1問しか正解しなかった年（2014年と2016年）があった．

以上の説明のとおり，2014年からの3年間のフォーマルランで用いたソルバーは，評論読解問題ソルバーを除き，まったく同一のソルバーである[2]．な

---

2)　国語現代文のソルバーは，すべて，名古屋大学大学院工学研究科佐藤研究室で作成した．フォーマルランで使用したソルバーの実装に直接携わったのは，以下の4名である．佐藤理史(2013–2014)，加納隼人(2013–2015)，西村翔平(2013)，木村遼(2016)

表 **2.3**　古文の設問の分類

大分類	小分類	出題数
文法問題	表現の構成要素（品詞など）の同定	12
	主語の同定	1
	会話文の発話者推定	2
	敬意表現（敬語の種類など）	4
	（小計）	19
内容理解問題	現代語訳	16
	内容理解	29
	心情説明	8
	理由説明	5
	和歌の表現技法	1
	和歌の解釈	5
	文章全体の内容理解	10
	（小計）	74
その他の問題	文学史など	4

お，本章で述べる現代文の解法のほとんどは，すでに公表済みである [佐藤 13, 佐藤 14a, 佐藤 14b, 加納 15a, 加納 15b, 加納 17, 木村 17].

2.1.2　古文

センター試験「国語」の第 3 問は，日本の古典文学作品を題材にした問題が出題される．出典は江戸時代までの物語，歌論，日記，随筆などであるが，物語が取り上げられることが多い.

第 3 問で出題される設問の分類を表 2.3 に示す．この表の出題数は，分析に使用したセンター試験過去問 16 回分における小問数を表す．この表に示すように，設問は，大きく，文法に関する問題，内容理解に関する問題，その他，の 3 種類に分類できる．1 回の試験における古文の設問数は 5〜6 問で，文法問題が 1 問，内容理解問題が 4〜5 問である場合が多い．したがって，古文においても，内容理解（読解）の問題が解けるかどうかが高得点を得るための鍵となる.

表 2.3 に示した問題分類のうち，実際に解答器を作成したのは，文法問題（表現の構成要素の同定問題）と内容理解問題である[3].

---

3)　解答器の作成は，国立情報学研究所の横野光（現，（株）富士通研究所）が行った.

2.2 学術的な位置づけ

2.2.1 現代文

外国語を除く大学入試問題は日本語で出題されるため，問題を解くためには
あるレベルの日本語の読解力が必要となる．しかしながら，日本語の読解力を
直接的に問う科目は，国語の現代文のみである．

国語現代文の大きな特徴は，他の科目と異なり，ソルバー作成の中核となる
知識源が明確ではないという点である．たとえば世界史であれば，おおよそ教
科書や用語集に書かれている内容が出題されるため，教科書や用語集を利用し
たソルバーを実装するというのが基本戦略となる．数学や理科の状況は少し異
なるが，問題を解くためには教科書に載っている公式や知識などが必要である．
英語の場合は，英和辞書や機械翻訳システム，英語のテキストコーパスなどを
準備することになろう．

これに対して，国語現代文には，そのような得点アップのための知識源が明
確ではない．確かに，国語辞書を使ってよいのであれば，我々人間は，漢字問題
と語句問題は解くことができよう．しかしながら，国語現代文の中核たる読解
問題を解くためには，国語辞書や国語の教科書が直接，役に立つとは思えない．

現代文の問題では，それぞれの大問において，「本文」と呼ばれる 3,500 字程
度の文章が提示される．当然のことながら，過去に出題された「本文」と同一
の「本文」が試験で使用されることはない．つまり，ほとんどの学生にとって，
「本文」はその試験で初めて接する未知の文章である．その未知の文章をその場
で読み，その内容を「理解」して解答することが求められる．

ほぼ同じ形式の読解問題でも，評論と小説では，問題を解くために求められる
能力は若干異なる．石原千秋氏は『打倒！センター試験の現代文』[石原 14] に
おいて，センター試験の現代文を解くために必要な能力を，次のようにまとめ
ている．

評論　　1. 書いてあることを過不足なくまとめること ＝ 情報整理能力
　　　　2. 書いてあることを別の言葉に言い換えること ＝ 翻訳能力
　　　　3. 二項対立にそって論述されている道筋を整理すること ＝ 二項対立
　　　　　参照能力

小説　1. 書いてあることを過不足なくまとめること ＝ **情報整理能力**
　　　2. 書いてあることを別の言葉に言い換えること ＝ **翻訳能力**
　　　3. 書かれていない「心情」を多くの人がそう思うだろうように想像すること ＝ **小市民的感情力**
　　　4. 出題者と問題を共有すること ＝ **物語パターン化能力**

　これらは能力であり，知識ではない．国語現代文は，世界史や日本史などに代表される知識偏重型科目（いわゆる暗記科目）の正反対に位置する科目である．

　結論から言えば，これらのいずれの能力も，現在の自然言語処理・人工知能の技術では到底手が届かない，未知の領域にある．つまり，我々人間が行っているように問題を解くことは，現時点では不可能である．しかしながら，それは，「国語現代文の問題にはまったく歯が立たない」ということを意味するわけではない．4 年間のフォーマルランの結果は，そのことを明快に物語っている．

　既存研究との関連について述べるならば，漢字問題は，かな漢字変換と密接な関係がある．かな漢字変換技術は実用化されて久しく，現在も改良が進められているが，基礎研究の対象からはすでに外れている．語句問題は，形式上は，フレーズの言い換え問題（パラフレーズ）における等価性判断に近い．パラフレーズの研究は，現在も進められているが，現時点で実現できているコンピュータのパラフレーズ能力は，人間と比較すると著しく低い．評論読解問題や小説読解問題は，最近研究が盛んになりつつある Machine Reading Comprehension（コンピュータによる読解研究）の大枠に含まれる．ただし，英語を中心として現在研究されている Machine Reading Comprehension よりも，対象とする文章は長く，かつ，問題の難易度は高い．漢字問題を除外すれば，総じてセンター試験国語現代文の問題は，現在の自然言語処理が研究対象としている問題より，かなり難易度の高い問題である．

2.2.2　古文

　古文の問題解答では，古語で書かれた文章に対してその内容を理解することが必要となる．古語は日本語ではあるが，ほとんどの受験者にとって外国語のようなものである．つまり，英語などの外国語の試験と同じように，古語で書かれた文章を現代文に「翻訳」して，内容を理解することになる．

　機械翻訳技術の深化により，機械翻訳システムの性能は向上しているが，現在の技術で高精度の機械翻訳システムを実現するためには，大量の翻訳元言語

```
[本文] ... あたかも目の前に（ア）タイ ザしているかのごとく, ...

              ┌ 1 タイ マンなプレーを注意される
              │ 2 タイ トウの立場に立って考える
（ア）  タイ ザ │ 3 タイ ゼンとした態度を崩さない
              │ 4 出処シン タイ を明らかにする
              └ 5 盛大なカン タイ を受ける
```

図 **2.1**　漢字問題の例（2013 年度第 1 回代ゼミセンター模試 第 1 問 問 1（ア））

と翻訳先言語の対からなる対訳コーパスが必要となる. 主要な言語と英語との間に対しては, 大量の対訳コーパスが存在するが, 古文–現代文の対訳コーパスは非常に限られている. また, 対訳コーパスだけでなく, 言語処理に必要な各種ツール類も, 現代文や英語などに比べて, 古語を対象としたものは非常に少ない. そのため, 古文–現代文の機械翻訳システムの実現は, 日本語内の「翻訳」ではあるが, それほど容易ではない.

2.3　現代文・漢字問題とその解法

漢字問題は, 指定された読みに対する漢字表記を求める問題である. 一般に, 同一の読みをもつ漢字表記は複数存在するため, 適切な表記を決定するために必要十分な情報（文脈）が, 出題文として与えられる. 典型的な出題形式は, 次のような形式である.

　　　出題文：タイトウ の立場に立って考える　→　答え：対等

漢字問題は, 漢字を覚えているかを問う問題（記憶問題）とみなされることが多いが, その一部は, 読みから適切な語を同定する問題（語の同定問題）である. 記憶が苦にならないコンピュータにとっての漢字問題の本質は, 語の同定問題となる.

センター試験の漢字問題は, 通常の漢字問題とは異なり, 特殊な形式で出題される. 具体例を図 2.1 に示す. 第 1 問の本文として提示される文章において, ある漢字表記がカタカナに置き換えられ, それが設問（出題文）となる. 選択肢は, 答えの候補となる漢字表記が直接提示されるのではなく, 読みから漢字を推測する出題文の形式をとる. つまり, 漢字問題の典型的な出題形式を複数組み合わせた形式となっている.

表 **2.4**　設問側・選択肢文字列の階層構造

層	表層的特徴	言語的単位	例
K 層	傍線部	漢字 1 字	タイ
T 層	カタカナ文字列	語（または語の一部）	シン タイ
$\widehat{T}$ 層	前後の漢字列を含む	漢字複合語	出処シン タイ
X 層	直後のひらがな列を含む	（活用を含む）	出処シン タイ を
S 層	入力文字列	フレーズまたは文	出処シン タイ を 明らかにする

　ここでは，漢字が伏せられている出題文において漢字を推測する問題を，"基本問題" と呼ぼう．図 2.1 に示したセンター試験の漢字問題を解くには，設問側 1 つ，選択肢側 5 つの合計 6 つの基本問題を解き，それらの答えから最終的な答え（選択肢）を決定することが必要となる．以下では，まず，基本問題の解法を示し，その後，最終的な答えを決定する方法を示す．

2.3.1　漢字基本問題の解法

　センター試験の漢字基本問題を解くために，表 2.4 に示すような，傍線部を中心とした階層構造を設定する．センター試験の問題では，最終的に K 層（傍線部）に対応する漢字 1 字を同定する必要があるが，その前段階として T 層（カタカナ文字列）に対応する語または語の一部（これを，便宜的に，漢字語と呼ぶこととする）を決定することが必要である．漢字基本問題は，この T 層に対応する漢字語を決定する問題である[4]．

　表 2.4 において，T 層に加え，$\widehat{T}$ 層と X 層という 2 つの層を設定するのは，2 つの理由による．第 1 に，これらの層が表層的に一意に定まる単位であることと，第 2 に，これらの範囲の文脈が答えを限定するのに有効な情報を提供すること，である．S 層は出題文のすべてであるが，問題を解くために使用するのは X 層までである．

　上記のような層状構造との照合を想定し，以下のような情報をもつ漢字語辞書を設計した．この辞書の見出し語には，短い単位と長い単位（複合語）の両方を採用する[5]

　1. **語**：見出し語

---

4)　T 層に対応する漢字語が決定できれば，K 層に対応する漢字 1 字を決定することは，簡単なヒューリスティックで実現できる．
5)　日本語の語の単位には，短い単位と長い単位がある．近似的には，短い単位は複合語を分解する場合，長い単位は複合語を 1 語とみなす場合と理解すればよい．

表 **2.5**　漢字語辞書のエントリーの例

語	漢字部	漢字部読み	ひらがな部	語尾	品詞・活用	順位
欺く	欺	アザム	-	く	動子カ	9875
朽ちる	朽	ク	ち	る	動母	25869
新体	新体	シンタイ	-	-	名詞	ipa
真諦	真諦	シンタイ	-	-	名詞	ipa
神体	神体	シンタイ	-	-	名詞	42101
身体	身体	シンタイ	-	-	名詞	824
進退	進退	シンタイ	-	-	名サ	87433
出処進退	出処進退	シュッショシンタイ	-	-	名詞	four
対坐	対坐	タイザ	-	-	名サ	ipa
対座	対座	タイザ	-	-	名サ	37969
退座	退座	タイザ	-	-	名サ	ipa
怠慢	怠慢	タイマン	-	-	形ナ	24415

2. 漢字部：漢字で記述される部分 — T 層（または $\widehat{T}$ 層）の漢字表記

3. 漢字部読み：漢字部の読み — T 層（または $\widehat{T}$ 層）のカタカナ表記

4. ひらがな部：語幹の末尾のひらがなで記述される部分．空である場合も
   ある．

5. 活用語尾：活用する場合の活用語尾（ひらがな表記）．活用しない語の場
   合は空．

6. 品詞・活用型：品詞（細分類）と活用型に関する情報．

7. 頻度順位：「現代日本語書き言葉均衡コーパス (BCCWJ)」[6]を用いて計測
   した頻度順位（1–87,433 位）[7]．

辞書のエントリーの例を，表 2.5 に示す．なお，語の表記が「漢字文字列」ま
たは「漢字文字列+ひらがな文字列」という形式とはならない語（たとえば，カ
タカナ語）は，辞書に含めない．

漢字語辞書は，次の 4 つの情報源から得られる情報を併合して作成した．

1. JUMAN 辞書 (Juman-7.0)

2. IPA 辞書 (ipadic-2.7.0)

3. BCCWJ から抽出した長単位リスト [佐藤 13] の一部

4. クロスワードソルバー [佐藤 02] の辞書データの一部

作成した漢字語辞書のエントリー数は，約 12 万件であるが，本来ならば同一

---

6)　http://pj.ninjal.ac.jp/corpus_center/bccwj/

7)　BCCWJ の頻度データとうまく対応がとれなかったものが，'ipa'，'four'，'juman' として
残る．'juman' は 98,000 位，'ipa' と 'four' は 99,000 位に換算する．

表 2.6　文法チェック表

品詞・活用	H の先頭が					
	空	「な」	「に」	助詞	整合	他
動詞	nil	nil	nil	nil	1.0	nil
形イ	nil	nil	nil	nil	1.0	nil
形ナ	1.0	1.0	1.0	1.0	1.0	0.4
形タル	0.4	0.6	0.6	0.4	1.0	nil
名サ	1.0	0.8	1.0	1.0	1.0	0.4
上記以外	1.0	0.8	1.0	1.0	–	0.4

「動詞」は「動母（母音動詞）」「動子 L（子音動詞 L 行）」「動ザ変」「動サ変」の総称.「整合」は H の先頭が活用語尾と整合することを表す.

語とみなすべき重複エントリーが存在する[8].

　漢字基本問題の解法は，この漢字語辞書を用いて答えの候補を求め，かつ，同時に，それらに得点をつける方法である．その基本的な方針は，次のようになる．

1. 与えられた読みをもつ漢字語のうち，局所的文脈（後続ひらがな列）と文法的に整合するものを選ぶ．
2. 出題されている漢字語が漢字複合語の一部とみなせる場合は，複合語の解釈を優先する．

実際の手順を以下に示す．

1. **辞書引き**
   T 層のカタカナ表記で漢字語辞書を引き，漢字部読みから漢字語候補を得る．
2. **後続ひらがな列の文法的整合性のチェック**
   それぞれの漢字語候補に対し，T 層に後続するひらがな列 H が，文法情報と整合するかどうかを調べる．具体的には，
   (a) 漢字語候補の辞書エントリーに「ひらがな部」が存在する場合は，語幹の末尾にひらがな列が必要なので，まず，その一致を確認し，一致しないものは候補から除外する．
   (b) （必要に応じて，語幹ひらがな部を削除した）H と「品詞・活用型」で文法チェック表（表 2.6）を引き，その結果に従う．この表において，"nil" は，その候補を除外とすることを意味する．数字は，候補に残す

---

8)　異なる辞書間において，語の同一性を判定することは，一般にかなり難しい．

こと，および，その候補の基礎点を表す．

3. **複合語チェック**

T 層の直前・直後に漢字文字列がある（つまり，T 層 $\neq \widehat{T}$ 層の）場合は，得られた各候補に前後の漢字文字列を結合して，再度，漢字語辞書を引き，複合語が存在するかどうか調べる．このとき，上記と同様の文法チェックを行って基礎点を定める．

(a) 1つ以上の漢字語候補に対して複合語が存在した場合，それらを漢字語候補とする．複合語が得られなかった（T 層のみに対応する）漢字語候補も候補として残すが，その基礎点を 0.6 倍する．

(b) 複合語がまったく得られなかった場合は，（T 層に対応する）漢字語候補をそのまま候補とし，基礎点もそのまま用いる．

以上の処理を完了すると，T 層に対する，得点付き漢字語候補リストが得られる．

2.3.2　センター漢字問題ソルバー

センター試験漢字問題ソルバーは，上記の解法に，以下に述べるような修正を施したものとなっている．具体的には，頻度ディスカウント，漢字ディスカウント，順位ディスカウントと呼ぶ3つの補正を導入する．

設問側の問題を解く場合は，漢字語の頻度を考慮する．センター試験の漢字問題の設問側は，第1問の本文テキストの一部であるため，「頻度が高い語の方が出題されやすい」と考えるのは妥当である．漢字語の頻度ディスカウントは，これを単純なヒューリスティックとして用いるものである．具体的には，基本問題の解法のステップ3の後に，次のステップ4を追加する．

"頻度ディスカウント"

それぞれの漢字語候補に対し，次式で得点を求める．

$$得点(w) = 基礎点(w) - \frac{w \text{ の頻度順位}}{10^6} \tag{2.1}$$

"漢字ディスカウント" は，漢字の難易度を考慮した，ヒューリスティックである．センター試験で出題される漢字は常用漢字であり，かつ，小学 1～2 年生配当の教育漢字（つまり，とてもやさしい漢字）は出題されない[9]．具体的に

---

9) 我々の調査に基づく．ただし，模試では出題例がある．

表 **2.7**   漢字ディスカウントで使用する係数 α

カテゴリ	設問側	選択肢
1〜2 年生配当の教育漢字	0.7	1.0
それ以外の常用漢字	1.0	1.0
常用漢字以外	0.1	0.1

は，K 層に対応する漢字 k の難易度に対応した係数 α を得点にかけることで実装する．係数 α を表 2.7 に示す．係数は，設問側と選択肢側の基本問題を解く場合で異なる．

"順位ディスカウント" は，設問側の問題に対して推定した答えと，選択肢側の問題に対して推定した答えを統合する際に，それぞれの問題の答え候補の順位を考慮するものである．順位は，漢字語 w に対してではなく，漢字 k に対してつける[10]．順位ディスカウントには，次式を用いる．

$$\text{補正後得点}\,(k) = \max\left(\text{得点}\,(k) \times \left(1 - \frac{r(k)-1}{10}\right), 0\right) \tag{2.2}$$

ここで，$r(k)$ は，漢字候補 k の順位である．なお，この式で，max をとっているのは，得点が負の値にならないようにするためである．この補正は，設問側と選択肢側の両方に対してそれぞれ適用する．

センター試験漢字問題ソルバーの全体像は，以下のとおりである．

1. 設問側の K 層に対応する漢字の候補（複数）とそれらの候補の得点を求める．
2. 各選択肢に対して，以下のことを行う．
   (a) その選択肢の K 層に対応する漢字の候補（複数）とそれらの候補の得点を求める．
   (b) 得られた漢字候補が設問側の漢字候補に含まれている場合，それを候補として残し，その得点を，元の得点に設問側の得点を乗じたものに変更する．含まれていない場合は，その候補を破棄する．
   (c) 残った候補の得点のうち，最も高い得点を，その選択肢の得点とする．候補が残らなかった場合は，0 点とする．
3. 最も得点が高い選択肢を出力する[11]．

---

10)   漢字候補 k の得点は，その漢字をとる漢字語候補のうちの，最大の得点を採用する．
11)   最高得点をとる選択肢が 2 つ以上あった場合は，選択肢番号が若いものを選ぶ．

表 **2.8**　漢字問題ソルバー 2013 の性能

センター過去問（2001–2013 年の奇数年）	68/ 70	97%
代々木ゼミナール問題集 [代ゼミ 13]	33/ 35	94%
駿台予備校問題集 [模試センター 13]	31/ 35	89%
合計	132/140	94%

2.3.3　ソルバーの性能と問題点

表 2.8 に 2013 年に実装した漢字問題ソルバーの性能を示す．この表に示すように，ソルバーの性能は 94% である．センター過去問よりも，予備校模試の方が，若干成績が悪い．すでに表 2.2 に示したように，4 年間のフォーマルランでは，漢字問題の全問に正解した．

作成したソルバーは，基本的に，語の文法的情報に基づいて，候補を定めている．そして，その範囲で順位が付かなかった場合は，語の頻度および漢字の難易度で順位を定めている．X 層を超える手がかり，すなわち，隣接語とのコロケーションは用いていない．そのため，コロケーションを用いないと正しい漢字語を有効に絞り込めない問題は，正しく解くことができない場合が多い．しかし，そのような問題は比較的少数に限られる．

漢字問題に関しては，設問側と選択肢側の両方が基本問題となっているセンター試験の出題形式は，一般的な出題形式（記述式）と比べて，コンピュータで解くのが難しい．実際，センター試験用ソルバーを簡略化したソルバーで東京大学 2 次試験の漢字問題を解くことを試みたところ，1989 年から 2011 年までの奇数年度の過去問全 62 問中，60 問（97%）に正解した[12]．

以上の結果は，大学入試の漢字問題の大半は，隣接語とのコロケーションに正面から取り組まなくとも，頻度や難易度といった手がかりを利用することにより，機械的に正しく解けるということを示唆している．つまり，人間（受験生）とは異なる情報を利用することで，十分な性能を達成できるということである．

2.4　現代文・評論読解問題とその解法

評論読解問題は，大問第 1 問の中核をなす問題群であり，評論あるいは随筆

---

12)　不正解は，1989 年の (c) ケイショウ（警鐘），および，1993 年 (a) タイすること（体），の 2 問のみ．

[本文（一部のみ）]
… 成人のあいだで通常いとなまれている言語的交通も、そうした面をつよくもつことがあるのではないだろうか。会話はそれ自体としてある種の快感をさそう行為であり、緊張を解きほぐすふるまいとなりうる。ひとはまた特定の目的とともに会話を開始するというよりは、むしろ多く会話にまきこまれ、気づいたときには会話の流れに身をゆだねてしまっている。D ことばによるやりとりには、目的–手段という枠組みではとらえがたい面が存在する。ことばは、たんなる手段あるいは道具ではなく、なによりもまず、交流のかたちそのものである。…

問5　傍線部 D「ことばによるやりとりには、目的–手段という枠組みではとらえがたい面が存在する」とあるが、それはどういうことか。その説明として最も適当なものを、次の 1〜5 のうちから一つ選べ。

① ことばによるやりとりは、音そのものの強弱・高低などの音楽性が根本にあるため、伝達すべき情報の価値よりも、声の調子や質によって、どれだけ聞き手の緊張をほぐしたり快感を誘ったりできるかが重要な場合があるということ。
② ことばによるやりとりは、成人間では情報の伝達を主眼とするが、やりとりの途中でいつの間にか会話に流されることもあるから、伝達のしかたや話の展開にも留意しなければ、十分な理解はむずかしい場合があるということ。
③ ことばによるやりとりは、情報の伝達を基本としているものの、ひとりごとや意味のないつぶやきなどのように、特定の聞き手を意識せず、自問自答したり漠然とただれかに語りかけたりする場合があるということ。
④ ことばによるやりとりは、もともと唱うことやリズムによる共鳴作用から発しているので、意味の伝達という目的のためよりも、むしろ音声の交換という目的のためにこそ存在している場合があるということ。
⑤ ことばによるやりとりは、必ずしも特定の目的や相手に伝えたい情報があらかじめ存在して、それが言語化され発話されるという手順が踏まれるものだとは限らず、相手との交流自体に意義がある場合があるということ。

図 2.2　評論読解問題の例（2007 年大学入試センター試験 追試験 第 1 問 問 5）

というジャンルに分類される文章から抜き出された 3,500 字程度の本文と、それに対する設問 4 問（問 2 から問 5）から構成される．それぞれの設問は、通常、本文中の傍線部を参照し、その内容や理由を問う読解問題であり、与えられた 5 つの選択肢から 1 つ選ぶ選択式の問題である．その一例を図 2.2 に示す．「国語」現代文のソルバーの開発では、この評論読解問題を解くことに最も力を注いだ．

2.4.1　本文照合法

2013 年に実装した**本文照合法** [佐藤 14b] は、次の 2 つの観察事実に基づく解法である．

- 正解選択肢を選ぶ根拠は、本文中に存在する [船口 97, 板野 10a]

- 意味的に似ているテキストは，表層的にも似ていることが多い

この解法の骨子は，次のような 2 ステップの手順である．

1. 本文から，その一部を**照合領域**として切り出す．
2. 照合領域とそれぞれの選択肢を比較し，照合領域と最もよく合致する選択肢を選ぶ．

照合領域と選択肢が合致するかどうかは，後述する**オーバーラップ率** [服部 13] という指標で計算する．さらに，上記のステップ 2 に先立ち，

- 5 つの選択肢の 1 つをあらかじめ除外する

ためのステップが追加されている．

　本文照合法の入力は，本文 T，設問文 Q，選択肢集合 C，および，上記の 3 つのステップを制御する 3 つのパラメータ $\{\alpha, \beta, \gamma\}$ である．これらを，それぞれ，照合領域パラメータ，照合単位パラメータ，事前選択パラメータと呼ぶ．

　本文照合法は，次の手順で，解答する選択肢を決定する．

1. 照合領域の抽出

   照合領域パラメータ α の指定に従い，本文から照合領域 t を抽出する．パラメータ α は，傍線部を含む段落の前後何段落（前 m 段落，後 n 段落）を切り出すかを指定するもので，P-m-n のような形式で指定する．たとえば，P-1-0 の場合は，「傍線部を含む段落と，その 1 つ前の段落」を照合領域として切り出すことを意味する．整数で段落数を指定する以外に，特別な位置として，a（本文冒頭），b（1 つ前の設問の傍線部を含む段落），c（1 つ後ろの設問の傍線部を含む段落）を指定することができる．いずれの場合も，抽出される照合領域は，段落単位の連続領域となる．

2. 選択肢の事前選抜

   事前選択パラメータ γ がオンの場合，5 つの選択肢の中で「最も他の選択肢と似ていない選択肢」を式 (2.3) で決定し，除外する．関数 bor については，後述する．

$$c_{excluded} = \underset{c_i \in C}{\mathrm{argmin}} \sum_{c_j \in C,\ j \neq i} \mathrm{bor}(\mathcal{A}; c_i, c_j) \qquad (2.3)$$

3. 照合

   5 つ（事前選択を行った場合は 4 つ）の選択肢 c_i のそれぞれに対し，照

合領域 t との合致の度合いを表すスコア $\text{score}(\beta; t, c_i)$ を式 (2.4) で求め，このスコアの最も大きい選択肢を解答として出力する．パラメータ β と関数 dor は，後述する．

$$\text{score}(\beta; t, c_i) = \text{dor}(\beta; t, c_i) \tag{2.4}$$

上記の手順で使用する関数 bor や dor は，オーバーラップ率 [服部 13] と呼ばれる指標で，2 つの文字列 x と y の間の共通して出現する要素（文字，文字 N-gram，形態素など）の割合である．これらは，以下のように定義される．

$$\text{dor}(E; x, y) \equiv \frac{\text{l}_{\text{overlap}}(E; x, y)}{\text{l}(E, y)} \tag{2.5}$$

$$\text{bor}(E; x, y) \equiv \frac{2\,\text{l}_{\text{overlap}}(E; x, y)}{\text{l}(E, x) + \text{l}(E, y)} \tag{2.6}$$

$$\text{l}_{\text{overlap}}(E; x, y) \equiv \sum_{e \in E} \min(\text{f}(e, x), \text{f}(e, y)) \tag{2.7}$$

$$\text{l}(E; z) \equiv \sum_{e \in E} \text{f}(e, z) \tag{2.8}$$

これらの式に現れる $\text{f}(e, z)$ は，ある集合 E の要素 e が文字列 z に何回現れるのかを表す．照合単位パラメータ β はこの集合 E を規定する（要素のクラスを指定する）もので，何を単位としてオーバーラップ率を計算するかを制御する．β の選択肢としては，以下のようなものがある．

$\mathcal{A}$（文字集合），$\mathcal{A}^2$（文字 bigram の集合），$\mathcal{K}$（漢字・カタカナ文字の集合），$\mathcal{W}$（形態素表層形の集合），$\mathcal{L}$（形態素原形の集合）

たとえば，β (= E) として文字集合 $\mathcal{A}$ を指定した場合は，文字を単位としたオーバーラップ率（何%の文字が一致しているか）を計算する．

上記の式のうち，式 (2.7) は，オーバーラップ，すなわち，共通要素の数の定義式であり，式 (2.8) は，集合 E で規定される単位で測った文字列 z の長さである．共通要素数 $\text{l}_{\text{overlap}}$ を y の長さで正規化した式 (2.5) は，方向性をもったオーバーラップ率 dor となり，x と y の長さの和で正規化した式 (2.6) は，方向性をもたないオーバーラップ率 bor となる．いずれのオーバーラップ率も，0 から 1 までの実数値をとる．

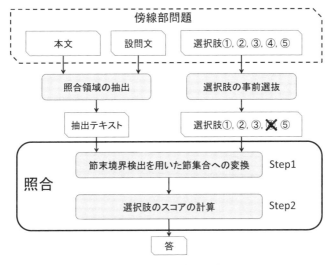

図 **2.3** 節境界法の構成

2.4.2 節境界法

センター試験の評論読解問題の選択肢には，比較的長い文が現れることが多い．たとえば，図 2.2 に示した設問の選択肢②は 1 文で構成され，その長さは 102 文字である．多くの受験参考書は，このような長い選択肢の正誤を判定する際には，まず選択肢をいくつかの部分に分解し，部分単位で正誤を吟味することを推奨している（たとえば [板野 10a]）．

ここでは，文の分割単位として「節」という文法単位を採用する．節は，「述語を中心としたまとまり」[益岡 92] であり，意味的には，おおよそ「何が何をどうした」ということを表す．

2014 年に実装した “節境界法” は，「節単位で照合したとき，最もよく本文と合致する選択肢を選ぶ」という考え方に甚づく解法である．節境界法の全体像を図 2.3 に示す．本文照合法とは，照合で用いるスコアのみが異なる．解法を制御する 3 つのパラメータ $\{\alpha, \beta, \gamma\}$ は，本文照合法と同様に存在する．

節境界法の照合ステップでは，

1. まず，照合領域と選択肢の両方を，それぞれ節集合に変換し，
2. 節単位の類似度に基づいて選択肢のスコアを計算し，最もスコアの高い選択肢を出力する．

表 **2.9**　label_match$(x, y) = 1$ の条件

ラベル大分類	下位ラベルの一致
ともに補足節	小分類（形式名詞，疑問表現，引用）まで一致
ともに副詞節	（19 種類の下位ラベルが）完全に一致
ともに連体節	-
ともに並列節	小分類（順接的，逆接的）まで一致

　照合領域および選択肢を節集合への変換には，節境界検出プログラム Rainbow [加納 14] を利用する．Rainbow は，与えられた文に含まれる節末境界を検出し，その節のタイプを表すラベルを付与するプログラムである．上記のステップ 1 では，Rainbow で検出された節末境界で文を分割し，節集合を得る[13]．以降では，選択肢 c から得られた節集合を S_c，照合領域 t から得られた節集合を S_t と表記する．

　選択肢のスコアを，これら 2 つの節集合から計算する．このスコアとして，"CN スコア" と "LN スコア" という 2 種類のスコアを定義する．これらのスコアはいずれも，以下で定義される，2 つの節 x と y の類似度を基本に計算する．

$$\mathrm{sim}(\beta; x, y) = \mathrm{bor}(\beta; x, y) + 0.5 \cdot \mathrm{label\_match}(x, y) \tag{2.9}$$

この式の右辺の第 1 項は，方向性をもたないオーバーラップ率（式 (2.6)）である．第 2 項は，2 つの節が同じタイプの節である場合に与えるボーナスである．具体的には，Rainbow が付与した x と y の節ラベルが表 2.9 に示す条件を満たす場合は label_match$(x, y) = 1$，満たさない場合は 0 とする．

　"CN スコア" score$_{CN}$ は，選択肢に含まれる節 x のスコアの平均値である．

$$\mathrm{score}_{CN}(\beta; S_c, S_t) = \frac{1}{|S_c|} \sum_{x \in S_c} \mathrm{cs}_{CN}(\beta; x, S_t) \tag{2.10}$$

$$\mathrm{cs}_{CN}(\beta; x, S_t) = \max_{y \in S_t} \mathrm{sim}(\beta; x, y) \tag{2.11}$$

式 (2.11) は，節 x と最もよく似た節を，照合領域（の節集合 S_t）から探すことを意味する．

　これに対して，"LN スコア" score$_{LN}$ は，節の長さを考慮したスコアである．

$$\mathrm{score}_{LN}(\beta; S_t, S_c) = \frac{\displaystyle\sum_{x \in S_c} \mathrm{cs}_{LN}(\beta; x, S_t)}{\displaystyle\sum_{x \in S_c} \mathrm{l}(\beta; x)} \tag{2.12}$$

---

[13]　節は必ずしも連続領域とは限らないため，この方法は厳密には節への分割とはならないが，便宜的に分割された単位を節と呼ぶこととする．

$$\mathrm{cs}_{LN}(\beta; x, S_t) = \max_{y \in S_t} [\mathrm{sim}(\beta; x, y) \cdot \mathrm{l}(\beta; x)] \tag{2.13}$$

ここで, $\mathrm{l}(\beta; x)$ は, 式 (2.8) で定義される文字列 x の長さである. 式 (2.13) は, 節 x の長さで重み付けしているので, 節 x が長いときに値がより大きくなる. すなわち, LN スコアは CN スコアに比べて, 選択肢に含まれる長い節が本文と一致することを重視したスコアである.

2.4.3 機械学習を用いた解法

本文照合法と節境界法は, いずれも単一のスコア (1 つの特徴量) で問題を解く解法である. しかし, 単一の特徴量で解答を決める必然性はない. もし, 複数の特徴量が利用できるならば, それらを組み合わせることによって, 解法の性能を向上させることができると考えられる. これは, 以下のような 2 つのステップの手順により実現できる.

1. それぞれの選択肢に対して, 複数の特徴量を計算する. すなわち, それぞれの選択肢を, 特徴ベクトル $\boldsymbol{f}$ に変換する.
2. 5 つの選択肢に対応する 5 つの特徴ベクトルから, 1 つを選ぶ.

なお, これらのステップは, それぞれ独立に設計できる.

それぞれの選択肢 (注目選択肢と呼ぶ) の特徴ベクトルは, 本文照合法および節境界法を踏襲し, 次の要素から計算する.

本文 T, 設問文 Q, 選択肢集合 C, 注目選択肢番号 k, 照合領域パラメータ α

特徴ベクトル $\boldsymbol{f}$ を構成する 17 個の特徴量を表 2.10 に示す. これらの特徴量は, 4 グループに大別される.

グループ 1: オーバーラップ率

このグループの特徴量は, 照合領域パラメータ α で定められる照合領域と選択肢とのオーバーラップ率に基づく特徴量である. 特徴量 f_1 から f_5 は, どのような単位でオーバーラップ率を計算するかのみが異なる.

グループ 2: 本文中のよく似た 10 文

このグループの特徴量は, 以下で定義される文集合から計算される特徴量である.

表 2.10 17 個の特徴量

f_1	照合領域と注目選択肢との文字オーバーラップ率 (dor($\mathcal{A}$))
f_2	照合領域と注目選択肢との漢字・カタカナオーバーラップ率 (dor($\mathcal{K}$))
f_3	照合領域と注目選択肢との文字 bigram オーバーラップ率 (dor($\mathcal{A}^2$))
f_4	照合領域と注目選択肢との形態素原形オーバーラップ率 (dor($\mathcal{L}$))
f_5	照合領域と注目選択肢との形態素表層形オーバーラップ率 (dor($\mathcal{W}$))
f_6	本文中で注目選択肢と最も類似する 10 文と，注目選択肢との文字オーバーラップ率 (dor($\mathcal{A}$))
f_7	本文中で注目選択肢と最も類似する 10 文が，平均的に傍線部からどれほど離れているか
f_8	注目選択肢と他の選択肢との文字オーバーラップ率 (bor($\mathcal{A}$)) の平均値
f_9	注目選択肢と他の選択肢との文字オーバーラップ率 (bor($\mathcal{A}$)) の最大値
f_{10}	注目選択肢には出現しないが，他のすべての選択肢に出現する名詞の数
f_{11}	注目選択肢には出現するが，他のすべての選択肢に出現しない名詞の数
f_{12}	注目選択肢に出現する「極端な表現」の数
f_{13}	注目選択肢に出現する名詞および動詞の，普遍さ（5 つの選択肢のうちのいくつに現れるか）の総和
f_{14}	照合領域と注目選択肢との文字 CN スコア (score$_{CN}$($\mathcal{A}$))
f_{15}	照合領域と注目選択肢との漢字・カタカナ CN スコア (score$_{CN}$($\mathcal{K}$))
f_{16}	照合領域と注目選択肢との形態素原形 CN スコア (score$_{CN}$($\mathcal{L}$))
f_{17}	照合領域と注目選択肢との CN スコア (score$_{CN}$($\mathcal{W}$))

> 本文 T の中で，注目選択肢との文字オーバーラップ率 (dor) が
> 最も高い文 10 文.

文を選ぶ対象は照合領域ではなく本文全体であり，得られる文集合は本文中の連続領域とは限らない.

特徴量 f_6 は，この文集合を仮想的な照合領域とする場合の，文字オーバーラップ率 (dor) である．特徴量 f_7 は，この文集合の各文の文番号（本文先頭から何文目にあるか）の平均と，注目する傍線部の文番号の差の絶対値である[14]．この値が大きい場合，その選択肢は傍線部とは離れた位置の内容を述べている可能性が高いことになる.

グループ 3: 他の選択肢との比較

このグループに属する特徴量は，主に，注目選択肢とそれ以外の選択肢との比較に基づく特徴量である.

---

14)　各文の文番号と傍線部の文番号の差の絶対値をとってから平均を求めるべきであったが，実装は本文のとおりである.

特徴量 f_8 は，注目選択肢がそれ以外の選択肢と平均的にどれぐらい似ているかを，f_9 は最もよく似た選択肢とどれぐらいよく似ているかを表す．いずれの場合も，似ているかどうかは，方向性をもたない文字オーバーラップ率 (bor) で計算する．これらは，「他の選択肢に比べて表層的に大きな差がある選択肢は正解である可能性が低い」という指摘 [津田 13] に基づく．背後にある考え方は，選択肢の事前選抜と同じである．

特徴量 f_{10} と f_{11} は，注目選択肢とその他の選択肢に含まれる名詞の違いを表す．特徴量 f_{13} では，名詞以外に動詞も考慮し，かつ，それぞれがいくつの選択肢に現れるかも考慮する．これらの特徴量は，「他の選択肢に比べて話題の欠けている選択肢は正解である可能性が低い」という指摘 [津田 13] に基づく．なお，これらの特徴量の計算では，形式的な名詞・動詞は考慮しない[15]．

特徴量 f_{12} は，注目選択肢に含まれる以下の表現の数である．

絶対，必ず，かならず，つねに，常に，だけ，のみ，すべて，全て

この特徴量は，「『必ず』などの極端な表現を用いて強い主張をしている選択肢は，正解である可能性が低い」という指摘 [津田 13] に基づく．

グループ 4: CN スコア

このグループの特徴量は，節境界法の CN スコア（式 (2.10)）である．f_{13} から f_{17} は，どのような単位で CN スコア（の計算に必要なオーバーラップ率）を計算するかのみが異なる．

5つの選択肢のそれぞれを特徴ベクトルに変換した後に行うことは，それらの中から1つを選ぶことである．機械学習を用いた1つ目の解法である "Binary Classifier-Based Method (BCBM)" は，「2つの選択肢のうち，より本文に合致する方を出力する」2値分類器を学習し，それを用いた選択肢の総当たり比較により，これを実現する方法である（図 2.4 参照）．選択肢は5つあるので，総当たり比較は 10 ペアとなる．それぞれの比較で「より本文に合致する」と判定された選択肢に1ポイントを与え，最も獲得ポイントが多かった選択肢を解答として出力する．

---

15) 用いる名詞は，IPADic の品詞細分類が「一般」，「サ変接続」，「形容動詞語幹」，「固有名詞」のいずれかであるもの．動詞は，細分類が「自立」のもの．

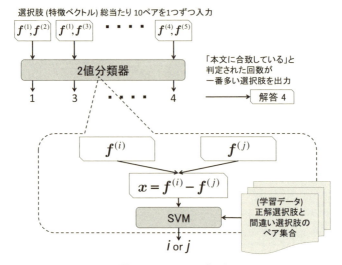

図 **2.4**　BCBM の概要

　BCBM の中核要素である 2 値分類器は，サポートベクトルマシン (SVM) を用いて構成する．SVM の入力には，2 つの選択肢 c_i と c_j の特徴ベクトルの差 $x = f^{(i)} - f^{(j)}$ を用いる．SVM の学習では，読解問題 1 問（5 つの選択肢）に対して，正解選択肢と間違い選択肢のペア 8 個（4 個 × 2 方向）を作成し，学習データとして使用する．

　機械学習を用いた 2 つ目の解法である "Ranking 法" は，Ranking SVM を用いて，「本文に合致する選択肢の順位が高くなる」ようにランキング学習を行い，順位が 1 位になった選択肢を出力する方法である（図 2.5 参照）．問題解答時は，学習したスコア関数を用いて 5 つの選択肢をスコアの大きい順に並べ替え，1 位の選択肢を解答として出力する．学習時は，各設問の 5 つの選択肢のうち，本文に合致する選択肢を 1 位，合致しない選択肢を 2 位として学習データを構成する[16]．

2.4.4　二段階選抜法

　2016 年には，BCBM を拡張し "二段階選抜法" を実装した．この解法は，BCBM で上位 2 位までを絞り込んだ後（一段目），別の 2 値分類器を用いて最

---

16)　「本文に合致しない選択肢を選ぶ」問題では，不正解（4 選択肢）を 1 位，正解（1 選択肢）を 2 位にすることが必要である．

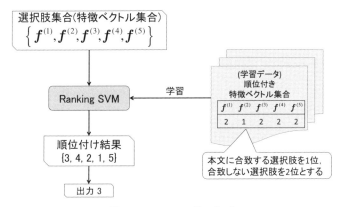

図 **2.5** Ranking 法の概要

終決戦を行って（二段目）解答を決定する．一段目と二段目の2値分類器の機構は同一である．異なる点は，学習に使用する実例集合，および，分類に使用する特徴ベクトルである．

二段階選抜法の背後にあるのは，5つの選択肢のうち，よくできたダミー（不正解の選択肢）は1つしかないという実感——3つのダミーは比較的容易に不正解であることが判定できるが，残り1つのダミーや，受験生が迷うようにできている——である．そして，3つのわかりやすいダミーを識別するために必要な手がかりと，最後の間違いやすいダミーを識別するための手がかりは，異なっているのではないかという予想である．2つの分類器を導入するのは，そのような仮説に基づく．

二段階選抜法では，BCBM で使用した 17 種類の特徴量（表 2.10）に加え，表 2.11 に示す新たに 16 種類の特徴量を導入する．これらの特徴量は大きく4グループに分類される．

グループ 1: 最も他の選択肢と似ていない選択肢

特徴量 f_{18} は，本文照合法における選択肢の事前選抜と同じ計算を行い，注目選択肢 c_k が「最も他の選択肢と似ていない選択肢」である場合は 1 を，それ以外の場合は -1 という値をとる．

グループ 2: 語の出現依存度

特徴量 f_{19} から f_{26} は，以下の式で定義される語の出現依存度（語 x から語 y への出現依存度）[赤石 06] を利用した特徴量である．

表 **2.11**   新たに導入する特徴量

f_{18}	注目選択肢が「最も他の選択肢と似ていない選択肢」(式 (2.3)) ならば 1,そうでなければであれば-1
f_{19}	注目選択肢と照合領域の両方に出現する名詞および動詞のすべてのペアに対して計算した双方向の出現依存度の総和 $$f_{19}(c_k, t) = \sum_{x,y \in W(c_k,t), x \neq y} (\mathrm{td}(x, y; t) + \mathrm{td}(x, y; t))$$
f_{20}	同上の平均 $f_{20}(c_k, t) = \dfrac{1}{|W| * (|W| - 1)} f_{19}(c_k, t)$
f_{21}	すべてのペアに対して,大きい値をとる出現依存度を採用し,その総和を計算 $$f_{21}(c_k, t) = \sum_{x,y \in W(c_k,t), x \neq y} \max (\mathrm{td}(x, y; t), \mathrm{td}(y, x; t))$$
f_{22}	同上の平均 $f_{22}(c_k, t) = \dfrac{1}{|W| * (|W| - 1)} f_{21}(c_k, t)$
f_{23}	すべてのペアに対して,小さい値をとる出現依存度を採用し,その総和を計算 $$f_{23}(c_k, t) = \sum_{x,y \in W(c_k,t), x \neq y} \min (\mathrm{td}(x, y; t), \mathrm{td}(y, x; t))$$
f_{24}	同上の平均 $f_{24}(c_k, t) = \dfrac{1}{|W| * (|W| - 1)} f_{23}(c_k, t)$
f_{25}	出現依存度が 0 となるペアの数 $$f_{25}(c_k, t) = \sum_{x,y \in W(c_k,t), x \neq y} \mathrm{zero}(\mathrm{td}(x, y'; t))$$ (zero(v) は,$v = 0$ で 1,$v \neq 1$ で 0 を返す関数)
f_{26}	同上の割合 $f_{26}(c_k, t) = \dfrac{2}{|W| * (|W| - 1)} f_{25}(c_k, t)$
f_{27}	注目選択肢に出現する名詞の吸引力の総和 $f_{27}(c_k, t) = \sum_{x \in N(c_k)} \mathrm{attr}(x; t)$
f_{28}	同上の平均 $f_{28}(c_k, t) = \dfrac{1}{|N(c_k)|} f_{27}(c_k, t)$
f_{29}	注目選択肢に出現する名詞および動詞の吸引力の総和 $$f_{29}(c_k, t) = \sum_{t \in NV(c_k)} \mathrm{attr}(x; t)$$
f_{30}	同上の平均 $f_{30}(c_k, t) = \dfrac{1}{|NV(c_k)|} f_{29}(c_k, t)$
f_{31}	注目選択肢と照合領域両方に出現する名詞・動詞の数 $f_{31}(c_k, t) = |NV(c_k) \cap NV(t)|$
f_{32}	注目選択肢に出現し,照合領域に出現しない名詞・動詞の数 $f_{32}(c_k, t) = |NV(c_k) - NV(t)|$
f_{33}	同上の割合 $f_{33}(c_k, t) = \frac{1}{NV(c_k)} f_{32}(c_k, t)$

$td(x, y; T)$

$$= \frac{\text{“テキスト } T \text{ において，語 } x \text{ と語 } y \text{ の両方が出現する文の数”}}{\text{“テキスト } T \text{ において，語 } x \text{ が出現する文の数”}} \quad (2.14)$$

この式の分母は x のみに依存するため，この値は方向性をもつ．

ここで集合 $W(c_k, t)$ を，注目選択肢 c_k と照合領域 t の両方に出現する名詞および動詞の集合とする．特徴量 f_{19} は，2 つの異なる語のすべての組合せに対して，両方向の出現依存度の総和をとったものであり，特徴量 f_{20} はその平均である．特徴量 f_{21} は，2 つの異なる語のすべての組合せに対して，2 方向の出現依存度の大きい方の総和をとったものであり，特徴量 f_{22} はその平均である．一方，特徴量 f_{23} は，2 方向の出現依存度の小さい方の総和をとったものであり，特徴量 f_{24} はその平均である．特徴量 f_{25} は，出現依存度が 0 となる語のペアの数であり，特徴量 f_{26} は，その割合である．

グループ 3: 語の吸引力

特徴量 f_{27} から f_{30} は，以下の式で定義される語の吸引力 [赤石 06] を利用した特徴量である．

$$attr(x; t) = \sum_{y \in (V(t) - \{x\})} td(y, x; t) \quad (2.15)$$

ここで，$V(t)$ は，テキスト t に出現する語の異なり集合を表す．

特徴量 f_{27} は，注目選択肢 c_k に出現する名詞 $x \in N(c_k)$ に対して，照合領域を用いて計算した語の吸引力 $attr(x, t)$ の総和を計算した値で，特徴量 f_{28} はその平均である．特徴量 f_{29} は，名詞だけでなく動詞も加味した場合 $(x \in NV(c_k))$ の総和で，特徴量 f_{30} は，その場合の平均である．

グループ 4: 名詞および動詞の数

特徴量 f_{31} から f_{03} は，注目選択肢と照合領域に出現する名詞と動詞の数を利用した特徴量である．

特徴量 f_{31} は，注目選択肢と照合領域の両方に出現する名詞と動詞の数，特徴量 f_{32} は，注目選択肢にのみ出現し照合領域に出現しない名詞と動詞の数，特徴量 f_{33} は，その割合である．

表 **2.12**　使用した読解問題

出典（20xx 年）	使用年度	大問	設問
センター試験過去問 (01–11)*	2013	10	40
センター試験過去問 (01–13)*	2013	12	48
代ゼミ問題集 (14)	2013	7	28
センター試験過去問 (01–15)*	2015/16	14	56
代ゼミ問題集+模試 (05, 14, 15)	2015/16	19	76
駿台問題集 (06, 14)	2015/16	14	56
河合塾問題集 (14, 15)	2015/16	10	40
旺文社問題集 (14)	2015/16	4	16
ベネッセ模試 (14, 15)	2015/16	8	32
ベネッセ模試 (14, 15)	2016	10	40
計		69	276

*奇数年度のみ

BCBM で使用した 17 種類，および，新たに導入した 16 種類の計 33 種類の特徴量のうち，24 種類は，特徴量の計算に特定の照合領域を使用する．これらの特徴量の計算において，最適な照合領域はそれぞれ異なる可能性がある．そこで，複数の照合領域を用意して各照合領域ごとに特徴量を計算し，その後，有用な特徴量を取捨選択する手法（特徴選択）を適用する．具体的には，10 通りの照合領域を定め，それぞれの照合領域に対して 24 種類の特徴量を計算する．すなわち，最初の段階では，照合領域に依存する特徴量 $24 \times 10 = 240$ 種類と，照合領域に依存しない特徴量 9 種類の合計 249 個の特徴量を作成し，最終的に使用する特徴量の集合は特徴選択によって定める．

2.4.5　ソルバーの性能と問題点

これまで述べてきた 4 つのソルバーは，開発時期が異なるため，すべてのソルバーを完全に同じデータセットで評価した結果は存在しない．また，パラメータ等が多数あるため，ここでは，その概略のみを示す．その性能評価の詳細は，すでに公表済みの文献 [佐藤 14a, 佐藤 14b, 加納 17, 木村 17] を参照されたい．表 2.12 に，性能評価に使用した読解問題の出典の一覧を示す．

表 2.13 に，2013 年度に実施した本文照合法の性能評価結果を，表 2.14 に，2015 年度と 2016 年度に実施した性能評価の結果を示す．この表は，それぞれの方法の正解数の最大値を示している．なお，機械学習を用いる方法では，大問単位の leave-one-out（ある設問を解く際は，その設問が属する大問のデータを除外したものを訓練データとして用いる）で性能を評価している．BCBM と二段階選抜では特徴選択を実施しており，BCBM では 17 種類中の 12 種類の特

表 **2.13** 2013 年度の性能評価結果

		本文照合法		
		文献 [佐藤 14b]	文献 [佐藤 14a]	
α		P-a-0	P-a-0	P-b-0
β		$\mathcal{A}$	$\mathcal{A}$	$\mathcal{A}$
γ		on	on	on
センター (40)		22		
センター (48)			24	25
代ゼミ (28)			12	10

表 **2.14** 2015・2016 年度の性能評価結果

	2015 年 [加納 17]					2016 年 [木村 17]	
	本文照合法	箇境界法		機械学習		機械学習	
		CN	LN	BCBM	Ranking	BCBM	二段階
α	P-a-c	P-b-c	P-1-0	P-a-c	P-b-c	P-a-c	—
β	$\mathcal{A}$	$\mathcal{W}$	$\mathcal{W}$	—	—	—	—
γ	on	on	on	—	—	—	—
センター (56)	25	**32**	25	25	28	25	**31**
代ゼミ (76)	**31**	24	22	**31**	27	31	**32**
駿台 (56)	16	17	13	**26**	24	24	**27**
河合塾 (40)	10	7	8	**11**	**11**	11	**19**
旺文社 (16)	**8**	1	3	**8**	**8**	7	**9**
ベネッセ (32)	14	8	8	**16**	14		
ベネッセ (40)						**22**	21
計 (276)	104	89	79	**117**	112		
計 (284)						120	**139**

徴を，二段階選抜の一段目では 249 種類中 60 個の特徴を，二段目では 65 個の特徴を使用している．

2015 年度の BCBM と 2016 年度の BCBM は構成はまったく同一であるが，訓練データが異なる（ベネッセ・進研マーク模試が大問で 2 問，選択肢で 8 問増えている）ので，結果が若干異なる．二段階選抜では，二段目の分類器の訓練データに何を用いるかが自明ではないが，まず，一段目の分類器を構成し，その分類器による上位 2 位までの選抜結果に正解が含まれるものを二段目の訓練データとして利用した[17].

2015 年度の本文照合法（正解数 104）と BCBM の結果（正解数 117）に McNemar 検定を適用したところ，統計的に有意な差は見られなかったが，2016 年度の BCBM の結果（正解数 120）と二段階選抜の結果（正解数 139）に対しては，

---

17) 性能評価では，BCBM や一段目と同様に，二段目の分類器の学習時においても，同一大問に属する設問のデータを訓練データから除外する．

有意水準 5%で性能に差があるという結果となった.

これらの結果をまとめると, 次のようになる.

- センター試験過去問に限れば, 半分以上 (31/56=55%) に正解した

- 模試を含めた全体に対しては, ほぼ半分 (139/284=48.9%) に正解した

一番最初に実装した本文照合法は単純な方法なので, 正解が得られなかった原因はかなり明快にわかる. それは, 照合領域が不適切であるか, あるいは, 正解選択肢が本文の記述と文字列的に異なっている (他の選択肢の方が文字列的によく似ている) かのどちらかである. しかしながら, 解法が複雑になってくると, どのような原因で正解が導けないのか (あるいは, 正解が導けるのか) が不明瞭になってくる. 機械学習を使った場合は, 「結果はそうなる」としかいえず, それ以上の分析が難しい. その結果, 各種パラメータのチューニングに邁進することとなる.

実装した 4 つのソルバーは, 事実上, 本文や選択肢の表層的な特徴しか利用していない. それでも, ほぼ半分の問題を正しく解くことができたわけであるが, これは, 予想だにしなかった結果である. 半分というのは, 出題者が想定する平均点レベルであり, 5 択の選択問題のベースラインである正解率 20%より, 十分に高い. このことが何を意味するかについては, よく考えてみる必要があるだろう.

では, 残りの半分は, どうしたら解けるであろうか. 現在の自然言語処理の「意味処理」では述語項構造解析 (述語とその必須格要素の認定) が一般的であるが, それが高精度で実現できれば状況は変わるであろうか. もちろん, 何らかの寄与はあるとは思うが, それで大幅な得点アップが見込めるとは思えない. 受験参考書の記述を信じれば, 正解を導くためには, そのような文内構造の把握を超えた, 文章構造の把握が不可欠である.

最後に, 試験で安定した成績を取るためには, 非常にロバストな技術が求められる点を指摘しておく. 平均的な性能が高くても, 解答に必要な部分の解析に失敗すれば, 正解は導けない. たとえば, 2009 年のセンター試験には「かんけり」が重要なキーワードとして出てくるが, 研究開始の時点では, 形態素解析システムは, これを 1 形態素として認定しなかった[18]. 現在の技術と, 試験問題を解くといった一発勝負の応用に耐えうる技術の間には, まだまだ大きな

---

18) 現在の UniDic は, 「かんけり」を 1 短単位と認定する.

```
本文：... 峰の表情は（ア）依然として固く，どのような微妙な...

                        ┌ 1 これまでよりも緊張しており
                        │ 2 いつになく不機嫌そうで
（ア）   依然として固く  ┤ 3 真面目な様子を崩すことなく
                        │ 4 いっそう頑固な様子になって
                        └ 5 あいかわらずこわばったままで
```

図 2.6 語句問題の例（2013 年度代ゼミセンター模試 第 2 問 問 1（ア））

ギャップが存在する．

2.5 現代文・語句問題とその解法

語句問題は，第 2 問「小説」の問 1 として，3 題出題される．語句問題の例を図 2.6 に示す．この問題では，本文中に出現する語句「依然として固く」の本文中の意味として最も適切なものを，選択肢から選ぶことが求められている．

語句問題ソルバーは 2013 年の実装と 2014 年の実装の 2 種類がある．アルゴリズムの細かな点は異なるが，基本戦略は同じである．以下では，2013 年の実装を中心に述べる．

2.5.1 基本戦略と実装

センター試験対策本 [板野 10b] によれば，センター試験の語句問題は，基本的に，辞書的定義に沿った選択肢を選ぶことが推奨されている．この指摘に基づき，次のような基本戦略を採用する．

1. **語・熟語・慣用句候補の抽出**
   設問傍線部から，中心となる語・熟語・慣用句等 $(Q = \{q\})$ を抜き出す．
2. **辞書検索**
   抜き出した各 q で複数の国語辞書を引く．
3. **選択肢の得点計算**
   得られた定義文集合とそれぞれの選択肢を照合し，選択肢の得点を計算する．
4. 最も得点が高い選択肢を出力する．

ソルバーが利用する辞書としては，以下の辞書を，見出し語（表記および読み）で，語義ごとの定義文を引けるような形式に変換したものを用いた．

表 **2.15**　慣用句パターン

パターン	例
名詞+の+名詞	後の祭
名詞+の+形容詞	癇の強い
名詞+を+動詞	不意をつく，体裁をなす，
	目を瞠る，声を洩らす，目を疑う
名詞+（が｜は｜も）+動詞	はかがいく，憑物が落ちる

1.『岩波国語辞典 第七版』(2011 年)

2.『広辞苑 第六版』(2008 年)

3. クロスワードソルバー [佐藤 02] の辞書データの一部

　設問文や選択肢の形態素解析には，UniDic-2.1.0 を独自に拡張した形態素解析辞書と形態素解析システム MeCab-0.994 を組み合わせて使用した．辞書の拡張では，各形態素に，派生語を同一視するための情報を追加した．

　処理の最初のステップでは，設問傍線部から中心となる語・熟語・慣用句の候補 q を抽出し，得られた q を順に集め，候補リスト Q を作成する．具体的には，以下の手順で行う．

1. **設問傍線部**

   設問傍線部全体を，そのまま q として採用する．

2. **形態素解析**

   設問傍線部を形態素解析し，形態素列を得る．

3. **長単位の認定**

   簡単なヒューリスティックを用いて，形態素列を長単位列に変換する．

4. **慣用句パターンによる抽出**

   表 2.15 に示す慣用句パターンに一致する部分列があれば，それらをすべて q として採用する．それらの順位は，設問傍線部中の後方のものを優先する．

5. **内容語の抽出**

   長単位の内容語[19]をすべて q として採用する．それらの順位は，前方のものを優先する．ただし，その語がいずれかの選択肢に現れる場合は q として採用しない．

　ここで，候補リストを優先順に並べておくのは，次の辞書検索ステップで，必

---

19)　おおよそ，末尾の助詞を削除した文節に対応する．

ずしもすべての候補を使用するとは限らないからである.

上記の手順により, たとえば, 傍線部「後片付けのはかは行かず」からは, 次の候補が抽出される.

1. 後片付けのはかは行かず — 文字列
2. 〈 はかは行かず 〉 — 長単位列
3. 〈 後片付けのはか 〉 — 長単位列
4. 〈 後片付け 〉 — 長単位
5. 〈 はか 〉 — 長単位
6. 〈 行かず 〉 — 長単位

処理の 2 番目のステップでは, こうして得られた候補集合 Q に対し, 以下の手順で国語辞書を引き, 定義文の集合 P を得る.

1. Q の最初の要素を q とする.
2. それぞれの辞書に対し, 以下を実行する.
   (a) q が文字列の場合は, その文字列で辞書を引く.
   (b) q が長単位列, または, 長単位の場合は, 後に述べる優先度順に表層文字列を生成し, 辞書を引く. なお, 1 つでも定義文が得られたら, それ以降の表層文字列は使用しない.
3. 得られた定義文の累計数がある閾値（7 件）を超えたら, 終了する. 閾値未満の場合は, Q の先頭要素を取り除き, この手順を最初から実行する.

長単位からの表層文字列の生成は, 次のような優先度で行う.

1. **末尾の助動詞等の削除**
   できるだけ長い形態素列からの生成を優先する. すなわち, 末尾の助動詞等は, 1 つずつ順に削除する.
2. **出現表記・語彙素表記・読み**
   同じ形態素列からの生成では, 出現表記, 語彙素表記, 読みの順とする.

たとえば, 長単位 〈 耐えられなかった 〉 に対しては, 次の表層文字列を順に生成する.

1. 耐えられなかった
2. たえられなかった

3. 耐えられない
4. たえられない
5. 耐えられる
6. たえられる
7. 耐える
8. たえる

なお，この例の場合，語彙素表記は出現表記と同一である．

　長単位列の場合の表層文字列の生成では，末尾の長単位に対して上記の「末尾の助動詞等の削除」を適用するとともに，助詞の正規化（「は」や「も」を「が」に置換する）も行う．なお，長単位列の場合は，読みしか生成しない．たとえば，長単位列〈 はかは行かず 〉に対しては，次の表層文字列を順に生成する．

1. はかはいかず
2. はかがいかず
3. はかはいく
4. はかがいく

　以上のような表層文字列の生成は，設問傍線部に現れる表現の形式・表記が，必ずしも辞書の見出し語の形式・表記と一致しないことに対処するためのものである．

　処理の最後のステップでは，辞書検索によって得られた定義文集合 p とそれぞれの選択肢 c を照合し，選択肢の得点を計算する．定義文 p と選択肢 c の照合スコア $\text{score}(p, c)$ は，ある集合 E の要素を単位とする，方向性をもったオーバーラップ率 dor（p.82 の式 (2.5)）で計算する．

$$\text{score}(p, c) = \text{dor}(E; p, c) \tag{2.16}$$

ここで，集合 E として，以下の 2 種類を使用する．

　　$\mathcal{G}$: 内容語の集合．ただし，「動き（名詞）」と「動く」のような，同一語根をもつ派生語の一部を同一視する．
　　$\mathcal{C}$: 文字集合（句読点を含まず）

　選択肢の得点は，基本的に，前者（内容語の集合 $\mathcal{G}$）を用いて計算するが，すべての選択肢の得点が 0 となった場合（つまり，内容語がまったく一致しなかっ

た場合）には，後者（文字集合 $\mathcal{C}$）に基づく得点を採用する．

　最終的な選択肢の得点は，選択肢とそれぞれの定義文との照合スコアを計算したのち，その最大値に平均値の 1/10 を足したものとする[20]．

2.5.2　ソルバー 2014

　2013 年実装のソルバー（ソルバー 2013）と 2014 年実装のソルバー（ソルバー 2014）の大きな違いは，次の 3 点にまとめられる．

- 語構成規則を強化し，形態素解析結果から中核となる語や表現を抽出する処理の精度を向上させたこと．

- 使用する辞書として，分類語彙表（類語辞典），および，各種情報源から抽出した熟語・慣用句データ，フレーズデータを追加したこと．

- 照合スコア，および選択肢の得点の計算法を変更したこと．

ただし，ソルバー 2014 のプログラムはゼロから作り直しており，上記以外の部分も細部は微妙に異なる．

　照合スコアの計算では，辞書定義文 p をそのまま使うのではなく，定義文の中核語を抽出し，その中核語を含む選択肢に加点する方法を採用した．具体的には，中核語が 5 つの選択肢のうちの n 個の選択肢に出現した場合，出現した選択肢に $1/n$ 点加点する．

　このソルバーは，定義文から抽出した中核語を含む選択肢が見つかった場合は，高い確率で正しい選択肢を選ぶことができるが，そのような選択肢が見つからない場合もあり，その場合は選択肢の優劣をつけられない．そのため，ソルバー 2014 で判定できなかった場合は，決定をソルバー 2013 に委ねる方式を採用した．

2.5.3　ソルバーの性能と問題点

　ソルバー 2013 の性能を表 2.16 に示す．この表に示すように，ソルバーの性能は 79% である．センター過去問より，予備校模試の方が，少し成績が良い．

　2013 年のフォーマルランで正解できなかった小問 2 問を表 2.17 に示す．それぞれの小問の下線部が，辞書引きに使用された部分であり，ゴシック体が辞

---

20)　得点は，1.0 を超えないものとする．

表 **2.16**　語句問題ソルバー 2013 の性能

センター過去問（2001–2013 年の奇数年）	29/42	70%
代々木ゼミナール問題集 [代ゼミ 13]	19/21	90%
駿台予備校問題集 [模試センター 13]	18/21	86%
合計	66/84	79%

表 **2.17**　ソルバー 2013 が正解できなかった語句問題

（ア）依然 として 固く		
3	0.341	真面目な 様子 を崩すことなく
5	0.341	あいかわらずこわばった まま で
（ウ）毒々しい 笑いがふきあげた		
2	0.261	悪意 の感じられる笑みが浮んだ
5	0.268	腹黒さを隠しきれない笑い顔をして いた

□ が正解，もう一方がソルバーの出力

表 **2.18**　2 つのソルバーを組み合わせたソルバーの性能

試験		ソルバー		計
		2014 正解/出力	2013 正解/出力	
センター	2015 本試験	1/ 2	0/ 1	1/ 3
	2015 追試験	1/ 1	2/ 2	3/ 3
ベネッセ	2014Jun	3/ 3	-/ -	3/ 3
	2014Sep	2/ 2	0/ 1	2/ 3
	2014Nov	2/ 2	0/ 1	2/ 3
計		9/ 10	2/ 5	11/15

書の定義文と一致した語である．この結果より，内容語の抽出法に問題があること（「まま」や「いた（いる）」が内容語と判断されている），および，辞書定義文との間で適切な内容語（「あいかわらず」や「こわばった」）の一致がとれていないことなど，設問傍線部と辞書定義文の照合の実装に大きな問題を抱えていることがわかる．なお，このような分析に基づいて，ソルバー 2014 では内容語の抽出法や辞書定義文と選択肢との照合法を変更した．ソルバー 2014 は，これら 2 問の両方に正解する．

　ソルバー 2014 とソルバー 2013 の組合せで，2015 年のセンター試験（本試験と追試験），および，2014 年のベネッセ・進研マーク模試（3 回）の語句問題を解いた結果を表 2.18 に示す．15 問中 10 問がソルバー 2014 で解かれ 9 問正解，残りの 5 問がソルバー 2013 で解かれ 2 問正解という結果である．

　すでに表 2.2 に示したように，後半 2 年のベネッセ・進研マーク模試を用い

たフォーマルランでは，語句問題ソルバーは，合計 6 問のすべてに正解した．これは少し出来過ぎで，おそらく本番のセンター試験では，3 問中 2 問に正解できるレベルだと思われる．

後半 2 年のフォーマルランの成績は良かったが，語句問題はまだ十分に解けていない．これが，現時点のサマリである．テキスト中に出現する出現形と辞書の見出し形の間にはかなりのギャップがあり，それを埋める一般的な手続きは，まだ明らかではない．加えて，意味を担う単位を決定する問題も未解決である．人間のように辞書を引くことは，まだ機械的にはできないのである．現在のソルバーは，これらの不完全さを，複数の国語辞書を用いることで，無理矢理補っている．さらに，適切な辞書項目を引けたとしても，複数存在する定義文（意味記述）の中のどの意味で使われているかを決定することが本来は必要であるが，これにはまったく手がつけられていない．これらの問題は，フォーマルランの成績だけからは見えてこない．

語句問題を解くために必要なことを一言でまとめるならば，それは，文章中に出現する（任意の）表現に対し，その「辞書的な意味を確定させること（辞書項目と対応させること＝表現のグラウンディング）」となる．形態素解析によって，一見，語が認定されているような錯覚をもつが，意味的にはまったくグラウンディングされていない．語句問題に取り組むと，表現のグラウンディングが，まだ未解決であることがはっきりと認識できる．

2.6　現代文・小説読解問題とその解法

小説読解問題の出題形式は，2.4 節で述べた評論読解問題とほぼ同じである．しかしながら，小説の登場人物の心情を問う問題が含まれる点が大きく異なる．その心情は，通常，直接的な形では本文中で言及されない．つまり，評論読解問題が「本文に書かれていることが問われる」のに対し，小説読解問題では「本文に書かれていないことも問われる」という違いがある．ただし，この心情は，石原千秋氏 [石原 14] が指摘しているように「良い子の心情－小市民的感情力」の範囲内にある．

小説読解問題に関しては，十分な研究が展開できたとは言い難い．フォーマルランを実施するためにソルバーは作成したが，性能評価等はほとんど実施しなかった．これは，2014 年以降，研究に割けるリソースを評論読解問題に集中

表 **2.19**　小説読解問題ソルバー 2013 の性能評価 [佐藤 14a]

感情語辞書	使用しない	使用する
α	P-a-0	P-a-0/P-0-0
β	$\mathcal{A}$	$\mathcal{W}$
γ	off	off
センター (50)	10	24
代ゼミ (28)	7	9

したことによる.

2.6.1　感情語の利用

2013 年の小説読解問題ソルバーは，本文照合法，および，それに感情語の一致によるボーナスを追加したものである．まず，設問を設問文に出現する語に基づいて論理型と心情型に分類する．論理型の場合は本文照合法をそのまま適用する．心情型の場合は，本文照合法のスコアに感情スコアを加味する．この感情スコアは，照合領域と選択肢の両方に，同一の感情カテゴリ（たとえば，喜び，驚き，怒り，悲しみ）に属する感情語が出現する場合に与えるボーナスである．このために必要な感情語辞書は独自に作成した．

センター試験の過去問に基づいて感情語の辞書を作成したため，ソルバー 2013 は，センター過去問に対しては成績が比較的よかったが，それ以外の問題に対しては，効果は限定的であった（表 2.19）．これは，網羅的な感情語の辞書を作るのが難しい点と，その選択肢や照合領域で中心となっている感情語を決定するのが難しいことによる．また，そもそも，本文中では感情は間接的にしか表現されない（感情を匂わす表現は存在するが，直接的な表現は存在しない）という点も関係している．

2.6.2　小市民法

本文に書かれていない心情を推測しなければならないのであれば，本文と照合しても無意味である．それであれば，過去問の正解選択肢が述べている心情と同じような心情を選んではどうかというアイディアが浮かんでくる．なぜならば，「良い子の心情＝小市民的感情力」には，ある傾向が存在すると思われるからである．

選択肢における心情記述は，多くの場合，選択肢の末尾に現れる．そこで，まず，過去問の正解選択肢の末尾をデータベース化しておく．設問を解く場合は，それぞれの選択肢（の末尾）に対して，データベース中の最もよく似た正解選

択肢への距離を計算し，その距離が最小の選択肢を選ぶ．センター試験の過去
問の心情問題 20 問に対してこのような方法（小市民法）を適用したところ（大
問単位の leave-one-out で性能を測る），20 問中 10 問に正解した．2014 年以降
のフォーマルランでは，設問を論理型と心情型に分類し[21]，論理型の場合は本
文照合法 (α=P-a-0, $\beta = \mathcal{A}$, γ =on) を，心情型の場合は小市民法を適用するこ
とで問題を解いた．

2.6.3　ソルバーの性能と問題点

　フォーマルランの結果は，4 問中 2 問解けた年が 2 年，4 問中 1 問しか解け
なかった年が 2 年である．対象とする問題が少ないので断定的なことは何も言
えないが，ソルバーの性能はチャンスレベルと大差ないと思われる．

　評論読解問題が「それはどういうことか」「それはなぜか」という 2 大出題
パターンがあるのに対し，小説読解問題の設問は多岐に亘っている．そのため，
どこから攻めればよいのかが，よくわからない．

　おそらく，評論の読解のゴールは，文章の論理構造を把握し，筆者の主張を
把握することと近似できると思われるが，小説の読解のゴールが何なのかは，
まったくもって不明である．設問に答えるという観点からは，小説内の世界で
起こったイベントを時系列に整理することと，登場人物間の関係を相関図のよ
うに形で把握することが必要である．そのどちらも，腰を据えて取り組んでも，
数年（あるいは数十年）かかりそうな研究テーマである．

2.7　古文・文法問題とその解法

　古文の設問は，文法問題と内容理解問題に大別できるが，前者の文法問題の
大多数を占めるのは，表現の構成要素の同定問題である（表 2.3）．具体的には，
傍線部の表現がどのような形態素（品詞や活用形）で構成されているのか，ま
た，助動詞の場合はその用法も問われる．表現の構成要素の同定問題の例を，
図 2.7 に示す．この図に示すように，表現の構成要素の同定問題では，本文中
に複数存在する同じ表現を対象に，それらが出現する文脈における品詞や用法
などを同定することが求められる．表現の構成要素の同定問題以外では，敬意
表現に関する問題（敬語の種類や誰から誰への敬意であるか）や，会話文の発

---

21)　分類基準はソルバー 2013 とは異なる．

```
（本文中の該当箇所の抜粋）
　……おのづから慰むるかたもある ᵃにや、……
　……いとしめやか ᵇにて……
　……過ぎ ᶜにしことども繰り返し……
　……小さき童女の御前 ᵈに候ひしを、……

問 2 波線部 a～d の「に」の文法的説明の組合せとして正しいものを、次の①～⑤
のうちから一つ選べ。
① a 接続助詞　　　　b 格助詞　　　　　　　c 完了の助動詞　d 断定の助動詞
② a 接続助詞　　　　b 格助詞　　　　　　　c 断定の助動詞　d 断定の助動詞
③ a 格助詞　　　　　b 形容動詞の活用語尾　c 完了の助動詞　d 断定の助動詞
④ a 断定の助動詞　　b 形容動詞の活用語尾　c 断定の助動詞　d 格助詞
⑤ a 断定の助動詞　　b 形容動詞の活用語尾　c 完了の助動詞　d 格助詞
```

図 2.7　文法的説明の同定問題の例（2007 年度大学入試センター試験 第 3 問 問 2）

```
いと　　　副詞,*,*,*,*,*, イト, いと, いと, イト, イト, 和, いと, イト, イト, イ
ト,*,*,*,*,*,*,1,*,*
しめやか　　　　形状詞, 一般,*,*,*,*, シメヤカ, しめやか, しめやか, シメヤカ, シメ
ヤカ, 和, しめやか, シメヤカ, シメヤカ, シメヤカ,*,*,*,*,*,*,2,C1,*
に　　　助動詞,*,*,*, 文語助動詞-ナリ-断定, 連用形-ニ, ナリ, なり-断定, に, ニ, ニ,
和, なり, ナリ, ナリ, ナリ,*,*,*,*,*,*,*,"名詞%F2@1, 形容詞%F2@-1 動詞%F2@0",*
て　　　助詞, 接続助詞,*,*,*,*, テ, て, て, テ, テ, 和, て, テ, テ, テ,*,*,*,*,*,*,*,"
動詞%F1, 形容詞%F2@-1",*
```

図 2.8　中古和文 UniDic を用いた形態素解析の例

話者推定問題などがあるが，出題数は少ない．このため，文法問題では表現の
構成要素の同定問題のみを対象とした．

2.7.1　形態素解析を用いた解法

　表現の構成要素を同定するために，古文用の形態素解析辞書である中古和文
UniDic [小木曽 10][22] を利用する．この辞書は，形態素解析器 MeCab[23] 用の辞
書であり，中古和文 UniDic を MeCab で利用することで，古文テキストの形態
素解析が可能となる．形態素解析結果の例を図 2.8 に示す．この例では，「いと
しめやかにて」というテキストが，副詞「いと」，形状詞[24]「しめやか」，断定

---

22)　http://unidic.ninjal.ac.jp/download_all#unidic_wabun
23)　http://taku910.github.io/mecab/
24)　形容動詞の語幹部分.

の助動詞「なり」の連用形，接続助詞「て」の 4 つの形態素から構成されていると解析されている．このようにして得られる形態素情報を利用して，構成要素の品詞，活用形などの設問に解答する．

しかしながら，形態素解析結果がそのまま利用できるわけではない．というのは，中古和文 UniDic が採用している品詞体系と，高校で学ぶ古典文法の品詞体系は完全には一致しないからである．たとえば，古典文法での形容動詞は UniDic の品詞体系では設定されておらず，図 2.8 の「しめやかに」のように，語幹「しめやか（形状詞）」と活用語尾「に（助動詞「なり」の連用形）」に分割された形に解析される．このため，中古和文 UniDic による形態素解析結果に，「形状詞 → 形容動詞」などのような変換規則を適用し，古典文法の体系に則した形に変換する．

図 2.7 に示したように，センター試験の選択肢の文法情報（品詞や活用形，助動詞の用法）は，ある一定の形式で記述される．たとえば，助詞などの活用がない品詞は「格助詞」や「名詞」などの品詞名で，動詞や形容詞などの活用がある品詞は「動詞の連用形」や「形容動詞の活用語尾」など活用部分の情報を含んだ形式で記述される．助動詞の場合は，「完了の助動詞」のように用法が記述されることが多い．文法問題の解答器は，まず，波線部に対応する形態素情報から，このような形式に則った記述を生成し，その後，選択肢の該当する部分と照合する．これを，選択肢 a から d のそれぞれに対して行った後，最終的に，照合で一致した個数が最も多い選択肢を解答する．

形態素解析は，テキストを構成要素に分割してそれぞれの要素に文法情報を付与するわけであるが，それだけで文法問題（表現の構成要素の同定問題）がすべて解けるわけではない．たとえば，助動詞の用法を選ぶ問題では，複数の用法をもつ助動詞が対象となることが多い．中古和文 UniDic による形態素解析は，用法が 1 つしか存在しない助動詞や，前後の形態素列から用法が一意に特定できる助動詞に対しては，その用法を出力するが，「べし」のように文意を考慮しなければ用法が同定できない助動詞に対しては，用法を出力しない．現在の解答器は，中古和文 UniDic による形態素解析結果のみを利用するだけで，助動詞の用法を特定する機構をもたないため，このような設問に対しては，正解を選ぶことができない．

2.8　古文・内容理解問題とその解法

2.1.2 項で述べたように，古文の問題の中心は本文の内容理解に関する設問である．そこで問われるのは，単純な現代語訳から，本文中の記述についての理由や説明，そこから推測される登場人物の心情などさまざまなものがある．

　内容理解に関する設問の中には，登場人物の心情推定など，現代文の小説（第2問）でも出題されるような設問もある．しかし，設問に正しく答えるために必要な知識は，古文と現代文ではかなり異なると考えられる．たとえば，現代文の小説の心情推定では，その心情を表す直接的な表現が本文中に出現することはあまりなく，「父は縁側で背中を丸めて足の爪を切っていた．」といった人物の行動に関する表現から，その心情（この場合は，父親が落ち込んでいる，あるいは悲しんでいる）を推測することが必要となる．

　一方，古文の心情推定の問題では，手がかりとなる表現が小説等に比べて直接的に現れていることが多い．たとえば，図 2.9 の問題では，①が正解であるが，選択肢中の「兵衛佐の妹なら美しいだろうから会ってみたいと執心していた」という箇所は，本文中の『女にてかれが妹ならば，いかにいつくしからん．あはれ，見ばや』と，深く御心移りて』という箇所に合致している．同様に，選択肢の「落胆した」という箇所は本文中の『宮の思し召し沈み給へる』に合致している．つまり，古文の問題では，文章を読んで理解できることが前提となっている現代文とは異なり，「古文が正しく理解できるか（現代文として解釈できるか）」という点に重点が置かれていると考えられる．この仮説が正しいとすれば，古文本文を現代文に翻訳し，その翻訳結果と（現代文で書かれている）選択肢を照合することによって，正解を導くことができると考えられる．

2.8.1　統計的機械翻訳モデルによる解法

　このような仮説に基づき，内容理解問題を解く解答器では，まず，古文本文を現代語に翻訳し，その後，その翻訳結果と選択肢とを照合し，解答する選択肢を決定する．ここで必要となる古文–現代文翻訳器は，統計的機械翻訳の枠組みを用いて実現する．

　統計的機械翻訳方式は，あらかじめ用意した学習コーパス（翻訳元の文と翻訳先の文が対になった対訳コーパス）から，ある種の確率モデル（翻訳モデル）

（本文より抜粋）

……宮、思し召しけるは、「いざや、今のもてなしにて、おぼえこそなけれども、院にもこの兵衛佐に並ぶ雲客もなきものを、まして、女にてかれが妹ならば、いかにいつくしからん。あはれ、見ばや」と、深く御心移りて、……

……常磐、幼き心に、宮の思し召し沈み給へるを、あはれに思ひ参らせ、間近く参りて、「やうやうさてこの御事はしらけてやませ給ふべきか。常は行きて見るに、かひがひしくとがむべき侍なんども候はず。なかなか御文など候はんよりも、ただ押して入らせ給へかし。……

問 5 この文章を通して、兵衛佐の妹に対する兵部卿宮の気持ちはどのように移り変わっているか。その説明として最も適当なものを、次の①〜⑤のうちから一つ選べ。解答番号は 27。

① 最初はお気に入りの兵衛佐の妹なら美しいだろうから会ってみたいと執心していたのに、何度も贈った和歌をはねつけられて落胆した。しかし、常磐に兵衛佐の邸に忍び込むように進言されて再び希望を見出した。

② 最初はほんの遊び心で臣下の兵衛佐の妹に会ってみようと思ったが、和歌のやりとりをするうちに本気で兵衛佐の妹を想うようになってきた。そしてついに、兵衛佐が不在の夜に勇んで兵衛佐の邸に忍び込むことにした。

（以下省略）

図 2.9 内容理解の問題例（2009 年度大学入試センター試験 第 3 問 問 5）

を学習し、それを用いて翻訳を実現する方式である．文レベルで対応が取れた対訳コーパスがあれば、それだけから翻訳器を構成できる点に大きな特徴がある[25]．

翻訳モデルの作成に必要な古文–現代文コーパスには、小学館の『新編日本古典文学全集』の電子化データ（以降、小学館コーパスと呼ぶ）を利用した．このコーパスは古代から近世までの古典文学作品に対して、その本文と現代語訳、注釈が対応付けられたデータである[26]．

しかしながら、このコーパスの古文と現代語訳との対応は、文よりも大きなセグメント単位でしかなされておらず、文単位の対応が付けられていない．そこで対応するセグメント内の文の数に注目し、古文と現代文で文の数が等しければ前から順に文の対応付けを行い、文の数が等しくなければ文の数が多いセグメントを少ない方のセグメントの数に合うように分割することで、文対応の取れ

---

25) 一般に、大量の対訳コーパスが必要である．この方式は、2010 年頃までは機械翻訳方式の主流であったが、現在は、ニューラル機械翻訳方式に取って代わられつつある．

26) このコーパスは国立国語研究所通時コーパスプロジェクトに提供していただいた．

表 **2.20**　小学館コーパス統計

	古文	現代語	合計
単語数	2,837,101	3,720,257	6,557,358
文字数	12,763,402	17,300,081	30,063,483
セグメント数		19,102	

た対訳コーパスを作成した [星野 14]．使用した小学館コーパスの統計を表 2.20 に示す．最終的に，このコーパスから得られた対訳コーパスの規模は，86,684 文対であった．

このデータを学習コーパスとして，統計的機械翻訳の標準的なツールキットである Moses [Koehn 07] を用いて翻訳モデルを構築する．文を単語（形態素）に分割する形態素解析には，古文には前述の MeCab+中古和文 UniDic，現代語訳には MeCab+現代書き言葉 UniDic を用いた．こうして構築した翻訳モデルを用いて，古文本文を現代文に翻訳する．

現代文に翻訳された本文と選択肢の比較では，コサイン類似度を用いて 2 つのテキスト（本文と選択肢）の類似度を計算する．まず，本文と選択肢をそれぞれ特徴ベクトルに変換する．具体的には，それぞれのテキストを文字，あるいは形態素 N-gram を要素とするベクトル（各要素の値は，当該 N-gram の出現回数）に変換する．こうして得られた本文の特徴ベクトルを T，選択肢の特徴ベクトルを c_i とするとき，コサイン類似度は，以下の式で与えられる．

$$sim(T, c_i) = \frac{T \cdot c_i}{|T||c_i|}$$

内容理解に関する問題の多くは，本文中の傍線部を参照した設問である．そのような設問では，その傍線部の近くに解答の手がかりが存在することが多い．そこで，傍線部を参照した設問の場合は，類似度の計算において本文全体を利用するのではなく，傍線部を含む文の前 l 文から後ろ m 文のみを利用する．

ここで説明した解法は，基本的には類似度が最も高い選択肢を解として出力する．ただし，設問で「適切でないものを選べ」と指示されている場合は，類似度が最も低いものを解として出力する．

2.8.2　評価

2009 年度，2005 年度のセンター試験国語問題から内容理解に関する問題を人手で抽出し，これらを用いて解答器の評価を行った．先に説明した解答器は，本文として傍線部を含む文の前後何文を利用するか，また，N-gram の単位（文

表 **2.21** 評価結果

問題	正解率（正解数/総数）
2009 年度国語本試験	0.4(2/5)
2009 年度国語追試験	0.4(2/5)
2005 年度国語 1 本試験	0.33(2/6)
2005 年度国語 1 追試験	0.17(1/6)
2005 年度国語 1・2 本試験	0.2(2/5)
2005 年度国語 1・2 追試験	0.43(3/7)
合計	0.32(11/34)

字，形態素），N の値をどうするかを与える必要がある．これらの値は，別年度の問題に基づいて，傍線部を含む文の前 5 文，後ろ 2 文を対象領域とした文字5-gram と定めた．

結果を表2.21 に示す．括弧の中は正答数と実験の対象となった設問数を表している．評価に使用した問題数は 34 問と少ないため，この結果から統計的に実現した解法の有効性を主張することはできないが，1 設問につき選択肢の数は 5個程度であり，ランダムに答えた場合の正解率が約 0.2 であることを踏まえると，まったく見込みがないとはいえないであろう．ただし，試験ごとに正解率にばらつきがあり，安定した性能は得られていない．

翻訳モデルの性能に関しては，5 試験分の本文に適用して得られた現代語訳の BLEU 値平均は 23.34 であり，高いとはいえない．評価に使用した問題の本文の一部とそれに対する参照訳（人間による正解訳），および機械翻訳結果を図2.10 に示す．

この例に示されているように，敬意表現や助動詞に関してはある程度翻訳できているが，一部の内容語は現代文に翻訳できておらず，原文の表現がそのまま残っている．これは学習に使用した対訳データが少ないことが原因の 1 つであると考えられる．このような問題は，一般的には対訳データを増やすことによって改善できるが，古文–現代文の電子化された対訳データはそれほど多くないため，簡単には対訳データを増やすことができない．

内容理解問題のうち，傍線部の現代語訳問題は，1 選択肢あたりの形態素数が少ないため，該当箇所を正確に訳せないと正しい選択肢を選ぶことはできない．それ以外の内容理解問題は，本文を正確に翻訳するというよりは，むしろ，大意を把握することや，「をかし」のようないわゆる重要単語を文脈に応じて理解できるかがポイントとなる．このため，このような問題の正解率を上げるためには，重要単語に焦点を当てた類似度計算手法などを検討する必要があると

問題文　ある時、中将、昼寝せさせ給ひける御夢に、いづちともなく荻薄生ひ茂りたる野原の、まことに心すごき所に、うす絹のすそ、露にうちしほれたる女房ただひとり立ち給へり。いたはしと思ひて立ち寄り見給へば、わが母にておはせり。中将を見たてまつりて、袖もしぼりあへず、仰せけるは、「都に捨ておき給ひしその嘆きに、月日の行くもおぼえはべらねども、はや六年になりぬ。この思ひゆゑ、われこの世になき身となりにき」とて、さもうらめしげなる気色にて、道もそこはかとなき野中を西へ向きて行き給ふ、とおぼして、夢うちさめぬ。

参照訳　あるとき、中将が昼寝をなさっていたその御夢に、どことはわからない萩やすすきがおい繁っている野原で、本当に人けがなくものさびしい所に、薄衣のすそが露に濡れている女性がたった一人で立っていらっしゃる。中将がお気の毒にと思って近寄ってご覧になると、自分の母上でいらっしゃった。母は中将を見申し上げると、絞りきれないほど袖を涙でぬらして、「あなたが私を都に見捨てたまま消息を絶ってしまわれたその嘆きのために、月日のたつのも忘れておりますけれども、もはや六年になりました。この悲しい思いのために、私はこの世の者ではなくなってしまいました」とおっしゃって、いかにもうらめしい様子で、道もはっきりと分からない野原の中を西方浄土の方へ向かっていらっしゃる、と思われたところで夢からさめた。

翻訳モデルによる翻訳結果　ある時、中将は、ちょうどお昼寝をなさった時の夢に、どこへともなく荻薄の生い茂っている野原のは、本当にうつ所に、うす絹の裾、露に内でうちしおれて、ただ一人で立っていられた。不憫でならないと思って、お立ち寄りご覧になると、ご自分の母でいらっしゃいました。中将のを拝見して、袖も涙でぬらし終らないうちに、おっしゃったことには、「都に捨ておきれたその嘆きに、月日の行方も思われませんが、早く六年になった。この思いから、私はこの世にいない身となってしまった」といって、さも恨めしそうな様子で、道もどこがどうということもない野中を西の方へ向って行った、とお思いになって、夢がさめた。

図 **2.10**　翻訳例（2005 年度大学入試センター試験 第 3 問 本文）

考えられる.

　重要単語に焦点を当てる手法としては，統計的機械翻訳方式で翻訳するのではなく，古語辞典などの辞書を用いて現代語訳を獲得するという手法が考えられる．この手法は，高校生向けの古語辞典の語釈が比較的試験問題に現れやすいものとなっているため，類似度の計算において有利に働くと考えられる．しかし，重要単語の多くは多義であり，文脈に合わせて適切な語釈を選択しなければならないという問題点もある．

　現在の解答器は，本文との類似度が最も高い選択肢を選ぶという方法を採用している．人間が問題を解答する際には，基本的には選択肢の内容と本文の内

容が合っているかどうかを判断するが，その過程において，選択肢のある箇所に関して「そのような記述は本文にはない」という判断を下し，その選択肢を正解候補から除外するという操作（消去法）を行うことが多い．このような不正解を見つける処理を解答器に組み込めば正解率を上げられると考えられるが，そのためには選択肢を1つの単位として見るのではなく，文や節のような細かい単位で本文との対応を考える必要がある．

　古文の本文中には，しばしば和歌が含まれていることがあるが，現在の解答器は，和歌を特別扱いせず，その他の文と同様に扱っている．しかし，和歌には枕詞，本歌取りや縁語などの技法が存在し，設問ではそれらに焦点が当てられることが多い．また，和歌の内容理解に関しても，単なる翻訳ではなく，これらの技法を考慮した解釈やこれまでの文脈に合わせた解釈を行う必要がある．これらの設問を解くためには，たとえば，枕詞に関する知識や和歌で用いられる比喩に関する知識など，和歌特有の知識を構築する必要がある．

参考文献

[Koehn 07] Koehn, P., Hoang, H., Birch, A., Callison-Burch, C., Federico, M., Bertoldi, N., Cowan, B., Shen, W., Moran, C., Zens, R., Dyer, C., Bojar, O., Constantin, A., and Herbst, E., Open source toolkit for statistical machine translation. in *Proceedings of the 45th Annual Meeting of the Association for Computational Linguistics Companion Volume Proceedings of the Demo and Poster Sessions*, pp. 177–180 (2007)

[赤石 06] 赤石 美奈. 文書群に対する物語構造の動的分解・再構成フレームワーク. 人工知能学会論文誌, 21(5):428–438 (2006)

[石原 14] 石原 千秋. 打倒! センター試験の現代文. ちくまプリマー新書 217. 筑摩書房 (2014)

[板野 10a] 板野 博行. ゴロゴ板野のセンター現代文解法パターン集. 星雲社 (2010)

[板野 10b] 板野 博行. 板野博行のターゲット現代文（改訂版）2 センター突破編. 旺文社 (2010)

[小木曽 10] 小木曽 智信, 小椋 秀樹, 田中 牧郎, 近藤 明日子, 伝 康晴. 中古和文を対象とした形態素解析辞書の開発. In 情報処理学会研究報告人文科学とコンピュータ CH-85. (2010)

[加納 14] 加納 隼人, 佐藤 理史. 日本語節境界検出プログラム Rainbow の作成と評価.

In FIT2014 講演論文集第 2 分冊，pp. 215–216 (2014)

[加納 15a] 加納 隼人，佐藤 理史，松崎 拓也. 節境界検出を用いたセンター試験『国語』評論傍線部問題ソルバー. 情報処理学会研究報告，2015-NL-220(8), 情報処理学会 (2015)

[加納 15b] 加納 隼人，佐藤 理史，松崎 拓也. センター試験『国語』評論読解問題ソルバーの改良の検討. in 2015 年度人工知能学会全国大会論文集，1K2-3 (2015)

[加納 17] 加納 隼人，佐藤 理史，松崎 拓也. 表層的特徴を用いたセンター試験『国語』評論読解問題の自動解法. 人工知能学会論文誌，32(1):C–G61_1–11 (2017)

[木村 17] 木村 遼，佐藤 理史，松崎 拓也. 二段階選抜による選択式評論読解問題の自動解法. in 言語処理学会第 23 回年次大会発表論文集，pp. 386–389 (2017)

[佐藤 02] 佐藤 理史. 日本語クロスワードパズルを解く. 情報処理学会研究報告 2002-NLP-147-11, 情報処理学会 (2002)

[佐藤 13] 佐藤 理史. テキストの難易度と語の分布. 情報処理学会研究報告 2013-NLP-213 No.6, 情報処理学会 (2013)

[佐藤 13] 佐藤 理史，加納 隼人，西村 翔平，駒谷 和範. センター試験『国語』現代文の傍線部問題を解くベースライン法. 情報処理学会研究報告 2013-NLP-212 No.5, 情報処理学会 (2013)

[佐藤 14a] 佐藤 理史，加納 隼人，西村 翔平. 代ゼミ模試に挑戦 2013 —『国語』現代文. 情報処理学会研究報告，2014-NL-215(10), 情報処理学会 (2014)

[佐藤 14b] 佐藤 理史，加納 隼人，西村 翔平，駒谷 和範. 表層類似度に基づくセンター試験『国語』現代文傍線部問題ソルバー. 自然言語処理，21(3):465–483 (2014)

[津田 13] 津田 秀樹. センター試験マル秘裏ワザ大全 国語 2014 年度版. 洋泉社 (2013)

[服部 13] 服部 昇平，佐藤 理史. 多段階戦略に基づくテキストの意味関係認識：Rite2 タスクへの適用. 情報処理学会研究報告 2013-NLP-211 No.4/2013-SLP-96 No.4, 情報処理学会 (2013)

[船口 97] 船口 明. きめる！センター国語現代文. 学研教育出版 (1997)

[星野 14] 星野 翔，宮尾 祐介，大橋 駿介，相澤 彰子，横野 光. 対照コーパスを用いた古文の現代語機械翻訳. in 言語処理学会第 20 回年次大会 (2014)

[益岡 92] 益岡 隆志，田窪 行則. 基礎日本語文法 改訂版. くろしお出版 (1992)

[模試センター 13] 全国入試模試センター. 大学入試センター試験 実戦問題集 国語 2014（大学入試完全対策シリーズ）. 駿台文庫 (2013)

[代ゼミ 13] 代々木ゼミナール. 国語 2014 年版（大学入試センター試験実戦問題集）. 代々木ライブラリー (2013)

第**3**章

World history

世界史

テキスト情報源への情報アクセス手法に基づくアプローチ

世界史の問題に対する自動解答は，教科書や用語集といった過去の事物が記述されている知識源に対する情報アクセスのタスクとして捉えることができる．そのため，情報検索，質問応答，文章要約といったテキストに対する情報アクセスの各手法を利用しようとする試みが行われてきている．そこでは，要素技術として各種の情報検索技術，自然言語処理技術が活用されている．

選択肢を選ぶ形で解答する大学入試センター試験に対しては，選択肢に示される文の記述の正誤を判定するタスクを対象として，性質の異なる3つのモジュールの出力を組み合わせることにより1つの自動解答システムを構築している．同試験の模擬試験においては，さまざまな大学への入学を目指す受験生の平均点を大幅に上回る成績を得ている．

一方で，語句や文章を記述する形で解答する東京大学の2次試験に対しては，2次試験の部分問題である大論述問題，小論述問題，語句記述問題の各々に対して解答するモジュールを，教科書等の知識源となるテキストからの抜粋・要約の手法に基づいてそれぞれ構築し，それらの出力を組み合わせることにより1つの自動解答システムを構成している．同試験の模擬試験においては，東京大学への入学を目指す受験生の平均点と同等かそれ以上の成績を得ている．

3.1 学術的な位置づけ

おそらく，他の科目とは異なり，世界史を含む歴史の入試問題で扱う事柄は，いずれも，過去に生じた事実と理解されている事物についてであり，歴史的な

解釈が変更されない限りその記述は安定している．そのような事物の記述は，教科書や用語集，参考書といった，各種テキストに収録されているので，知識源として活用することができる．そして，各設問はそれら事物が記された知識源に対する情報要求として捉えることができる．そのため，過去の事物が記述されている知識源を利用することにより，その知識源への情報アクセスのタスクとして世界史の問題への解答を位置づけ，情報検索 [Manning 08]，質問応答 [磯崎 09]，文章要約 [奥村 05] といったテキストに対する情報アクセスの各手法を利用しようとする試みが行われてきている．テキストに対する情報アクセス手法では，要素技術として各種の情報検索技術，自然言語処理技術が活用されている．自然言語処理は，人間の話す言葉をコンピュータで扱うことを検討する学問分野である．

　文書情報に対する情報アクセス手法として，広く一般に利用されているものに Web 検索エンジンがあるが，タスクの設定が異なる．Web 検索エンジンでは，情報要求がキーワード列で与えられると，それに関連する文書が結果として得られる．これに対して，歴史入試問題においては，質問形式がより複雑である．具体的な質問の前に，背景説明等の質問の文脈が記述されるといった，より長い構造をもった形式がとられる．さらに，解答も文書単位ではなく，関連文書中の短い文章部分であったり，それらを加工して文章にしたものであったりする．このような情報アクセスは，人間が Yahoo!知恵袋といった QA コミュニティサイトでやり取りする質問と解答に類似している．そのため，歴史入試問題に対する自動解答器の開発の試みは，人間が行う複雑な情報要求に対して対応可能な情報アクセス技術の開発の一環として位置づけられる．

3.1.1　大学入試センター試験

　大学入試センター試験問題は，マークシートによる解答方式のため，解答に選択肢が明示されている．たとえば，

(1)「(前略)…築かれていた。(i)古代ギリシアでは，アテネやスパルタカスなどをそれぞれ盟主として，都市国家（ポリス）の間で同盟が結ばれた。西ローマ帝国が崩壊した後の西…(後略)」

という背景説明の下，

(2)「問1　下線部 (i) に関連して，スパルタを盟主として結ばれた同盟の名として正しいものを，次の 1〜4 のうちから一つ選べ。1. デロス同盟，2. ペ

　　ロポネソス同盟，…」

といった選択肢をもつ問いがなされる．選択肢が存在するので，タスクとしては，選択肢に対する順位付けとなる．一般的には，背景説明と問い，選択肢の1つ，ならびに，知識源の記述からなる3項目における一貫性の度合いの評価により，選択肢に順位付けを行い，最も評価の高い選択肢を解答とする．この例のように選択肢が語句の場合には，問 (2) の選択肢の語句の1つで知識源を検索し，たとえば (3) のようなテキストが得られたとすると，

(3)「ペロポネソス同盟は，紀元前6世紀末にスパルタ王クレオメネス1世によって結成された，スパルタを盟主とするペロポネソス半島の諸ポリスからなる同盟．（Wikipedia の「ペロポネソス同盟」より引用）」

これと，背景説明 (1) ならびに（選択肢を除く）問 (2) との間の類似度を計算する．類似度計算には，各種のテキスト間類似度尺度が用いられる．これは，文の正誤判定の問題やクイズの多肢選択問題を解く手法で扱おうとしているタスクに非常に近い．

　　ベネッセ・進研マーク模試の結果は，2015 年度は 76 点（偏差値 66.5），2016年度は 77 点（偏差値 66.3）であった．この結果は，2014 年度以前に模試を解いた既存研究よりも 20 点以上高い点数である．また偏差値が 65 を超えたことから，ある程度力を入れて学習した受験生と同じレベルの成績を獲得できたといえる．ただし，本プロジェクトで取り組んだ模試は 6 月に実施されるものであり，高校 3 年生の授業進度を考慮して一部の問題はコースが選択できるようになっている[1]．2015 年度においては古代史型選択 76 点，近現代史型選択 64点，全問題の正解率は 69.8%，2016 年度においては，古代史型選択 77 点，近現代史型選択 76 点，全問題の正解率は 76.1% であった．

　　世界史 B の問題タイプは，年度によって差はあるがおよそ 7 割が文の正誤判定問題であり，残りの 3 割には人名など語句を解答する問題，年代を解答する問題，地図やグラフを使った問題などが含まれる．なお，センター試験の世界史 B の問題はすべて選択問題である．

　　2015 年度および 2016 年度のベネッセ・進研マーク模試の問題タイプの割合を表 3.1 に示し，問題タイプ別の正解率を表 3.2 に示す．また，2005 年から 2015

---

1)「古代から先に学習している人」「近現代から先に学習している人」の 2 コースがあり，解答すべき問題が異なる．

表 **3.1** ベネッセ・進研マーク模試の問題タイプ比率

文の正誤判定	語句の解答	年代	図や写真を参照
69.0%	11.1%	7.9%	11.9%
(87/126)	(14/126)	(10/126)	(15/126)

表 **3.2** ベネッセ・進研マーク模試の問題タイプ別正解率

試験	文の正誤判定	語句の解答	年代	図や写真を参照
2015 年度 6 月	70.5%	87.5%	25.0%	71.4%
	(31/44)	(7/8)	(1/4)	(5/7)
2016 年度 6 月	78.6%	62.5%	83.3%	71.4%
	(33/42)	(5/8)	(5/6)	(5/7)

表 **3.3** 開発用・評価用データにおける問題タイプ別正解率

試験	文の正誤判定	語句の解答	年代	図や写真を参照	合計
開発	78.4%	80.0%	50.0%	25.0%	75.0%
	(80/102)	(24/30)	(2/4)	(2/8)	(108/144)
評価	67.1%	76.5%	40%	32.7%	64.7%
	(320/477)	(101/132)	(18/45)	(16/49)	(455/703)

年までのセンター試験世界史の本試および追試，2014 年から 2016 年のベネッセ・進研マーク模試のデータを対象として，開発用データ（144 題）と評価用データ（703 題）を用いたシステムの正解率を表 3.3 に示す．

3.1.2 2 次試験

2 次試験は，記述式試験であることが多く，システムにはテキストを出力することが求められる．しかし，世界史に関する知識に基づき任意の記述を生成することは非常に難しいため，多くのアプローチでは，教科書等の知識源となるテキストから問題に関連する部分を抜粋し，それらを組み合わせた上で要約することにより解答を生成している．東京大学の世界史 2 次試験においては，指定された主題や制約を満たす解答を，数百文字の文章，数十文字の文章，1 つの語句として記述する設問があり，それぞれ，大論述問題，小論述問題，語句記述問題と呼ばれる．後者となるほど解答が短くなるので，知識源における記述から解答を作成する際に加工の余地が少なくなり，抜粋の側面が大きくなる．逆に前者となるほど記述が長くなり，知識源における複数箇所から得られた情報を取りまとめる必要があるので，抜粋された情報をどのように編纂するかという観点において，最終的な解答とするための戦略が必要となる．知識源から

抜粋されるテキストの量の観点からみると，知識源の代表的なものである世界史の教科書における記述は，1 文あたり 55 文字程度であるので[2]，大論述問題，小論述問題，語句記述問題の解答においてそれぞれ知識源から，十数個の文群，数文，ある 1 文中の句が抽出され，出力の素材とされる．以下に，各問題の説明を行う．

　なお，後に述べる自動解答器は，2016 年度第 1 回代ゼミ東大入試プレ世界史という模擬試験において，代ゼミ講師の採点の下，各問題の合計点で 60 点満点中 16 点を獲得した．これは，東京大学への入学を目指している，同模試の受験生の平均点 14.5 点をわずかに上回るものであった．

(a)　語句記述問題

　語句記述問題においては，たとえば，前述の (1) といった背景説明の下，

(4)「問 1　下線部 (i) に関連して，スパルタを盟主として結ばれた同盟の名は
　　何か。」

といった問いがなされる．これから，「スパルタ」,「盟主」,「同盟」といった主要な内容語を抜き出し，これらを情報要求とし，教科書や用語集等の知識源を対象として関連テキストを検索する．前述の (3) という記述が検索結果として得られれば，問 (4) で具体的に問われている「同盟の名」という質問の焦点を考慮して「ペロポネソス同盟」を切り出して解答する．これは，文書検索と情報抽出の組合せに基づく情報アクセス手法である質問応答，特に，短い語句を問うファクトイド型質問応答 (Factoid Question Answering) が扱おうとしてるタスクに非常に近い．ただし，通常のファクトイド型質問応答では (4) のような，1 文で説明される設問部のみを扱うのに対して，大学入試問題においては，(1) に示されるような文脈部が加わるため，そのような文脈を質問応答にどのように反映させるかという課題がある．

　後に述べる語句記述問題の自動解答モジュールは，2016 年度第 1 回代ゼミ東大入試プレ世界史模試の語句記述問題において代ゼミ講師の採点の下で 20 点満点中 9 点を獲得した．これは，同模試の受験生の平均点 6.4 点を上回るものであった．

(b)　小論述問題

　小論述問題では，たとえば，

---

2)　山川出版社の『詳説世界史 B 改訂版』，東京書籍の『世界史 A』,『世界史 B』,『新選世界史 B』の 4 教科書における平均値．

(5) 「5 世紀におけるフン族の最盛期とその後について 2 行 (60 文字) 以内で説明しなさい.」

という問いがなされ, それが指し示す主題について歴史的事実に基づき数文のテキストにより論述することが求められる. 示された主題に適合する具体的な事物の記述を知識源から抽出し, それらを要約して 1 つのテキストにして出力することが基本となる. 上記の例では, 問いより「5 世紀」「フン」「最盛期」といった内容語を抜き出し, これらを情報要求とし知識源中で関連テキストを検索する.

(6) 「フン人は…(中略)…5 世紀前半のアッティラ大王の時全盛期となる. アッティラは東ローマ, 西ローマと戦って領土を拡大したが, 451 年のカタラウヌムの戦いで西ローマ・西ゴートの連合軍に敗れ, 翌年イタリアに侵入したが疫病のため撤退, その死後は急速に衰え, 滅亡した.」(「世界史の窓」http://www.y-history.net/appendix/wh0601-010.html より引用)

というテキストが得られたりするが, これは問いの課している字数制限を大幅に超えているので, 不要なテキストを削り, 重要な情報だけを残す作業が必要となる. これは, ある情報要求に基づき関連する文書を要約する, クエリにバイアスされた単文書要約が扱おうとしているタスクに近い. 特に, この例のように高い圧縮率が求められるので, 文抽出にとどまらず, 文圧縮や文融合の技術が必要とされる.

　後に述べる小論述問題の自動解答モジュールは, 2016 年度第 1 回代ゼミ東大入試プレ世界史模試の小論述問題において代ゼミ講師の採点の下で 20 点満点中 4 点を獲得した. これは, 同模試の受験生の平均点 3.5 点をわずかに上回るものであった.

(c) 大論述問題

大論述問題では, たとえば,

(7) 「7 世紀初頭に成立したイスラーム教は, …(中略)…ユーラシアの政治・文化の情勢を一変させた. 一方, 618 年に成立した唐も, 強大な勢力を誇って独自の文化圏を現出し, …(中略)…そこで, 4 世紀から 7 世紀初頭までの西欧から中国に至る東西交易路 (オアシスの道) 上の政治・宗教の展開について論じなさい. 解答は, 解答欄 (イ) に 18 行以内で記述し, 必ず

　　　次の8つの語句を一度は用いて…(中略)…ミラノ勅令，ゾロアスター教，
　　　エフタル，…(後略)」

という問いがなされ，それが指し示す主題について歴史的事実に基づいて，テ
キストにより論述することが求められる．小論述よりも記述可能なテキストが
長いので，主題に適合する具体的な事物の記述を複数の知識源から抽出し，そ
れらを要約・統合して1つのテキストとして出力することが基本となる．これ
は，ある情報要求に基づき関連する複数文書を要約して1つのテキストにまと
め上げる，クエリにバイアスされた複数文書要約が扱おうとしているタスクに
近い．さらに，「4世紀から7世紀初頭までの東西交易路上」のようなある時空
間の範囲において，「政治・宗教の展開」といった一貫した視点の下での論述が
求められるため，視点に合わせた文の言い換えや，知識源には明示されていな
い，論点を整理する文の生成が必要なこともある．

　福原らの研究 [福原 17] によれば，論述問題の模範解答のテキストを，教科書
のテキストに対応付けたところ，87%は対応付けられたものの，残りの13%の
テキストは対応物が教科書にはなかった．すなわち，知識源の単純な抜粋・編
纂で対応できるところも多いが，それだけでは不可能な，論述の視点に関わる
論旨の展開等の記述が含まれていることがわかる．

　後に述べる語句記述問題の自動解答モジュールは，2016年度第1回代ゼミ東
大入試プレ世界史模試の大論述問題において，代ゼミ講師の採点の下で20点満
点中3点を獲得した．これは，同模試の受験生の平均点4.6点を下回るもので
あった．

　本章のこれ以降の節では，大学入試センター試験の問題に解答するシステム，
ならびに，東京大学2次試験の問題に解答するシステムの解説を行い，最後に
今後の課題を述べてまとめとする．

3.2　大学入試センター試験

3.2.1　文の正誤判定問題

(a)　設計方針

文の正誤判定問題の例を図3.1に示す．

　システムで上記の問題を解くには，まず背景説明の下線部や問題文，選択肢
から必要な情報を抽出し，それらの情報から教科書やWikipediaのような知識

背景説明：…ペルシア軍は，前 480 年にはテルモピレーの戦いで スパルタ の精鋭軍を全滅させ，アテネになだれこんできた。アテネはテミストクレスの策に従い，老人・女性・子どもを疎開させ，戦えるものは軍船に乗ってサラミス水道に出て，ペルシア海軍を待ち構えた。この…

問題文：下線部について述べた文として正しいものを，次の (1)〜(4) のうちから一つ選べ。

選択肢：

(1) パルテノン神殿が建設された。
(2) ペロポネソス戦争に勝利した。
(3) ペリオイコイという隷属農民がいた。
(4) デロス同盟を結成した。

図 **3.1**　文の正誤判定問題の例（2016 年度ベネッセ・進研マーク模試・6 月　第 1 問　問 6）

源を参照して根拠となる箇所を探し，それぞれの選択肢の正しさを推定する．このタスクは質問に対して単語で答えを返すファクトイド型質問応答や，与えられた 2 つの文の意味の一致を判定する含意関係認識と比較して，複合的であり複雑である．センター試験の正誤判定問題に取り組んだ既存研究には，主に 3 つのアプローチがある．

1. 質問応答に変換する [Kanayama 12]
2. 含意関係認識に変換する [Tian 14]
3. 単語の分布情報を用いる [Kano 14]

これらのアプローチは，正誤判定問題をそれぞれの技術のタスク設定に変換するものである．しかし，上に述べたように，正誤判定問題を解くタスクには複合的な特徴があり，単一の技術のタスク設定への変換では十分にカバーすることができない．この問題を解決するため，過去の正誤判定問題を観察し，その調査結果を踏まえて複数の手法を戦略的に組み合わせることを試みた．

(b)　関連研究

Kanayama ら [Kanayama 12] は，正誤判定における誤文の判定を，誤りのある単語を見つける問題と捉えてファクトイド型質問応答の問題に帰着させる手法を提案している．質問に対し，単語で答えを返すファクトイド型質問応答の研究は多くされてきており [Ravichandran 02, Bian 08]，ある程度確立された技術を利用できる利点がある．その手法では正誤判定を行う文の固有表現を 1 つずつ隠してファクトイド型質問応答システム DeepQA [Ferrucci 12] の入力と

なる形に変換し，DeepQA が回答した単語と，隠した固有表現が合致するかどうかでスコアを算出する．Kanayama らはこの手法を用いて，センター試験世界史の正誤判定問題を解き，65%の精度を達成した．我々の手法の1つはこの手法をもとに設計した．しかし，Kanayama らが人手で問題文の英訳と固有表現部分を隠す変換を行ったのに対し，我々は日本語で処理を行った点，問題文を自動で変換した点，また質問応答システムの機能全体ではなく部分的な実装をした点で異なる．

また，文の正誤判定と関連の高い技術として，含意関係認識 (Recognizing Textual Entailment, RTE) [Dagan 13] が挙げられる．含意関係認識は，2つの文 t と h が与えられ，t が h を含意するかどうかをシステムが判定するタスクであり，自然言語処理の分野で広く研究されている．Tian ら [Tian 14] は，含意関係認識の評価タスクにおいて，構文木の構造に基づいた論理推論と単語の重なり具合に基づく機械学習を組み合わせた手法を提案し，有効性を示した．

(c) 問題の観察

我々は，システムの実装前に過去の問題を観察し，以下の3つの仮説を立てた．

- 選択肢の根拠は，知識源内の単一の段落の範囲に収まっている
- 選択肢の時間表現に対し，知識源には詳細な時間表現が含まれている
  たとえば，選択肢の「15世紀」や「1940年代」に対して，知識源には「1453年」や「1945年7月26日」と表記される
- 誤文は単一の固有表現または時間表現の誤りによるものが多い
  （たとえば，図 3.1 の選択肢 (4) は，「スパルタはペロポネソス同盟を結成した。」という正しい文の固有表現「ペロポネソス同盟」を「デロス同盟」に変更したものである）

上記の仮説を立証するため，以下の検証を行った．まず，正文 137 件を対象に知識源の1つの段落が問題の選択肢の文中の固有表現をすべて含むかどうか，知識源が選択肢の文よりも詳細な時間表現を含むかどうかを調査した．その結果，129 件 (94%) の正文において単一の段落が正誤を判定するために十分な情報を含んでおり，根拠となる箇所の抽出は段落，もしくはより狭い範囲を対象とするべきであることがわかった（表 3.4）．また，時間表現を含む正文は 48 件あり，そのうち知識源の時間表現が選択肢よりも詳細である文が 45 件 (94%) あった（表 3.5）．このことから，時間表現のレベルを踏まえた対応付けが必須であることが示された．次に，誤文 275 件を対象に，1つの固有表現や時間表

表 **3.4**   根拠が一段落内に記述されている正文の率

知識源	カウント（率）
教科書	111/137 (0.81)
Wikipedia	118/137 (0.86)
教科書 + Wikipedia	129/137 (0.94)

表 **3.5**   知識源のほうが詳細な時間表現をもつ正文の率

カウント（率）	時間表現をもつ正文中のカウント（率）
45/137 (0.33)	45/48 (0.94)

表 **3.6**   1 つの固有表現・時間表現の入れ替えによる誤文の率

	カウント（率）
固有表現の入れ替え	163 / 275 (0.59)
時間表現の入れ替え	47 / 275 (0.17)
固有表現または時間表現の入れ替え	210 / 275 (0.76)

現を変更することで正しい文に変えることができるかどうかを調査した．その結果，210 件 (76%) の誤文で仮説が成立した（表 3.6）．誤文の判定には変更された 1 つの固有表現および時間表現の検出が有効であることが示された．

(d) アプローチ

上記の関連研究および観察・分析結果に基づき，正誤判定問題について 3 つのソルバーを設計した．本項では，まずシステムの構成について述べ，続いて 3 つのソルバーの手法，および各ソルバーが共通して利用した辞書・モジュールについて述べる．

図 3.2 にシステムの構成を示す．モジュールは問題文解析，各ソルバーによる処理，合議からなる．

問題文解析では，問題タイプが正誤判定問題かどうか，また，正文を選ぶ問題か，誤文を選ぶ問題かなどをパターンマッチにより明らかにする．続いて，選択肢の文だけでは正誤が判断できない場合のために，問題文から選択肢の情報を補完する処理を行う．

各ソルバーでは，世界史の教科書および Wikipedia などのデータを知識源として用い，正誤判定問題の各選択肢について正文らしさ，あるいは誤文らしさのスコアを算出する．

合議では，アンサンブル学習の効果を狙い，3 つのソルバーを組み合わせて最終的な解答を決定する．3 つのソルバーそれぞれが各選択肢に解答としてふさわしい順に 4〜1 点を与え，各選択肢の総得点に基づくボルダ・カウント法

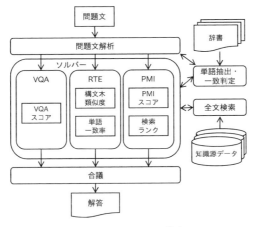

図 **3.2**　システムの構成

[Borda 95] を用いて順位を統合する．同点 1 位が発生した場合は，より高い点をつけたソルバーが多いものを選択する多数決を用いる．

　以上の手法により，解答となる選択肢の番号を出力する．各選択肢のスコアの差がつかず解答を得られなかった場合は，選択肢の番号をランダムに選択する．

仮想ファクトイド型質問応答 (Virtual factoid QA, VQA)　1 つ目のソルバーでは，誤文における入れ替えられた固有表現を直接検出するため，Kanayamaら [Kanayama 12] のファクトイド型質問応答に帰着させるアイディアを取り入れた．ただし，算出するスコアは選択肢と解答候補の単語の位置関係を独自に定式化したものである．

　この手法では，選択肢 S 内の固有表現 $NE(S)$ の中から各固有表現 ne_i を 1つずつ順番に隠し，ne_i を除いた文 S_i' によって知識源を検索し，検索結果 $D_{S_i'}$ を得る．$D_{S_i'}$ の中で，S_i' の各単語 q_j との距離の和が最も小さくなる，隠した固有表現 ne_i と同じクラスの固有表現 w を解答する．w が ne_i と一致しない場合，選択肢 S が誤文の確率が高いと考える．

　単語の距離の尺度は，従来では文内共起や段落内共起などが用いられている．しかし，知識源の文，段落の長さや，記述のされ方にはばらつきがあるため，より直接的な距離を定義する方が望ましい．そこで，$D_{S_i'}$ 内における S_i' の各単語 q_j と解答候補 w との距離から算出する解答候補 w のスコアを以下のように定義する．

$$score(S_i', w) = \sum_{q_j \in S_i'} \alpha_{q_j} \exp(-\gamma l(q_j, w)^\beta) \tag{3.1}$$

ただし，解答候補 w は検索結果 $D_{S_i'}$ の単語列から隠した固有表現 ne_i と同じクラスの固有表現を選ぶものとし，S_i' の各単語 q_j との距離が小さいほど，このスコアは高くなる．また，$l(q_j, w)$ は，検索結果 $D_{S_i'}$ の単語列中で q_j と一致する単語と w の間にある単語の数の最小値であり，α_{q_j}，γ，β はハイパーパラメータである．検索結果 $D_{S_i'}$ 内で，上記のスコアが最も高い解答候補 w，および隠した固有表現 ne_i のスコアを用いて，選択肢の VQA スコアを以下のように定義する．

$$\overline{vqa}(S) = \frac{1}{|NE(S)|} \sum_{ne_i \in NE(S)} cost(ne_i),$$

$$cost(ne_i) = \max_{w \in D_{S_i'}} score(S_i', w) - score(S_i', ne_i) \tag{3.2}$$

ただし，$cost(ne_i)$ は，解答候補 w と固有表現 ne_i のスコアの差分から求めるコストであり，ne_i よりもスコアが高い解答候補 w が見つかった場合に正の値となる．各固有表現 ne_i のコストの平均値を選択肢 S の VQA スコアとし，VQA スコアが低い選択肢が正文である確率が高いとして，選択肢を順位付けする．

含意関係認識 (RTE)　2 つ目のソルバーは，文の構造を表現する構文木の類似度と，単語の重なり具合を組み合わせた含意関係認識を行う．我々が定義した構文木は，述語を頂点とするツリーで表現し，それぞれの単語には，5 種類の格「ガ格」，「ヲ格」，「時間」，「場所」，「場所-へ」および「その他」のいずれかを割り振る．これらの格は正誤判定において特に重要と考えられたものである．この構文木を用いることで，文の構造を考慮した上での文の一致度の計算と矛盾する単語の検知を行う．構文木は KNP [3] が出力する述語項構造および係り受けの情報を使用して簡単なルールで作成する．

　また，教科書の文章は，主語，時間，場所などの省略や，代名詞による参照を多く含む．そのような省略や参照がある場合，構文木への変換や類似度の評価が正しくできないことがある．その対応として，上記の 5 種類の格の単語が揃っているかどうかを基準とし，対象となる文の前に記述されている複数の文を参照し，省略された単語の補完を試みた．「この帝国」などの「指示詞+語尾」という形式での参照については，語尾を手がかりとした照応解析を組み込んだ．

---

3)　日本語文の構文・格・照応解析を行うシステム．http://nlp.ist.i.kyoto-u.ac.jp/?KNP

　選択肢の文 h と教科書内の文 t のそれぞれの構文木 T_h と T_t の類似度，および単語の重なり具合から算出するスコアは以下のように定義する．

1. 構文木類似度 $sim(T_t, T_h)$
   格ごとに T_t 内の単語と T_h 内の単語を比較して，1つでも同じ単語が見つかる比率．ただし，述語が異なる場合，もしくは「ガ格」，「ヲ格」の両方の単語が異なる場合はスコアを 0 とする．
2. 単語の重なり具合 $wordMatch(T_t, T_h)$
   T_h 内の述語を除く単語のうち，T_t 内の単語と一致する比率（格は考慮しない）．$sim(T_t, T_h)$ が 0.5 以上の場合，重みとして 2.0 をかける．
3. 矛盾する単語の検知
   T_h の単語の中で T_t の単語と一致しない単語群について，固有表現辞書に定義されているクラスが同一の異なる単語が T_t 内に存在した場合，矛盾する単語が存在すると判定する．

ソルバーは，知識源の中から $wordMatch(T_t, T_h)$ が最大となる T_t を抽出し，そのスコアを選択肢のスコアとする．ただし，矛盾する単語が存在した場合，その文は誤文としてスコアに -1 をかけ，マイナスに反転する．スコアが高い選択肢が正文である確率が高いとして選択肢を順位付けする．

単語の分布情報 (PMI)　3つ目のソルバーでは，この「出来事」ならこの「人物」といった固有表現のペアで記憶するという受験テクニックを取り入れ，知識源における 2 単語の関連度合を自己相互情報量 PMI (Pointwise Mutual Information) [Church 89] を用いて計算する．2 単語のペアは，固有表現と文中で後続する固有表現のペア，または後続する固有表現の前に出現する内容語（普通名詞や動詞など）とする．これは，関連のない 2 単語の組合せの発生を防ぐための簡易的な対応である．また，この対応によって漏れてしまう 2 単語の組合せや，3 単語以上の組み合わせを考慮するため，1 つの固有表現とそれ以外の単語との関係を，検索ランクを用いたペナルティスコアとして取り入れる．

1. PMI スコア
   上記の基準で選択肢の文 S から作成する 2 つの単語のペアの集合を $WP(S)$ とする．ただし，$WP(S)$ は同義語のペアを除いて作成する．選択肢 S の PMI スコアは，$WP(S)$ の全ペアの PMI の平均とする．

$$\overline{pmi}(S) = \frac{1}{|WP(S)|} \sum_{(w_i, w_j) \in WP(S)} pmi(w_i, w_j),$$

$$pmi(w_i, w_j) = \log \frac{p(w_i, w_j)}{p(w_i)p(w_j)} \tag{3.3}$$

ここで，$p(w_i, w_j)$ は単語 w_i，w_j の文内共起の確率，$p(w_i)$ は単語 w_i の出現確率とする．$pmi(w_i, w_j)$ は，値が大きいほど w_i と w_j の関連度合が強い．

2. 検索ペナルティスコア

選択肢の文 S の固有表現 ne_i とその固有表現を取り除いた文 q_i のペア $Q(S)$ を作る．次に，それぞれのペアについて，q_i を検索クエリとして検索を行い，ne_i が出現する文書の最小順位 $rank(ne_i, q_i)$ を取得する．$rank(ne_i, q_i)$ を ne_i の見つかりにくさを示すスコアとし，$Q(S)$ の全ペアにおける平均をペナルティスコアとする．

ソルバーは，上記の PMI スコアから検索ペナルティスコアを減算し，スコアが高い選択肢が正文である確率が高いとして選択肢を順位付けする．

(e)　辞書・共通モジュール

本項では，各ソルバーが共通で利用した辞書やモジュールについて述べる．

知識源　1 つの出来事であっても知識源により文章の表現が異なるため，知識源を複数用いることで表現のバリエーションを広げることができる．それにより，選択肢の文の表現により近い文が見つかる可能性が高くなり，また，統計的な処理の精度も上げることができる．我々は知識源として以下のデータを利用した．

1. 株式会社山川出版社『詳説世界史 B 改訂版』（2007 年）
2. 東京書籍株式会社『世界史 A』（2008 年）
3. 東京書籍株式会社『世界史 B』（2007 年）
4. 東京書籍株式会社『新選世界史 B』（2007 年）
5. イベントオントロジー EVT のインスタンスデータ[4]
6. Wikipedia 日本語版
7. 年表データ（Wikipedia の年代ページより半自動で生成）

---

4)　http://researchmap.jp/zoeai/event-ontology-EVT/

なお，ソルバー RTE では教科書データと年表データのみを用いた．

　これらの知識源のデータから，段落単位と 1 文単位で区切ったデータをそれぞれ作成し，それぞれの単位，もしくは両方の単位のデータを横断的に抽出できる検索システムを構築した．

辞書　我々のソルバーは固有表現を手がかりとするため，固有表現を漏れなく抽出することが非常に重要となる．また，それらの固有表現をはじめとする単語の一致判定においては，同義語や類義語の認識が必須である．試験問題や各知識源では，同じ意味の単語について複数の異なる表記が用いられるためである．そのため，我々は以下の辞書を整備した．

1. 固有表現辞書

   固有表現約 2 万語と，そのクラス（PERSON，LOCATION など）の辞書．プロジェクトから提供された世界史用語辞書および Wikipedia タイトルから半自動で作成した．Tian ら [Tian 13] を参考に，日本語語彙大系[5]を用いて固有表現と普通名詞を区別する処理を行った．

2. 同義/類義語辞書

   Wikipedia リダイレクト，日本語語彙大系，日本語 WordNet [Bond 12]，および教科書内の固有表現に続く括弧表記から半自動で抽出した．

3. 上位/下位語辞書

   上位下位関係抽出ツール [隅田 08] を用いて Wikipedia から抽出した．

4. 語尾辞書

   Okita ら [Okita 14] を参考に，教科書内の高頻度に発生する形態素（たとえば，「ナスル朝」の「朝」）から語尾の一覧を作成した．

5. 国家，イベントの年号辞書

   イベント名や国家名から開始年と終了年の 2 つの年号に対応付けるデータを Web サイトから抽出して作成した．（例：ペロポネソス戦争 → 開始年：-431 終了年：-404）なお，このデータは RTE ソルバーのみが使用した．

単語間の一致判定　単語間の一致判定では，選択肢の単語が知識源内の単語の同義/類義/上位である場合に一致と判定する．このとき，単語の語尾は，知識源や問題によって記載がない場合があるため，語尾を取り除いて比較する．ま

---

5)　http://www.kecl.ntt.co.jp/icl/lirg/resources/GoiTaikei/

た，同一のクラスの異なる単語同士は矛盾する単語と判定する．

時間表現の抽出および包含関係判定　時間表現は世界史において非常に重要な情報であり，他の単語の一致判定よりも厳密に対応する必要がある．3.2.1 項 (c) で示したとおり，選択肢の文と知識源における時間表現の詳細レベルの違いが明らかになったため，時間表現の包含関係を論理的に判定するモジュールを実装した．時間表現の抽出には，normalizeNumexp [6] を用い，たとえば「20 世紀前半」と，「1918 年 11 月 12 日以降」であれば，"from:1901-XX-XX, to:1950-XX-XX" と "from:1918-11-12, to:inf" というような構造的な情報に変換し，包含関係やオーバーラップ率などを判定する．

選択肢の情報補完　選択肢の文は，その文単体では正誤が判定できない場合があり，問題文に含まれる固有表現や時間表現の情報で補完する必要がある．たとえば，図 3.1 の問題の選択肢は主語がなく，下線部の「スパルタ」を補う必要がある．ただし，そのような情報補完は必要がない場合もあり，余計な単語を補完するとそれがノイズとなり，誤った判定をしやすくなる．どのような場合に問題文中のどの固有表現を抽出して補完するべきかを定式化することは難しく，我々は問題を観察した上で，以下のようなヒューリスティックな処理を実装した．

- 下線部「について」とあり，かつ，下線部が 1 つの固有表現の場合はその下線部の固有表現を補完する
- 下線部「に関して」とある場合，後続する文との関係が弱いため下線部を補完しない
- 選択肢に主語がない場合は国名や人名などの固有表現を補完する
- 社会現象や社会的役割などの抽象的な概念を表す固有表現は補完しない
- 時間表現が選択肢にない場合は，優先的に補完する

(f)　実験結果

2005 年から 2015 年までのセンター試験世界史の本試，および追試，2014 年から 2016 年のベネッセ・進研マーク模試のデータの文の正誤判定問題を対象とし，開発用データ（102 題）と検証用データ（477 題）に分割した．ソルバーの

---

6)　"http://www.cl.ecei.tohoku.ac.jp/index.php?Open Resources/normalizeNumexp/Detail"

表 **3.7** 正誤判定問題の正解率 (%)

データ	VQA	RTE	PMI	合議
開発	72.5 (74/102)	57.8 (59/102)	66.7 (68/102)	78.4 (80/102)
検証	60.6 (289/477)	57.2 (273/477)	60.6 (289/477)	67.1 (320/477)

表 **3.8** 正解例における各ソルバーの配点
(2016 年度ベネッセ・進研マーク模試・6 月 第 1 問 問 6)

ソルバー	選択肢 1	選択肢 2	選択肢 3	選択肢 4
VQA	1	4	2	3
RTE	1	4	2	3
PMI	1	2	3	4
合議	3	10	7	10

ハイパーパラメータのチューニングおよび,辞書への固有表現や同義/類義語の追加は,開発用データを用いて行った.なお,開発用データが小規模であったため,機械学習ではなく手作業でチューニングを行った.

表 3.7 に文の正誤判定問題に対するそれぞれのソルバーの正解率と,合議による最終解答の正解率を示す.

正誤判定問題はすべて 4 択であるため,ランダムで選択した場合の期待値(チャンスレベル)は 25%である.それぞれのソルバーは期待値を大幅に上回る精度であった.合議による解答は,開発用データおよび検証用データそれぞれの結果において正解率が最も良いソルバーを 6%程度上回った.3 つのソルバーを戦略的に組み合わせた合議によって,アンサンブル学習の効果が発揮されたと考えられる.また,合議の正解率は開発用データと検証用データで 10%以上の差がついている.これは,開発用データを用いて行った,辞書への単語追加や問題文からの固有表現抽出パターンの追加が網羅的ではなかったことを示している.

(g) 正解例

本節の冒頭で示した問題(図 3.1)について,各ソルバーは各選択肢に表 3.8 のような配点をした.選択肢 (2) と選択肢 (4) が同点 1 位となり,多数決で選択肢 (2) が選ばれ,正解となった.

(h) 不正解例とエラー分析

図 3.3 に不正解例を示し,エラー分析を行う.

この問題において,各ソルバーは選択肢に表 3.9 のような配点をした.

この問題は選択肢 (4) が正解であるが,どのソルバーも正解できていない.選択肢 (4)「ヴィクトリア女王を皇帝とするインド帝国が成立した。」を VQA で

問題文： 下線部（インドのムガル帝国が滅亡）に関連して，イギリスによるインド植民地化の過程について述べた文として正しいものを，次の 1〜4 のうちから一つ選べ。

選択肢：

(1) プラッシーの戦いで，フランスと協力してベンガル太守を撃破した。

(2) シク戦争に勝利して，デカン高原の大半を支配した。

(3) 東インド会社が解散された後，シパーヒーが反乱を起こした。

(4) ヴィクトリア女王を皇帝とするインド帝国が成立した。

図 3.3 不正解の例（2015 年度ベネッセ・進研マーク模試・6 月 第 7 問 問 1）

表 3.9 不正解例における各ソルバーの配点
（2015 年度ベネッセ・進研マーク模試・6 月 第 7 問 問 1）

ソルバー	選択肢 1	選択肢 2	選択肢 3	選択肢 4
VQA	4	1	3	2
RTE	4	1	2	3
PMI	4	1	3	2
合議	12	3	8	7

解いた場合，

(1) ヴィクトリア女王を皇帝とする ☐ が成立した。

(2) ☐ を皇帝とするインド帝国が成立した。

という 2 つの問いに変換される．ヴィクトリア女王は英国の女王でもあり，またインド帝国にも他の皇帝がいたので，(1) と (2) 双方に複数の解答候補が存在する多対多の関係となり，それぞれの解答候補の決定が難しい．どのソルバーも 1 位とした選択肢 (1)「プラッシーの戦いで，フランスと協力してベンガル太守を撃破した。」は，「協力」ではなく「対立」の動詞の誤りであり，その他の単語はよく共起するために高いスコアとなってしまった．また，その次に総点の高い選択肢 (3)「東インド会社が解散された後，シパーヒーが反乱を起こした。」は東インド会社の解散と，シパーヒーの反乱の順序が逆になっている誤文である．このような前後関係に対応する処理は各ソルバーに入っていないため，高いスコアとなってしまった．

このようなエラーとその要因について，2015 年度および 2016 年度のベネッセ・進研マーク模試における誤答を対象に分析した結果を表 3.10 に示す．なおエラー件数は，複数の要因が関係する場合は重複してカウントした．

表 **3.10**　エラー分析結果

エラーの要因	件数
選択肢の情報補完	10
単語一致判定	6
動詞の誤り	5
意味役割	2
因果，前後などの関係理解	6
その他	1
誤答件数	23

表 **3.11**　動詞の誤りによる誤文の例

動詞の誤り（下線部）がある選択肢	動詞の正例
プラッシーの戦いで，フランスと 協力 してベンガル太守を撃破した。	対立
ヒジュラでムハンマドはメッカを 征服 した。	脱出
ナポレオンは総裁政府を 倒した。	樹立した
審査法の 廃止 により，国教徒が公職に就くことが可能になった。	制定

選択肢の情報補完　23 件の誤答のうち，下線部や問題文からの情報補完が必要な問題は 16 件あり，そのうち 10 件は何らかの形で失敗していた．必要な単語ではなく他の単語を補完してしまったケースや，パターンにマッチせず補完をしなかったケース，また背景説明の文章から抽出しなければならない難しいケースも 1 件あった．

単語一致判定　単語の一致判定や矛盾するかどうかの判定において，類義語辞書や固有表現辞書の定義不足や不適切な定義によるエラーが発生したケースである．類義語辞書の不適切な定義の例としては，「西周」と「東周」がそれぞれ同義語に「周」をもっていたために区別ができないケースがあった．固有表現辞書の定義不足の例としては，「ホー＝チ＝ミンは，ベトナムにおいてタキン党を指導した。」という選択肢において，RTE ソルバーは教科書の「ホー＝チ＝ミンが日本の占領下にベトナム独立同盟（ベトミン）を組織し…」という箇所を見つけていたが，「タキン党」と「ベトナム独立同盟」のクラスが一致せずに矛盾の検知ができないというケースがあった．

動詞の誤り　不正解例にも示した，動詞を変更することによって作成された誤文を判定できなかったケースである．動詞の誤りによる誤文の例を表 3.11 に示す．「協力」と「対立」のような，一般的な反意語が使われるパターンや，「征服」と「脱出」のような世界史独自と考えられるパターンが存在した．このよ

うな誤文を正しく認識するためには，動詞間の類義語と同義語の関係や，世界史における動詞の使われ方の知識を活用する必要がある．

意味役割　2 者以上の参加者が関わるイベントの参加者が入れ替えられている，誤文の判定ができなかったケースである．たとえば，「イベリア半島に進出したムワッヒド朝は，ムラービト朝に滅ぼされた。」という誤文は，「ムワッヒド朝」と「ムラービト朝」が入れ替えられている．PMI や VQA ソルバーでは検出しにくい誤りであり，RTE ソルバーによる判定が期待された．しかし，RTE ソルバーでは照応解析や，同じ意味の文が他の表現をされている言い換えへの対応に失敗することが多く，構文木の類似度評価がうまくできず，このような誤文を検知できないケースがあった．

因果，前後などの関係理解　不正解例に示した前後関係や，「アメリカの参戦を機に，ドイツは無制限潜水艦作戦を実施した。」といった因果関係の認識ができずにエラーとなったケースである．以下の問題は，知識源に「をもとに」という由来を示す言葉で示された関係を認識できなかったためにエラーとなった．

> 正：パスパ文字はチベット文字をもとにフビライの命で作成された。
> 誤：チベット文字はフビライの命で作成された。

その他　その他として，選択肢の文自体は正しいが，問題文の「日露戦争に勝利した日本の影響を受けた民族運動について」という説明と矛盾することを判定しなければならない，単語の抜き出しでは対応できないケースがあった．

3.2.2　語句の解答問題

(a)　設計方針・アプローチ

語句の解答問題とは，選択肢から適切な語句を選ぶ問題である．解答すべき語句は，人名・国名・地名のほか，建造物名・史料名などさまざまである．図 3.4 のように，問題文によって語句を問われる語句解答問題と，図 3.5 のように，史料や背景説明の文章内の空欄に入る語句を解答する穴埋め問題がある．

これらの問題は，文の正誤判定問題を解く際に用いた質問応答手法を使って解くことができる．語句の解答問題においては，問題文 S を用いて知識源を検索し，検索結果の中で S の各単語と選択肢の単語 w の VQA スコア（式 (3.2)）

問題文：下線部 (3) に関連して，新王国時代のアメンホテプ 4 世がエジプトの人々に信仰を強制した唯一神として正しいものを，次の (1)〜(4) のうちから一つ選べ。

選択肢：

(1) アトン
(2) ヤハウェ
(3) オシリス
(4) アーリマン

図 **3.4**　語句解答問題の例（2015 年度ベネッセ・進研マーク模試・6 月 第 1 問 問 3）

問題文：下線部 (5) に関連して，次の史料は，ローマ教会がフランク王国との結びつきを強める過程で起こった出来事を記述した歴史書の一部である。文章中の空欄 $\boxed{\text{X}}$ に入れる人物名と $\boxed{\text{Y}}$ に入れる地方名の組合せとして正しいものを，下の (1)〜(4) のうちから一つ選べ。（なお，史料は一部書き改め，省略したところがある。）

史料：$\boxed{\text{X}}$ はアイストゥルフスがローマ教会に返すと約束した都市や領土を返還するために使者をローマに派遣した。すなわちそれはアイストゥルフスがローマ教会の権利から横領していた $\boxed{\text{Y}}$ である。ローマ教会の守護者である $\boxed{\text{X}}$ は，多くの労苦を引き受けたすべての都市を聖ペテロの支配の下に返還したのち，フランク王国に帰還した。（注記略）

選択肢：

(1) X-ピピン　　Y-フランドル
(2) X-ピピン　　Y-ラヴェンナ
(3) X-カール＝マルテル　　Y-フランドル
(4) X-カール＝マルテル　　Y-ラヴェンナ

図 **3.5**　穴埋め問題の例（2016 年度ベネッセ・進研マーク模試・6 月 第 2 問 問 5）

を算出し，選択肢 (1)〜(4) のうち，VQA スコアが最小となる選択肢を解答として選択する．

また，図 3.5 のような選択肢が複数の単語の組合せとなる問題については，選択肢の単語のうち，1 つの単語 w と，その他の単語を穴埋めした問題文 S の VQA スコアを算出し，選択肢の各単語の VQA スコアの平均値を選択肢のスコアとする．また，選択肢の単語同士の PMI スコア（式 (3.3)）もあわせて算出する．

(b)　エラー分析

　語句の解答問題は正解率が 7〜8 割と他の問題タイプより高く，また出題件数が全体の 1〜2 割程度であることから，不正解の件数が少ない．その不正解の問題の中には，現時点では解答が困難な課題が散見された．以下に，不正解例およびその特徴を示す．

間接的な時間の記述　XX 世紀，XX 年代などの直接的な時間表現ではなく，文章で時間が表現されている問題に対応できなかったケースがあった．たとえば，

> チンギス＝ハンの時代以後 に成立した宗教として正しいものを，次の…

という問題の「チンギス＝ハンの時代以後」は，「チンギス＝ハンの没年→ 1227 年」という情報から「1227 年以降」という時間表現に変更する必要がある．対応としては，このような間接的な時間表現を検知するためのパターンの分析および，固有表現のタイプ（たとえば，チンギス＝ハン：PERSON）を使用し，出生/死亡または歴史的制度等の成立/廃止時間情報を含むオントロジーなどのドメイン知識の活用が必要となる．

文章の読解　史料や問題文の文章の読解が必要なケースがあった．以下の問題文では，固有表現が抽象的な文章で表現されている．

> 下線部（ポエニ戦争）に関連して，ポエニ戦争以降，ローマの対外発展のかげで
> 進行していた 国防の危機 に対して，次のような演説を行って，改善策を
> 打ち出した人物として正しいものを，下の 1〜4 のうちから一つ選べ。

　この「国防の危機」とは，知識源で説明されている，「ラティフンディア（大土地所有制）の進行による中小農民の没落と，それに伴う徴兵対象の減少」を指している．我々のソルバーは固有表現に注目して問題を解いているため，「ラティフンディア」という固有表現の手がかりがないと解くことが難しい．この問題は演説の内容を史料として提示している．このような史料問題で提示される史料には，他にも条文，手紙，小説などさまざまなものがあり，固有表現が含まれていない，あるいは迂遠な表記がされている場合がしばしばある．人間の受験生は史料に含まれる記述を抽象化あるいは具体化することによって，当該の記述を固有表現と結びつけることができるが，現在の我々のソルバーには

難しい.

3.2.3 年代の解答問題

(a) 設計方針

年代の解答問題には主に，図 3.6 のように，穴の空いた年表の適切な位置に
イベントを当てはめる「年代穴埋め問題」と，図 3.7 のように，複数のイベン
トを発生順に並べる「年代並べ替え問題」の 2 種類がある.

年代穴埋め問題の場合，年表内にある他のイベントについては発生年が与え
られているため，問題文にあるイベントの年代が取得できれば解答できる．年
代並べ替え問題の場合は，3 個のイベントが与えられ，その並び順を 6 種類の
選択肢から選ぶものが基本である．いずれにせよ，解答のためには，問題文に
あるイベントの発生年がわかればよい．すなわち，年代の解答問題は「このイ
ベントが発生したのは何年か？」という質問文として解くことができる．この
ように考えた場合，問題の形式は語句の解答問題に類似している．しかし，知
識源の中で，イベントの年代情報は省略される場合がしばしばあり，語句の解
答問題と同様の手法のみでは解きにくい.

年代穴埋め問題を解く際，人間の受験生は，すべての歴史的イベントの発生
年を暗記していなくても，前後のイベントとの因果関係をもとに解くことがで
きる．図 3.6 であれば，「インドの民族運動を弾圧する法律であるローラット法
の制定に反発した民衆が，イギリスからの独立を求めてプールナ＝スワラージ

問題文：下線部 (8) に関連して，次の年表に示した a〜d の時期のうち，
ネルーらを中心としてプールナ＝スワラージ（完全独立）の決議が採択された時期と
して正しいものを，下の (1)〜(4) から一つ選べ。

```
a
1877 年      インド帝国の成立
b
1905 年      ベンガル分割令の発布
c
1919 年      ローラット法の制定
d
```

図 **3.6** 年代穴埋め問題の例
（2016 年度ベネッセ・進研マーク模試・6 月 第 6 問 問 9, 選択肢略）

> **問題文：** 下線部 (4) の過程で起こった出来事について述べた次の文 a～c が，年代の古いものから順に正しく配列されているものを，下の (1)～(6) のうちから一つ選べ。
>
> **文：**
>
> (a) クレイステネスが改革を行った。
> (b) ソロンが財産政治を行った。
> (c) ペイシストラトスが僭主となった。

　　図 **3.7**　年代並べ替え問題の例
　　　　（2016 年度ベネッセ・進研マーク模試・6 月 第 1 問 問 5, 選択肢略）

の決議を採択した」という因果関係が存在する．必然的にプールナ＝スワラージの決議はローラット法の制定の後となるため，d という解答を導出できる．そのため，知識源に年代情報が記述されていなくても問題はない．しかし，因果関係からの推論を行うことができないソルバーで年代問題を解く場合，人間と同じ手法での解答は困難である．

　以上のことから，知識源をそのまま用いるのではなく，歴史的イベントとその年代情報を抽出したリストをあらかじめ作成し，そこから取得した情報を年代の解答問題に用いる方針とした．

(b)　アプローチ

　解答にあたっては，年代の解答問題用のモジュールを作成した．歴史用語とそれに対応する年代のリストをあらかじめ作成しておき，問題文中の歴史用語を参考に年代を取得する．取得できた年代を，年代穴埋め問題なら年表に当てはめ，年代並び替え問題なら並び替えて解答を作成する．

　年代のリストは，Wikipedia の年ごとの項目（例：「1012 年」「紀元前 6 世紀」）をもとに半自動で作成した．各項目には，その年代に発生した出来事が短文の箇条書きとして記述されているため，その短文と年代のペアのリストを作成する．歴史的イベントの名称が含まれる短文があれば，その短文に対応する年代を取得することができる．このほか，イベントオントロジー (EVT) のインスタンスデータに含まれる年代情報も利用した．

(c)　エラー分析

　「ベンガル分割令の発布」という文の年代を調べたい場合，辞書をもとに「ベンガル分割令」という歴史用語を抽出し，年代のリストを検索する．「ベンガル分割令」を含む検索結果は 1905 年と紐付く 1 件だけである．そのため，この文は 1905 年のイベントであると推測できる．このように特定の歴史用語に年

代が紐付き，またリスト上にこの歴史用語が一度しか出てこないものについては，正確に年代を取得することができる場合が多い．

一方，「スペインで王政が倒れる」という文の年代を調べたい場合，取得できる歴史用語は「スペイン」である．ところが「スペイン」を含むイベントは紀元前 270 年から 2000 年代まで二百数十件あり，年代が特定できない．また，カバー率を上げるため，年代のリストを拡充したものも作成した．人名には誕生年・死亡年・即位年・退位年など，さまざまな年代が紐付く．年代が大きく離れた歴史用語を比較する際にはあまり問題にならないが，年代が近い場合は誤ることがある．

その他，うまく解けなかった問題には，下記のようにいくつかのパターンがある．

明確な歴史用語なし　「中国で，茶の生産が広まった」のように，年代特定のための明確な歴史用語がない問題は，他のイベント（地域の農業政策，産業発展など）との前後関係を考慮しなければ年代が特定できない．

また，「ローマ帝国が最大領土を達成した」のように，歴史用語はあるがそれだけでは年代が特定できず，歴史用語以外の部分の意味を考慮しなければならない問題もある．

年代の取得が難しい表記　「エジプト」「アメリカ」「ギリシア」のような表記は，地域名としても国名としても用いられる．そのため，「アメリカ合衆国」について調べたいと考えて検索しても「南アメリカ大陸」などの地域名としての検索結果が大量に生じ，年代の特定が難しい．

また，『史記』などの書籍名については，書かれた時期と歴史上に現れる時期が大きく異なる場合がある．たとえば，成立から数百年後の作品に強い影響を与える場合などである．副作用が強いと考えたため，年代取得時に歴史用語が書籍名であれば無視する処理を入れたが，この仕様により問題が解けなくなる場合もあった．

固有名詞からの言い換え　「一条鞭法」の導入時期を問うために，法律名ではなく「各種の税や徭役を銀に一本化して納めさせた」と具体的な内容で尋ねるような問題は，リストによる解答が困難である．

動詞の判断が必要　「三部会の招集が停止された」「ガンディーが暗殺された」のような文は,「三部会」「ガンディー」などの歴史用語が,「停止した」「死亡した」年を解答する必要がある.しかし,たとえば人物の死亡を示す動詞だけでも「死亡した」「死去した」「処刑された」「暗殺された」などさまざまなバリエーションがあるため,人物の「生年」「没年」「即位年」などのうちどれを回答すべきかを判断することは難しい.「死」「終」「滅」「廃止」などいくつかの歴史用語を設定し,これらが含まれた場合は人物ならば没年,国ならば滅亡年を取得するようルールベースで設定したが,「処刑された」のように取りこぼすケースもある.

注目する歴史用語の誤り　「中国の科挙において,殿試が始まった」という文では「科挙」ではなく「殿試」に注目して年代を取得したい.しかし,ソルバーでは単語の重要度を設定していないため,区別することができない.重要度の設定は難しく,仮に「より珍しい歴史用語がより重要である」という指標を用いるとしても,出現回数が多くても重要度が高い歴史用語も存在するため,副作用となる可能性がある.

　上記の問題を解決するための対策として,歴史用語による検索結果が多すぎるものについては,動詞による年代の特定が必要であり,動詞の意味的な分類情報を活用することなどが考えられる.注目する歴史用語の誤りについて,年代の特定における重要度を設定して歴史用語を選択することは,現状では難しい.代替案として,年代リストだけではなく複数の知識源を用いることで,ほぼ同じような表現の文が見つかる可能性が上がり,最適な年代が取得しやすくなることが挙げられる.また,年代を特定するための歴史用語が不足している場合は,一般名詞にも着目し知識源を広く検索する,問題中に出現する他のイベントを利用して検索範囲を絞るなどのアプローチが考えられる.

3.2.4　図や写真を参照する問題

　図や写真を参照する問題の例として,地図を参照する問題の例を図 3.8 に示す.
　図や写真を参照する問題は,正誤判定問題の PMI スコア(式 (3.3))を用いて解く.上記の問題には,問題の XML データに「中東地域の地図」と「a-トルコ付近,b-イラン付近」という補助情報が付与されている.選択肢と補助情報から固有表現を抽出した単語の組合せの PMI 値は,a のトルコ–東ローマ帝国が 4.17,トルコ–東ゴート王国が 1.74,b のイラン–パルティアが 4.90,イラン–

問題文： 下線部（ムハンマド）に関連して，ムハンマドは7世紀前半にイスラーム教を創始したが，イスラーム教成立以前の7世紀初頭の西アジアを示した次の地図中の位置aとbとその王朝・国家の名称との組合せとして正しいものを，次の(1)～(4)のうちから一つ選べ。

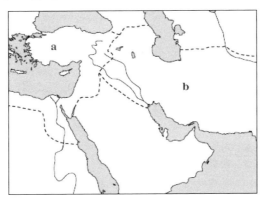

選択肢：

(1) a－東ローマ（ビザンツ）帝国 b－パルティア
(2) a－東ローマ（ビザンツ）帝国 b－ササン朝
(3) a－東ゴート王国 b－パルティア
(4) a－東ゴート王国 b－ササン朝

図 3.8 図や写真を参照する問題の例
（2015年度ベネッセ・進研マーク模試・6月 第3問 問4）

表 3.12 各選択肢のPMIスコア
（2015年度ベネッセ・進研マーク模試・6月 第3問 問4）

	選択肢1	選択肢2	選択肢3	選択肢4
a の組合せの PMI	4.17	4.17	1.74	1.74
b の組合せの PMI	4.90	6.45	4.90	6.45
PMI スコア（平均）	4.54	5.31	3.32	4.10

ササン朝が6.45となり，ソルバーは表3.12のようにPMIスコアを算出した．

PMIスコアは大きいほど，2つの単語の関連が強いと考えられる．選択肢(2)のPMIスコアの平均値が最も大きいため，ソルバーはこれを選択し，正解することができた．このように，ベネッセ・進研マーク模試には補助情報が付与されていたため，それを利用して解くことができる場合があった．センター試験のXMLデータには補助情報が付与されていないため，表3.3にて示した結果は，ほぼチャンスレベルの正解率となっている．

3.3　2 次試験

3.3.1　大論述問題の自動解答モジュール

(a)　設計方針

　実際の世界史大論述問題の例を図 3.9 に示す．東大の世界史大論述問題は，図 3.9 のように，前半の「7 世紀初頭」から「到来したものであった。」のようなコンテキスト部と後半の「そこで，4 世紀から」以降のような制約指定部から構成されており，コンテキスト部を読ませ，制約指定部で指定される字数制約 450 〜600 字，解答に含めなければならない 7〜9 個の指定語句，「4 世紀から 7 世紀初頭まで」のような時間制約などを満たし，かつコンテキスト部に関連する解答が求められる．複数の指定語句があるため文書検索などにおける手がかりが増える一方で，解答を生成する際の課題も増える．たとえば，指定語句は質問内容と直接関係のあるものではないことがあるため，質問内容に合った使われ方をしている記述を見つける必要がある．また，指定語句同士のつながりも希薄であるため，指定語句間のつながりを見つけて記述を補う必要がある．さらに，それらの記述はそれなりの長さをもっているため，字数制限を超えないようにしながら解答を生成しなければならない．このような問題に対し，世界史大論述自動解答モジュールでは，知識源から指定語句を含む文を抽出し，そのうち，時間制約に違反しない文を取り出し，できる限りすべての指定語句が

---

　7 世紀初頭に成立したイスラーム教は，東西交易路に乗ってまたたく間に勢力を拡大し，地中海や西アジアを主とするユーラシアの政治・文化の情勢を一変させた．一方，618 年に成立した唐も，強大な勢力を誇って独自の文化圏を現出し，一時アッバース朝とオアシスの道を二分した．しかし，このような状況は突如として現れたものではなく，4 世紀以降の諸地域の変動を背景として到来したものであった．
　そこで，4 世紀から 7 世紀初頭までの西欧から中国に至る東西交易路（オアシスの道）上の政治・宗教の展開について論じなさい．解答は，解答欄（イ）に 18 行以内で記述し，必ず次の 8 つの語句を一度は用いて，その語句に下線を付しなさい．
　ミラノ勅令，ゾロアスター教，エフタル，ヒジャーズ地方，法顕，楊堅，八王の乱，ビザンツ帝国

図 3.9　世界史大論述問題の例[7]（2016 年度第 1 回代ゼミ東大入試プレ 第 1 問）

---

7)　1 行は 30 文字．

```
<DOC>
<TITLE> 二つの世界大戦-第一次世界大戦とロシア革命-ソヴィエト政権と戦時共
産主義 </TITLE>
<DOCNO>Y-JH-15-01-5</DOCNO>
<TEXT> ソヴィエト政権はドイツと休戦したが，国際的孤立状況とドイツの優勢
な軍事力をみて，(⋯) その結果，1920 年には国内の反革命政権はほぼ制圧され，
外国軍もしだいに撤退をはじめた。</TEXT>
</DOC>
```

図 **3.10** 教科書の例

```
<DOC>
<DOCNO>YamakawaWorldHistoryGlossary-41</DOCNO>
<TITLE> 浜北人 </TITLE>
<TEXT> 1961 年静岡県浜北で発見された新人。</TEXT>
</DOC>
```

図 **3.11** 用語集の例

含まれる文の組を作成する．そのような組の文を時間順序に並べ，字数の合計
が字数制約に違反しないものを結合して解答を作成する．

(b) 知識源

知識源として，次の教科書 4 冊と用語集 1 冊を用いた．

1. 東京書籍株式会社『世界史 A』(2008 年)
2. 東京書籍株式会社『新選世界史 B』(2007 年)
3. 東京書籍株式会社『世界史 B』(2007 年)
4. 株式会社山川出版社『詳説世界史 B 改訂版』(2007 年)
5. 株式会社山川出版社『世界史 B 用語集 改訂版』(2004 年)

知識源は XML 化され，図 3.10 のように教科書は段落単位，図 3.11 のように用
語集は見出し語単位で 1 文書として登録した．XML ファイルから検索システ
ム Indri[8] を用いてインデックスファイルを文字 1-gram で作成した．

(c) モジュール概要

大論述問題解答モジュール[9]の構成を図 3.12 に示す [Sakamoto 17]．大論述

---

8) https://www.lemurproject.org/indri/
9) https://github.com/ktr-skmt/FelisCatusZero-multilingual/

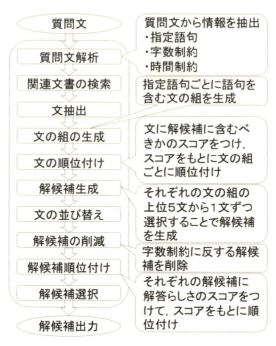

図 3.12　大論述問題解答モジュールの構成

問題解答モジュールは，問題の内容，問題で指定される「ミラノ勅令，ゾロアスター教，…」のような複数の指定語句と「4 世紀から 7 世紀初頭まで」のような時間制約，および字数制約に基づいて解答を生成する．まず，指定語句を含み時間制約を満たす文を指定語句ごとに知識源から検索し抽出する．次に，時間解析モジュールを用いて文の時間情報を取得し，時間制約に違反するものを取り除く．次に，抽出された文を解答に含むべきかを表すスコアを抽出文ごとに計算する．スコアの尺度として，問題の内容が抽出文の内容を含意する度合い S を用いる．

$$S = \frac{\text{解候補に含まれる問題文中の内容語の数（重複を除く）}}{\text{問題文中の内容語の数（重複を除く）}}$$

さらに，抽出文の集合からすべての指定語句を含むように文の組を生成し，文を時間順序に並び替えて結合する．最後に，字数制約を満たしつつ文のスコアの合計が最大となるものを解答として出力する．

(d)　時間解析モジュール

時間解析モジュールは，教科書の段落か用語集の見出し語と説明文の組をテキストの入力として受け取り，テキスト内にある文にそれぞれ時間範囲情報を西暦何年から何年という形式で与える．文に与える時間範囲情報は文で説明される歴史的なイベントすべての時間範囲の和である．テキストを句点区切りの文に分割し前方の文から順に時間解析する．文 S_n から時間範囲を得られない場合は，1 つ前の文 S_{n-1} から取得した時間範囲情報を文 S_n に与える．文の時間解析では「時間表現に基づいた時間解析」と「用語集に基づいた時間解析」の出力の和で時間範囲情報を取得する．もしそれらの方法で時間範囲情報が付与できない文があったら，それが教科書の文であった場合のみ，1 つ前の段落の最後の文に振られた時間範囲情報をその文に割り当てる．

(e)　時間表現に基づいた時間解析

「1946 年から 1949 年まで」や「大化 2 年」や「中世」のように入力テキスト内に出現する時間表現から年単位での時間範囲をそれぞれ (1946, 1949), (646, 646), (476, 1453) のように抽出する．「90 年代」のような省略表現については，テキストを前方解析して「90 年代」が出現する前の時間情報を 100 で割った商を，情報がなければ 1900 年を加え省略年数を補完する．

(f)　用語集に基づいた時間解析

山川出版社の用語集を用いて，見出し語が入力テキスト内に含まれていた場合にはその見出し語に用語集で紐付いた時間情報を取得する．

(g)　結果と考察

2016 年に行われた「ロボットは東大に入れるか」プロジェクト成果報告会での大論述解答モジュールの出力を図 3.13 に示す．問題は図 3.9 の 2016 年度第 1 回代ゼミ東大入試プレ世界史が使用され，モジュールの出力は代ゼミ講師によって採点された．採点は図 3.15 に示す加点ポイントに基づいて行われた．採点結果は 20 点満点で 3 点（人間の受験生の平均点は 4.6 点）であった．

図 3.14 に示す文は，用語集の説明文から抽出され出力にも含まれており，どちらも加点ポイントの内容を含むが，主語「ササン朝」がなかったため，3 点が失点になっていた．どちらも用語集の見出し語「ササン朝」の説明文中の文であり，用語集の説明文中の文すべての文頭に「（見出し語）＋は」を付与する処理を加えたら，主語「ササン朝」がついた以外は変わらない解答が出力された．また，出力には「楊堅と同じ北周の貴族であった李淵は、隋末の混乱に乗

西ヨーロッパがカール大帝のころまでに一つの世界として自立する一方、東ヨーロッパではビザンツ帝国がギリシア正教とギリシア古典文化を融合した独自の文化的世界をつくり、西ヨーロッパに対して経済的・文化的な先進文明圏として優位を保った。メディナは、メッカの北約 300 km、ヒジャーズ地方中部のオアシス都市。迫害よりも懐柔が得策と考えるにいたったコンスタンティヌス帝は、313 年、ミラノ勅令によってキリスト教を公認した。八王の乱に乗じて漢を建てた劉淵の子の劉聡は、311 年洛陽を占領して懐帝を捕らえ、316 年には長安の愍帝を降して西晋を滅ぼした。コンスタンティヌス帝は、キリスト教を帝国統治の宗教的基盤とするために、313 年、ミラノ勅令をだしてキリスト教を公認した。法顕は、399 年に長安を出発して陸路インドに入り、海路シンハラをへて帰国、『仏国記』を著した。ゾロアスター教を国教と定め、ローマ・東ローマと抗争を繰り返しながらも繁栄をつづけたが、5 世紀にエフタルの侵入を受けた。楊堅と同じ北周の貴族であった李淵は、隋末の混乱に乗じて挙兵して大興城に入り、618 年に帝位について唐王朝を建てた。ホスロー 1 世の時代にエフタルを破って最盛期となったが、7 世紀にイスラーム教勢力によって滅ぼされた。

図 3.13　システム出力

　ゾロアスター教を国教と定め、ローマ・東ローマと抗争を繰り返しながらも繁栄をつづけたが、5 世紀にエフタルの侵入を受けた。
　ホスロー 1 世の時代にエフタルを破って最盛期となったが、7 世紀にイスラーム教勢力によって滅ぼされた。

図 3.14　主語の喪失

ビザンツ帝国と東方教会の結びつきで 1 点
ササン朝がエフタルと争っていたことで 1 点
ローマ帝国が東西に分裂していたことで 1 点
・・・

図 3.15　加点ポイントの一部

じて挙兵して大興城に入り、618 年に帝位について唐王朝を建てた。」が含まれるが，これはコンテキスト部の記述「618 年に成立した唐」の影響で解答に含められた．指定語句「楊堅」を含む加点ポイントは「楊堅は、突厥を撃破し、589 年南朝の陣を制服して中国を統一した。」であり，「楊堅」が直接行った内容が求められていたが，コンテキスト部にそれを促す内容の記述がないため選択されなかった．一方で，「ローマ帝国の東西分裂」という記述は指定語句を含まな

いが，コンテキスト部の記述「7 世紀初頭に成立したイスラーム教」を説明する上では重要であるため，加点対象となった．したがって，指定語句が含まれるのか，コンテキスト部の記述に直接的に関連するのか，以外に解答に含むべきであるかを判断する重要性を専門家がもっていることが考えられるが，それが何かは明らかになっていない．もし，問題文を読めばそのような重要性が判断できるのであれば，その推論過程を明らかにする必要がある．もし，問題文中に「イスラーム教の成立」があれば「ローマ帝国の東西分裂」，「楊堅」があれば「突厥の撃破」や「中国の統一」を指摘すべきであるといった世界史論述問題における慣習があるのであれば，問題と模範解答のペアの集合から経験的に導き出す方法が必要である．今後の大きな課題は，専門家がどの内容を重要だと判断するのかの基準を工学的に扱える程度に明らかにすることであると考えられる．

3.3.2 小論述問題の自動解答モジュール

(a) 設計方針

実際の世界史小論述問題の例を以下に示す．

――――――――― 世界史小論述問題例 ―――――――――

- 北イタリアに結成された都市同盟について 60 字以内で説明しなさい．

- 5 世紀におけるフン族の最盛期とその後について，60 字以内で説明しなさい．

（上：2009 年東京大学 第 2 問 問 (3)(b)，下：2012 年東京大学 第 2 問 問 (1)(a)）

世界史小論述問題では，上記の 2009 年度東京大学の問題のように対象の名称（ここでは「北イタリアに結成された都市同盟」＝「ロンバルディア同盟」）が明らかでない問題や，2012 年度東京大学の問題のように問われている対象の「最盛期とその後」を求められるといった，今までの質問応答とは異なるタイプの問題などが多く含まれる．これらの問題に対し，世界史小論述自動解答モジュールでは問題文中で問われている対象と問われている内容を同定し，それらの情報に基づいて，知識源から文章を抽出・圧縮することで小論述問題に解答する．たとえば上記の 2012 年度東京大学の問題では，問われている対象は「フン族」，問われている内容は「最盛期とその後」であるため，係り受け解析などを用いてこれらを特定し，知識源である世界史用語集から特定した情報と

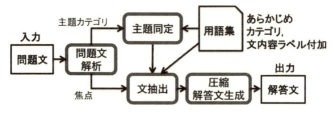

図 **3.16**　モジュールブロック図

合致する分を抽出・圧縮する．以下，本項では問われている対象を「主題」，問われている内容を「焦点」と呼ぶ．

(b)　モジュール概要

図 3.16 にブロック図を示す．モジュールは問題文解析，主題同定，文抽出および圧縮・解答文生成からなる．

問題文解析では，問題の主題のカテゴリと焦点を明らかにする．具体的には，構文解析器 KNP を用いて「述べよ」，「説明せよ」などの特定のフレーズに係る名詞や動詞を抽出する．これらの名詞や動詞から，あらかじめ作成した辞書を用いて，主題のカテゴリおよび焦点を同定する．主題のカテゴリについては世界史イベントオントロジー (EVT [Kawazoe 13]) で定義されている概念クラスに，"時代・時間"，"Role"，"その他" の 3 種を加えた 23 種のうち，問題文から前述の方法で抽出した名詞が当てはまるものすべてを抽出する．

主題同定では，用語集を検索し，主題の同定を行う．具体的には，問題文と用語集の各項目との名詞一致数をスコアとして，最大スコアを与える項目名を主題として同定する．スコアリングの際，問題文解析で出力された主題カテゴリに属する用語のみを対象とする．また，問題文から「3 世紀」，「ヨーロッパ」などの時間情報と地理情報を抽出し，検索対象の用語の時間情報と地理情報それぞれに対し，合致するか判定を行い，合致しないものは除去する．以上のようにスコアリングされた用語のうち，スコアが最大のものすべてを主題として同定する．ただし，問題文解析で得た名詞が用語集の見出し語である場合は上記の処理は行わず，その名詞そのものを主題とする．

文抽出では，同定された主題に対する用語集の項目から，問題文解析で同定した焦点と内容が一致する文をすべて抽出する．具体的には，用語集の各説明文にあらかじめルールベースで文内容を表すラベル（以下，文内容ラベルと呼ぶ）を割り当てておき，文内容ラベルと焦点が一致した文すべてを出力する．

最後に，抽出された文集合をルールベースで圧縮し，字数制限に収まる解答

表 **3.13**　代ゼミ模試小論述採点結果

	問 (1)	問 (2)(a)	問 (2)(b)	問 (3)(a)	問 (3)(b)	計
2015 年度のモジュール	0/6	1/4	1/4	0/3	0/3	2/20
本モジュール	2/6	0/4	0/4	0/3	2/3	4/20

文を生成する．解答文生成の大まかな流れを以下に示す．

1. 抽出された文集合の各文に，問題文と共通する名詞の個数でスコアを与え，スコアの降順に並べる．
2. スコア順の文リストから解答候補文のリストを作る．
3. 解答候補文リストの先頭の文を 5 つのルールで圧縮する．圧縮の途中で字数制限以下となった時点でそれを解答とする．
4. すべてのルールで圧縮しても字数制限以下に収まらなければ，解答候補文リストの次の文を圧縮する．

圧縮のルールには，接続詞を削除するものや連体修飾句を削除するものなどがある．また，一般に世界史小論述において不必要なものから削除するよう，ルールに優先順位をつけている．以上を指定字数に収まる解答が得られるまで，全解答候補文で繰り返す．解答候補文リストの最後の文でも解答が得られない場合は解答はなしとする．以上の手法により解答となる小論述を生成する．

(c)　結果とモジュール性能評価

2016 年度の「ロボットは東大に入れるか」の評価へ取り組んだ結果を述べる．問題は「2016 年度第 1 回代ゼミ東大入試プレ世界史」が使用され，モジュールの出力は代ゼミ講師によって採点された．2016 年度の「ロボットは東大に入れるか」では，2015 年度の同プロジェクトで用いたモジュール [高田 16] と，本モジュールで解答を行った．表 3.13 に採点結果を示す．本モジュールが 2015 年度のモジュールの結果を上回り，性能の向上が見られた．さらに，性能向上の要因を探るべく，1989〜2003 年度の東京大学入学試験世界史のうち 30〜150 字で答える小論述形式の問題を入力とし，人手による採点および抽出された文のランキングによる自動評価を行った．解答文の人手による採点は，駿台文庫『24 カ年徹底分析テーマ別東大世界史論述問題集』に記載されている加点ポイントに従って行った．加点ポイントとは，加点の対象となる内容のことで，たとえば「アッバース朝が衰えた」，「清朝は義和団弾圧に転じた」といった項目が問題ごとに列挙される形で与えられている．採点基準として，各加点ポイントと解答文が表層的に類似，もしくは同義であれば，点を加算するようにした．

表 **3.14**　採点結果–獲得した点数ごとの問題数

手法 \ 獲得点数・MRR	0	1	2	3	MRR
2015 年度のモジュール	24	5	1	0	0.187
本モジュール	19	6	4	1	0.381

表 **3.15**　配点ごとの平均点

配点	2	3	4	5	6	7
2015 年度のモジュール	0	0	0.50	0.23	0	0.67
本モジュール	0	0.33	0.75	1.38	0	1.33
問題数	2	3	4	13	5	3

また，主題同定部および文抽出部の有効性を測るため，文抽出で出力された文のうち，上位 5 文を MRR (Mean Reciprocal Rank) により評価した．MRR とは平均逆順位のことである．MRR の式を式 (3.4) に示す．式 (3.4) において N は問題数，S_i は i 番目の問題における全正解数，n_i は i 番目の問題における正解数，$rank_k$ は正解であるものの順位である．本研究では上位 5 文のみを評価したため，S_i は上位 5 文における正解とされる文数である．

$$\mathrm{MRR} = \frac{1}{N} \sum_{i=1}^{N} \frac{1}{S_i} \sum_{k=1}^{n_i} \frac{1}{rank_k} \tag{3.4}$$

正解とする文の選択については，人手による採点と同様に加点ポイントから判断した，加点されうる文を正解とした．2015 年度のモジュールでは知識源として山川出版社および東京書籍の世界史教科書を用いていたが，本モジュールと揃えるため，用語集の項目を 1 文区切りにし，主語の省略を補うため，各文に「〈見出し語〉は」を文頭に付け加えたものを知識源として使用した．

　用語集およびモジュール出力の形態素解析には人手で作成した世界史辞書を追加した JUMAN を用いた．また，構文解析器には KNP を用いた．

　人手による採点と MRR の結果を表 3.14，配点ごとの平均点を表 3.15 に示す．表から本モジュールによって点を取れた問題が増え，獲得点数が多い問題数が増えていることがわかる．MRR の値も本モジュールが上回った．主題および焦点の同定によって文抽出の性能が上がり，MRR が上昇したことが，獲得点数つまり性能の向上につながったと言える．表 3.15 からも，点が獲得できてなかった 2 点満点，6 点満点の問題以外は平均点が上昇しており性能が向上していると言える．一方，配点に対して獲得点数は非常に低く，本モジュールの限界も見てとれる．

(d)　エラー分析と考察

　本モジュールでは，複数主題を同定することを想定しており，(b) 項で述べたようにスコアが最大のものすべてを出力することで複数の主題を同定する．そして，問題は各主題について述べられた文により解答できることを仮定している．しかし，評価データには，上記の仮定では正解できない問題，具体的には各主題について述べられた文内容の比較や関係性の把握が必要な問題が計 7 問含まれていた．以下に問題例と，提案手法の出力および正解例を示す．

問題［2002 年度東京大学 第 2 問 問 8］　ムガル帝国とオスマン帝国には，それぞれジャーギール制と，ティマール制と呼ばれる類似の制度が見られた．両者の共通の特徴を 60 字以内で記せ。

出力　ティマールは騎士に代償と徴税権．イクター制や，東ローマでのプロノイアと同様な制度その起源については不明な点が多い．

正解例　イクター制を継承し，軍人・官僚に軍役・奉仕を課し，給与支払いの代わりに一定の土地からの徴税権を与えた．

　この問題ではジャーギール制とティマール制の「共通」の特徴を求められている．つまり，主題であるジャーギール制，ティマール制それぞれの「特徴」について述べられた文を解答としても正解にはならず，「共通」する特徴を解答とする必要がある．よって，単に主題について述べられた文を抽出するだけではなく，さらにそれらの文を比較する必要がある．

　また，今回用いた焦点，文内容ラベルでは解けない問題も見られた．以下に問題例を示す．

問題［1997 年度東京大学 第 2 問 問 2］　10 世紀後半にイスラーム世界に起こった変革の影響を受けて，従来栄えていたペルシア湾ルートに代わって，紅海ルートが栄えるようになった歴史的要因について，政治的状況にも留意して，90 字以内で説明せよ。

出力　アッバース朝は中央集権を整備して，後半から初頭にかけて，全盛期を迎えたが，平等を実現し，アラブ帝国から大食への転換をはかった．

正解例　アッバース朝が衰退し，ブワイフ朝のバグダード入城以後も，イクター制により地方分権化が固定された．一方，エジプトを征服したファーティマ朝は，首都カイロを建設し，紅海貿易を保護した．

加点ポイント（一部抜粋）

　　　　【ペルシア湾ルートの衰退】
　　　1. アッバース朝が衰えた.
　　　2. ブワイフ朝はイクター制を採用/地方分権化.
　　　　【紅海ルートの発展】
　　　3. ファーティマ朝は，カイロを首都とした.
　　　4. ファーティマ朝は，紅海貿易を保護した.

　この問題では，「政治的状況に留意して」など，現在の焦点や文内容ラベルの粒度では判別することができない情報も考慮する必要がある. より多くの問題を観察し，文内容ラベルおよびその付与ルールを増やしていくことで対応することも考えられるが，問題を観察するごとに，より詳細な文内容ラベルが必要になる可能性がある. たとえば，この問題では「政治的状況」であるが，別の問題ではより細かい「国内政治」というのもありうる. つまり，ありとあらゆる問題に対応できるよう適切な粒度で網羅的に文内容ラベルを設け，それを付与することは困難であると考えられる.

　以上のことから，今後の大きな課題は，異なる質問タイプが混在するものに対し，単一の手法ではなく問題ごとに適切な手法により解答できるようにすることであると考えられる. 上記で説明したように，問題によっては単純に「理由」について述べられた文を抽出するだけでいいものもあれば，「比較」のような深い理解を必要とする問題もある. これらに対応するためには，単一の手法ではなく，各々の問題タイプに適した手法を用いる必要がある.

3.3.3　語句記述問題の自動解答モジュール

(a)　設計方針

実際の世界史語句記述問題の例を以下に示す.

> ── 世界史語句問題例 ──────────
>
> インドで 1930 年に組織された民族運動においては，政府の専売するある物品を生産することが象徴的な意味をもった。(a) その専売品の名を含む運動の名称を，(b) その指導者の名とともに記しなさい。

　　　　　　　　　　　　　　　　　　　（2014 年度東京大学 第 3 問 問 8）

　世界史小論述問題では，世界史に特有の用語記述が求められる. 1 つの問題に対して 1 つの解答が求められるものが多いが，上記の問題のように 2 つの質

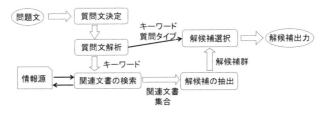

図 **3.17** 語句問題解答モジュールの構成図

問が含まれている問題も出題される.

(b) アプローチ

語句問題解答モジュールを図 3.17 に示す.語句問題解答モジュールでは,まず,問題文中から,質問文として使用する部分の判定を行う.1 つの問題文中に1 つの質問のみがある場合には,問題文中のすべての文を質問文とする.本項冒頭で示した例のように,1 つの問題文中に複数の質問がある場合には,「(a)」,「(b)」といった質問を区別するラベルをもとに複数の質問文を生成する.「(a)」のラベルが付く前の部分については,すべての質問に共通して使用し,「(a)」ラベルから「(b)」ラベルまでの間は「(a)」の質問とし,「(b)」ラベル以降は「(b)」の質問として質問文を生成する.冒頭の例の場合では,以下の 2 つの質問文が生成される.生成した 2 つの質問文は,それぞれ別の質問として次の処理に渡される.

┌─ 質問文生成の例 ─────────────────

(a) インドで 1930 年に組織された民族運動においては,政府の専売するある物品を生産することが象徴的な意味をもった.その専売品の名を含む運動の名称は何ですか.

(b) インドで 1930 年に組織された民族運動においては,政府の専売するある物品を生産することが象徴的な意味をもった.その指導者の名は何ですか.

質問文解析部分では,質問文から問題の話題となる質問文キーワードの抽出や,問われている用語の内容である質問タイプの判定を行う.質問文キーワードの抽出部では,形態素解析を用いて,内容語を抽出し,それぞれのキーワードに重要度を付与する.ただし,年代表記は教科書上の表記と範囲が違うことがある(教科書上では「1864 年」に対し,質問文では「19 世紀」など)ため,質問文キーワードからは省く代わりに,年代情報として別にとっておく.

　重要度は質問文中のキーワードの位置情報をもとに付与する．キーワードが質問文の後半に現れるほど重要度が高くなるように，キーワードとなる形態素の位置を全形態素数で除して重要度とする．これは，質問文の後半に現れる語の方が，質問に解答するのに重要になる確率が高くなるという観察結果に基づいている．

　また，先の例のように 1 つの問題から複数の質問文が作られた場合，2 問目以降の質問文を解く際には，以前の質問の最上位の解候補を質問文キーワードに加えている．

　質問タイプ判定では，構文解析を利用して質問が対象としている語（質問焦点）を抽出し，質問焦点をもとに判定する．判定の際には，事前に作成した質問焦点と質問タイプを紐付ける正規表現のリストを利用する．用意した質問タイプを以下に示す．カッコ内は代表的なサブクラスである．

　先の例の「(a)」では，「運動」が質問焦点として抽出され，質問タイプは「出来事」と判定される．

人物，**場所**（国，都市，地域），**出来事**（革命，会議，戦争），**文明**，**言語**，**技術**（発明，文字，道具），**時代**，**建造物**（宮殿，道路，寺院），**民族**，**作品**（小説，詩，絵画），**制度**（政策，法令，思想），**組織**（同盟，共同体，結社），**社会概念**（権利，通貨），**宗教**，**宗教概念**（神），**様式**，**数値**

　文書検索部分では，知識源から，質問文キーワードを用いて質問に関連する文書を検索する．文書検索エンジンは，Indri [10] を用いた．

　解候補抽出部分では，検索された文書から解候補を抽出する．解候補として，名詞および名詞連続の複合語を用いた．

　解候補選択部分では，解候補にスコアを付け，スコアをもとに出力する解候補を選ぶ．解候補らしさのスコアには，質問文との関連度を表すキーワードスコアと，問われている用語のタイプの一致度を示す質問タイプスコアの 2 つの尺度を用いた．

キーワードスコア　解候補が抽出された文書中に質問文キーワードが含まれる度合い

質問タイプスコア　解候補と質問タイプの合致の度合い

---

10)　http://www.lemurproject.org/indri.php

　キーワードスコアは，解候補が抽出された文書中に現れる質問文キーワードの重要度と，質問文キーワードと解候補との距離をもとに算出する．重要度が高いキーワードが解候補近くにあればあるほど，キーワードスコアは高くなる．質問文キーワードと完全一致する語も解候補として扱うが，正解となることはほぼないと判断しているため，キーワードスコアを低くする例外処理を加えている．また，質問文から抽出した年代情報がある場合には，解候補が抽出された文書中の年代情報を照らし合わせて，質問文の年代に文書中の年代が含まれる場合には，スコアに若干のボーナスを与える．

　質問タイプスコアの算出においては，世界史用の固有表現辞書を利用した．固有表現辞書は，世界史イベントオントロジー [Kawazoe 13] のインスタンスデータを利用した．インスタンスデータでは概念クラスごとに固有表現が分けられているが，一部のクラスをマージしたのち，それを固有表現クラスとして利用した．もともとの概念クラスはサブクラスとして保存した[11]．インスタンスデータには，概念クラスの他に，開始年，終了年，異表記，その他の情報（国名クラスにおける首都など）が含まれるため，これらも利用した．また，辞書に不足があった場合には適宜人手で追加している．質問タイプスコアの算出には，以下の指標を用いた．

- （必須）解候補の固有表現クラスが質問タイプと一致するかどうか．

- 解候補の固有表現のサブクラスが質問焦点と一致するかどうか．

- 質問文中に時間情報がある場合，解候補の固有表現の年情報に含まれているかどうか．

- 解候補の固有表現の「その他の情報」が質問文キーワードとして現れているかどうか．

　解候補のスコアは，キーワードスコアと質問タイプスコアを積算して算出する．解候補の最終的なスコアは，異表記も考慮に入れた頻度情報を考慮する．同じ解候補が複数の情報源から抽出された場合には，最終スコアを上昇させる処理を行う．そして，最終スコアの最も高い解候補を解答として出力する．

(c)　ベンチマークにおける結果

2016 年度の「ロボットは東大に入れるか」では，「2016 年度第 1 回代ゼミ東

---

11) 人物クラスについては，職業をサブクラスとした．

表 **3.16**　語句問題解答システムの正解数

	提案手法	従来手法
正解数/問題数	24/41	11/41

大入試プレ世界史」に解答した．「2016 年度第 1 回代ゼミ東大入試プレ世界史」の語句記述問題では，20 点満点に対し 9 点を獲得し，受験生の平均点の 6.4 点を上回る結果を得ることができた．

　また，本研究では，世界史用の固有表現辞書を作成し，利用しているため，固有表現辞書を利用しない従来手法 [松井 15] との比較を行った．使用した試験問題は，東大 2 次試験の過去問（2011 年度）および，駿台東大模試（2013 年度第 1 回，2013 年度第 2 回，2015 年度第 1 回）の第 3 問（語句問題）の計 41 問である．表 3.16 に正解数を示す．

　表 3.16 より，提案手法の方が精度が良いことがわかる．提案手法で正解し，従来手法で正解できなかった問題を見ると，従来手法では問いで聞かれている内容とは別の固有表現クラスを解答している例が多かった．このことから，世界史特有の質問タイプを用いることは精度向上に役立っていることがわかる．一方で，提案手法で不正解で，従来手法で正解した問いでは，提案手法において正解を解候補として抽出できているものの，スコアは 5 位であり，スコア付けで失敗していたことがわかった．どちらも不正解であった問題においても，質問タイプの判定はうまくいっているものの，スコア付けにおいて失敗している例が見られた．次の (d) において，詳しいエラー分析を行う．

(d)　不正解例とエラー分析

　より詳細な結果分析のために，表 3.16 で用いた試験問題に加えて，5 年度分の東大の過去問を用いた評価実験を行った．追加で使用した試験問題の年度は，2000，2004，2008，2012，2013 年度で，計 68 問である．評価実験の結果，追加の問題では 68 問中 29 問で正解を得ることができ，全体として 109 問中 53 問正解を得ることができた．

　正解できなかった 56 問について，エラー原因の分析を行った．エラー分析の結果を表 3.17 に示す．

　「質問文生成の失敗」では，1 つの問題中に「(a)」，「(b)」といった 2 つの質問が含まれているもので，質問文の生成が失敗したものである．問題 XML では，質問「(a)」の範囲と質問「(b)」の範囲が明確には示されていないため，自動での解析に誤りがあった．以下の例では，「(a)」の質問の生成において，的

表 **3.17**　語句問題解答システムのエラー原因

エラー原因	問題数
質問文生成の失敗	4
質問タイプ判定誤り	8
文書検索の失敗	12
解候補選択の失敗	32

確な質問文の生成に失敗している．この例においては，元の問題文の並列構造などを理解する必要がある．

質問文生成に失敗する例

問題文　植民地時代に用いられた (a) 先住民と白人，(b) 黒人と白人，との間に生まれた人々を示す名称をそれぞれ記せ。

生成された質問 (a)　植民地時代に用いられた先住民と白人は何ですか。

生成された質問 (b)　植民地時代に用いられた黒人と白人，との間に生まれた人々を示す名称は何ですか。

「質問タイプ判定誤り」は，質問タイプの判定が失敗したものである．質問タイプ判定では，未知の質問焦点が抽出された場合失敗する可能性が高い．質問タイプ判定に失敗した質問焦点として，「僧院」「経典」「印刷物」などがある．質問焦点のリストを更新すれば質問タイプの判定は可能になるが，ルールベースでの対応には限界があるため，未知の質問焦点でもある程度の質問タイプ判定が可能になる仕組みが必要である．また，「…(略) 6~8 世紀ころに活躍したイラン系商人は何とよばれているか。」という質問では，正解は「ソグド人」であり，民族名が質問タイプとして適切であったが，「イラン系商人」という質問焦点から質問タイプが「人名」と判定されてしまった．これは質問文の「何とよばれているか」の部分から推測する必要があると考えられ，判定が難しい例だと思われる．

「文書検索の失敗」では，情報源中に正解が載っている文書が存在したものの，検索された文書集合に正解が含まれなかったものである．複数文に亘る問題文のほとんどを質問文として利用している本手法では，質問に解答するのに重要でないキーワードも多く抽出されてしまう．重要でないキーワードを多く含む文書だけが検索され，一部の重要なキーワードを含む文書が検索から漏れてしまうことが多かった．

「解候補選択の失敗」では，解候補のスコア付けにおいて，正解となる解候補

のスコアが他の解候補のスコアを下回ってしまったため，正解できなかったものである．正解でない解候補のスコアが上がってしまう原因として，文書検索と同様に重要でないキーワードの存在がある．キーワードに重要度を設けているものの，不十分であることが考えられる．

キーワード重要度がうまく働かなかった例を示す．

── キーワード重要度が悪い方に働いた例 ──

生成された質問文　中央ユーラシアから西アジアに進出したトルコ人が建てた最初の王朝の名は何ですか

システム出力　イスラーム帝国

正解　セルジューク朝

この例では，「建てた」や「最初」といったキーワードの重要度が高くなってしまい，それらの語が周辺に現れた「イスラーム帝国」が 1 位の解候補となってしまった．「トルコ人」が重要と判定するとともに，「トルコ人が建てた」という構造も重要であり，そのことを考慮に入れる必要があると考えられる．キーワードのみでは正解が難しい例としては，以下のような例もあった．

── キーワードのみでは正解が難しい例 ──

問題文　南アフリカ共和国では，白人による少数支配体制のもと，多数派である非白人に対する人種差別と人種隔離の政策が採られていた。このアパルトヘイトに反対する運動に献身し，長い投獄生活を経て 1993 年にノーベル平和賞を受賞した後に，大統領となった人物の名前を記しなさい。

システム出力　デクラーク

正解　マンデラ

システム出力のデクラークは，マンデラの前の大統領で，マンデラとともにノーベル平和賞を受賞した人物である．この例では，キーワードのみではなく，「受賞した後に」の「後」が重要であり，問題構造の理解が必要であると考えられる．

全体として，問題を解く上で重要な箇所の判定ができると精度の向上が期待できる．現在は，複数文に亘る問題文のほとんどを質問文として利用しているが，質問として重要な部分の判定をあらかじめ行ったり，キーワード抽出においてキーワード重要度のさらなる工夫をして対応することが考えられるが，ルー

ルベースでは限界があるため，大量の問題・解答集合を用いた統計的手法など
を検討中である．また，解候補のスコア付けについては，キーワードによる照
合のみでなく，文書構造を考慮に入れた照合を行うことによって精度の向上が
期待できる．

3.4　今後の課題

3.4.1　大学入試センター試験

　センター試験世界史 B では模試において，2015 年度は 76 点（偏差値 66.5），
2016 年度は 77 点（偏差値 66.3）と，人間の受験生と比べても遜色のない成績
を安定して取ることができた．主要な問題タイプである文の正誤判定問題にお
いて，過去の問題を観察・分析し，その結果を踏まえて複数の手法を戦略的に
組み合わせたことが，正解率の向上につながったと考えられる．

　問題タイプ別のエラー分析では，多岐に亘るエラー要因への対応が必要であ
ることが示された（表 3.10）．問題文からの情報補完や単語の一致判定における
エラーは，固有表現抽出パターンの精緻化や辞書のさらなる整備によりある程
度解決できる可能性がある．しかし，問題を解くために必要な固有表現と，そ
うでない固有表現の区別は容易ではなく，パターンによる抽出には限界がある．
また，意味役割や因果関係の理解は，含意関係認識の問題として研究されてい
る．しかし，論理推論を行うような深い言語処理を適用した含意関係認識には，
論理表現への変換に必要な要素技術の精度や，論理表現の設計に課題がある．

　近年ディープラーニングによって複雑なタスクを End-to-End で実現する試
みが増えており，含意関係認識においても 57 万対のペア [Bowman 2015] を用
いたディープラーニングによって，9 割に近い精度が達成されている [Chen 17]．
センター試験世界史の問題については，問題文を解析して選択肢の情報を補完
する処理に課題がある．それを解決した上で，世界史問題に対応する大規模な
含意関係認識のテストセットを用意することができれば，ディープラーニング
を用いた解法により正解率を上げられる可能性がある．

　また，異なる方向性の研究として，史実である文とそうでない文を区別する
基準を与えるオントロジーが提案されている [Kawazoe 13]．この研究は，論理
的な推論によって文の正誤を判断する際に，知識源の中に明示されてはいない
が，人間が暗黙的に行っている判断を可能にしようとするものである．たとえ

ば,「A が B を暗殺していない」という明示的な文がなくても, A と B の生きた時代が重ならないことがわかれば史実としてありえないと判断するのに十分であり, そのような判断をするための情報をオントロジーとして定義している. 我々のソルバーは誤文について, 主に固有表現の位置関係を用いるスコアにより間接的に判断している. このようなオントロジーを適切に活用することができれば, 誤文の誤りを直接認識できるようになると考えられる. ただし, 自然言語で書かれている文をオントロジーと結びつける手法や, オントロジーを利用した含意関係認識の手法は, 現時点では確立されていない.

　上記のように, さらに正解率を上げるためには, 個々のエラーに対し, 既存の技術の精度の向上と, より深い言語処理やオントロジーを必要な場面において適切に利用することが求められ, そのための課題を解決していく必要がある.

3.4.2　2 次試験

　本章で述べた東京大学の 2 次試験に対する解答器は, 2016 年度第 1 回代ゼミ東大入試プレ世界史において, 60 点満点中 16 点を獲得した. これは, 東京大学への入学を目指している, 同模試の受験生の平均点 14.5 点をわずかながら上回るものであった. 2 次試験は記述式であり, 任意のテキストが解答候補となりうることも一因となって, 現時点の解答器の精度は大学入試センター試験に対する解答器のそれより低い傾向にある. 小論述問題や大論述問題と比較して, 語句記述問題のほうが高い得点が得られていることは, 同問題が解として求める事物の記述が, 多くの場合, 教科書等の知識源の中に現れる比較的短い表現そのものであり, その表現を適切に抽出できればよいということと関係があろう. これの裏返しであるが, 小論述問題, 大論述問題と解答すべき記述の長さが長くなるに従って, 知識源から得られた複数の情報断片を適切に取捨選択しつつ, 一貫性をもってまとめ上げることが求められるので, 出題の意図に沿って情報を編纂する難しさが顕在化する.

　語句記述問題に対しては, 世界史に特有の用語を考慮しつつ問題の求めている事物のタイプ, すなわち質問タイプを推定し, それに基づいて教科書等を知識源としたファクトイド型質問応答処理を行うことにより解答モジュールを構築することができることが示された. そのエラー分析によると, より多様な問題に対応できる質問タイプ推定の手法の開発, ならびに, 問題が表現している文脈をより適切に絞り込むための, 問題文中の用語の重要度付与手法の開発が今後の課題であることが明らかになった.

　小論述問題に対しては，各問題が，ある対象事物のある側面についての説明を求めているという分析の下，それぞれを主題ならびに焦点として問題文から推定し，両者を満たす文を知識源である用語集の説明記述から抽出した後，要約して出力するという処理に基づき，解答モジュールを構築することができることが示された．そのエラー分析によると，問題の種類によっては，関連する説明記述の抽出・要約だけでは解を生成できないものや，当初想定していなかった多様な焦点の種類の判定が必要なものが存在することがわかり，より多様な問題の種類に対応するために，各問題の種類に適した手法を複数組み合わせる手法の開発が今後の課題であることが明らかになった．

　大論述問題に対しては，知識源である教科書ならびに用語集に対して，問題文の示す主題や時間範囲等の情報要求を満たし，指定語句を含む文を重要視するとともに，抽出された文を時間順序に従って整列するという複数文書要約処理に基づき，解答モジュールを構築することができることが示された．そのエラー分析によると，人間の採点者（専門家）があらかじめ用意する加点ポイントを部分的に被覆する文が得られているが，状況によって得点に結びついたり，そうでなかったりすることがあることがわかった．これにより，要約処理の精度向上に加えて，専門家による評価に関するさらなる調査・分析が必要であることが明らかになった．

　最後に，解答器の出力に対する評価に関する課題について述べる．大論述問題のように長いテキストを解答として出力するタスクにおいては，システムが出力した解答をどのように評価するかということが大きな問題となる．本章で述べたように，人間に混じって実際の試験を受験し，人間の評価者によって人間と同じ基準で採点をしてもらうという方法は，1つの有力な選択肢ではあるが，試験の実施頻度が低いことや，各々の解答を人間が個別に評価をしなければならないという評価コストの高さが問題である．そのために，人間が行う評価と高い相関をもつ自動評価の開発が課題となっている．国立情報学研究所が主催する評価型ワークショップである NTCIR [12]においては，世界史の入試問題を扱う QALab というタスクが設定されているが，そこでは入試問題への自動解答器の提案・評価に加えて，出力された解答に対する自動採点手法の提案・評価が議論の対象となっている．自動評価においては，人間が作成した模範解答をいくつか準備し，それらより解答に含めるべき情報の断片を定義する．そ

---

12)　http://research.nii.ac.jp/ntcir/

して，自動解答器が出力した解答について，たとえば，上記情報断片がどれくらい含まれるのかといったことを記述内容の評価とする．しかし，この評価方法では，重要情報が断片としてどれくらい含まれているかということはわかるが，先に述べたように，加点ポイントに対する解答の被覆の範囲・度合いによって，ひとまとまりの重要情報が述べられていると判断されるかが変わってくることは考慮されない．また，解答が一貫した読み物になっているかどうかもわからない．そのため，論述問題の解答として評価すべき観点にどのようなものがあり，それを自動評価するためにはどのような方法が考えられるのか，ということが今後も重要な研究の対象となるであろう．

参考文献

[Bian 08] Bian, J., Liu, Y., Agichtein, E., and Zha, H.: Finding the right facts in the crowd: factoid question answering over social media. in *Proceedings of WWW*. pp. 467–476 (2008)

[Bond 12] Bond, F., Baldwin, T., Fothergill, R., and Uchimoto, K.: Japanese Sem-Cor: A Sense-tagged Corpus of Japanese. in *Proceedings of GWC-2012* (2012)

[Borda 95] de Borda, J.-C., On elections by ballot. *Histoire de l'Académie Royale des Sciences for the year 1781* (1995)

[Bowman 2015] Bowman, S. R., Angeli, G., Potts, C., and Manning, C. D.: A large annotated corpus for learning natural language inference. in *Proceedings of EMNLP-2015* (2015)

[Chen 17] Chen, Q., Zhu, X., Ling, Z., Wei, S., Jiang, H., and Inkpen, D.: Enhanced LSTM for Natural Language Inference. in *Proceedings of ACL-2017* (2017)

[Church 89] Church, K. and Hanks, P.: Word association norms, mutual information, and lexicography. in *Proceedings of ACL-89*. pp. 76–83 (1989)

[Dagan 13] Dagan, I., Roth, D., Sammons, M., and Zanzotto, F. M.: *Recognizing Textual Entailment: Models and Applications*. Morgan & Claypool Publishers (2013)

[Ferrucci 12] Ferrucci, D. A.: Introduction to "this is watson". *IBM Journal of Research and Development* 56(3.4):1:1–1:15 (2012)

[Kanayama 12] Kanayama, H., Miyao, Y., and Prager, J.: Answering yes/no questions via question inversion. in *Proceedings of COLING-2012*, pp. 1377–1392 (2012)

[Kano 14] Kano, Y.: Solving history exam by keyword distribution: KJP. In *Proceedings of NTCIR-11* (2014)

[Kawazoe 13] Kawazoe, A., Miyao, Y., Matsuzaki, T., Yokono, H., and Arai, N.: World history ontology for reasoning truth/falsehood of sentences: Event classification to fill in the gaps between knowledge resources and natural language texts. in *Proceedings of LENLS 10*. 2013 (2013)

[Manning 08] Manning, C. D., Raghavan, P., and Schütze, H.: *Introduction to Information Retrieval*. Cambridge University Press (2008). （邦訳：岩野 和生，黒川 利明，濱田 誠司，村上 明子 訳．情報検索の基礎．共立出版）.

[Okita 14] Okita, T. and Liu, Q.: The question answering system of DCUMT in NTCIR-11 QA Lab. in *Proceedings of NTCIR-11* (2014)

[Ravichandran 02] Ravichandran, D. and Hovy, E.: Learning surface text patterns for a question answering system. in *Proceedings of ACL-2002*. pp. 41–47 (2002)

[Sakamoto 17] Sakamoto, K., Matsumoto, T., Ishioroshi, M., Shibuki, H., Mori, T., Kando, N. and Mitamura, T.: FelisCatusZero: A world history essay question answering for the University of Tokyo's entrance exam. in *Proceedings of Open Knowledge Base and Question Answering Workshop at SIGIR (OKBQA 2017)*, pp. 45–46 (2017)

[Tian 13] Tian, R., Miyao, Y., Matsuzaki, T., and Komatsu, H.: BnO at NTCIR-10 RITE: A Strong Shallow Approach and an Inference-based Textual Entailment Recognition System. in *Proceedings of NTCIR-10* (2013)

[Tian 14] Tian, R. and Miyao, Y.: Answering center-exam questions on history by textual inference. In *Proceedings of the 28th Annual Conference of the Japanese Society for Artificial Intelligence* (2014)

[磯崎 09] 磯崎 秀樹，東中 竜一郎，永田 昌明，加藤 恒昭：質問応答システム．自然言語処理シリーズ．コロナ社 (2009)

[奥村 05] 奥村 学，難波 英嗣：テキスト自動要約．知の科学シリーズ．オーム社 (2005)

[隅田 08] 隅田 飛鳥，吉永 直樹，鳥澤 健太郎，萬成 賢太郎：Wikipedia からの大規模な上位下位関係の獲得．言語処理学会第 14 回年次大会発表論文集，pp. 769–772 (2008)

[高田 16] 高田 拓真，松崎 拓也，佐藤 理史：大学入試「世界史」論述問題解答システムの開発．言語処理学会第 22 回年次大会発表論文集，pp. 925–928 (2016)

[福原 17] 福原 優太，阪本 浩太郎，渋木 英潔，森 辰則：世界史論述問題における模範解答——知識源の対応を表すアノテーションの検討，言語処理学会第 23 回年次大会発表論文集，pp. 593–596 (2017)

[松井 15] 松井 兵庫，阪本 浩太郎，松永 詠介，神 貴久，渋木 英潔，石下 円香，森 辰則，神門 典子：大学入試の穴埋め問題を解く質問応答システムの検討．言語処理学会 21 回年次大会発表論文集，pp. 175–178 (2015)

数学

深い言語処理と高速な計算代数の接合

　この章では「ロボットは東大に入れるか」における数学問題の自動解答に関する研究について述べる．「数学とは何か」および「計算とは何か」という問題自体を数学的課題として捉え，これらに答える試みは 19 世紀の終わりから 20 世紀前半に急速に進展し，その副産物として 20 世紀半ばに物理的な計算機を生んだ．人工知能によって数学問題を解くこともまた，この「数学とは」「計算とは」という 2 つの問いに対し，ある方向から答える試みであり，この意味で計算機の誕生以前から続く原初的な課題である．しかし，数学的に定義された記号列ではなく日本語の問題文を入力とし，抽象機械ではなく現在の計算機を用いて 1 問 1 時間以内で答える，という「東ロボ数学」における問題設定は，「数学とは」という問いをより具体的な「普通の人間が行う数学とは」へと近づける．この絞り込みによって，AI における古典的難問を含め，数学・知能・言語に関するいくつかの課題が剥き出しの姿で現れる．以降では，まず上で触れた研究史の中に「東ロボ数学」の試みを位置づけた後，2013 年度から 2016 年度の模試によるベンチマーク結果についてまとめる．次に「入試問題を解く」という行為の定式化を行い，それに基づく解答システムの構成について，言語処理部と演繹処理部に分けて述べる．最後に，現在のシステムにおける典型的な失敗例について説明し，今後の課題をまとめる．

4.1   学術的な位置づけ，模試の結果

4.1.1   学術的な位置づけ

　知的活動としての数学には 2 つの側面がある．1 つは数学的な課題について考えること，もう 1 つは数学的な課題やその解決について読み書きすることである．一般的なイメージは前者，つまり「考えること」こそが数学活動の中心である，というものだろう．しかし，「定義も証明もしない数学者」や「『答えがわかったかどうか』だけを問う数学試験」がいかにナンセンスかを考えれば，「考えること」と「読み書き」はそのいずれもが数学活動の必須要素であることがわかる．

　Frege と Russell は現代的な論理学の創始者・先導者である．彼らの主要な動機は，それまでドイツ語・フランス語といった自然言語を用いて行われていた数学的論証を，人工言語である述語論理を用いて形式化することで，曖昧さや解釈の揺れを取り除き，数学の基礎を確実なものとすることだった．しかし，それと同時に，彼らは，論理との対比を通じて自然言語の意味を分析する試みを開始した．数理論理学と分析哲学という 2 つの研究分野の端緒となったこの 2 つの流れ，すなわち数学的演繹の形式化と，論理を基礎とする自然言語の分析は，その後，コンピュータの発明を経て，人工知能研究の分野へと流れ込んだ．

　一方の流れは計算機による演繹・推論の自動化へと向かった．主要な課題は，演繹アルゴリズムを高速化すること，そして，数学的命題のみならず，実世界の問題を論理によって正確に表現し，機械的推論の対象とすることだった．演繹アルゴリズムの研究は，Newell, Simon および Shaw による命題論理の自動証明プログラム Logic Theorist [Newell 56] や Davis によるプレスバーガー算術に対する決定手続きの実装 [Davis 57] に始まり，Robinson による一階述語論理に対する融合原理の発見 [Robinson 65] を大きな足がかりとしてその後も発展を続けた．また，先に挙げた Davis の研究の系譜に連なる，特定の数学理論における演繹を高速に行う研究においては，Wu による特定タイプの初等幾何の定理に対する自動証明アルゴリズム [Wu 78] や，より汎用的ではあるものの非常に効率の悪かった Tarski による実閉体の限量子消去アルゴリズム [Tarski 51] の Collins による改良 [Collins 75] といった進展があった．しかし，いずれの方面においても，現代の数学者が行っているような現実的に興味ある定理の証明

が，完全に自動的に行われた例はこれまではほぼ存在しないといってよいだろう．それが困難である根本的な理由は，機械的推論の膨大な計算コストである．多くの場合，どのようにアルゴリズムを工夫しても依然として莫大な計算コストを要することが理論的に示されている．

　一方，数学の定理ではなく，現実的な課題を自動推論によって解決するためには，妥当な推論を可能とし，かつ，妥当でない推論をすべてブロックするために，課題を取り巻く状況や常識を精緻に記述することが必要となる．たとえば 1958 年，McCarthy は「常識による推論を行うプログラム」の開発を研究課題として掲げ，そのような推論の例として「私は家のデスクに座っており，車は家に停めてある．私は空港に行きたい」という前提から「車まで歩いて行って乗り込み，空港まで運転する」というアクションを導出することを挙げている [McCarthy 58]．そのような推論を行うための知識としては at(desk, home) [机は家にある]，walkable(home) [家の中は歩いて移動できる] など，15 個ほどの公理がリストアップされている．しかし，たとえば「冷蔵庫から牛乳を取ってくる」ことが現在でもロボット研究における最も困難な課題の 1 つとされていることを考えれば，1958 年の McCarthy の「研究計画」は微笑みを誘うのみである．現実世界の課題を機械的推論によって解決する試みは，第二次人工知能ブームにおいて，医療・化学・会計といった個別領域における専門知識に基づく演繹システム（エキスパートシステム）の開発へと収斂し，さまざまなエキスパートシステムの開発がブームとなった．しかし，たとえ問題領域を専門的・個別的なものに限定したとしても，専門家が暗黙に用いている膨大な知識を明示化し，整合的な体系として形式化することの困難を前にしてブームは沈静化する．

　このように，人工知能の分野における自動推論の試みは，推論の高速化および論理による世界の記述という 2 つの要求いずれにおいても行き詰まったように見える．現在でも，計算機ハードウェアやプログラムなど，すでに形式化された対象について，その安全性や仕様への適合性などを演繹的に検証する研究や，人間が数学定理の形式的な証明を行うことを支援するシステムの開発・改良など，問題設定を「ずらす」ことで自動推論の研究は継続されているが，「人のように推論する機械」という原初の目標からは離れつつある．

　さて，Frege と Russell を起点とする他方の流れである，論理を道具とする自然言語の意味の分析は，Tarski による「ある文が真である」という概念の分析 [Tarski 33] を経て，Montague の「自然言語と人工言語の間に本質的な差はな

い」という宣言に至った [Montague 70]．Montague の宣言の経験的妥当性はさ
ておき，その「証拠」として提出された，英語サブセットに対する形式的な意
味解析の理論，いわゆる Montague 文法はその後の自然言語の計算機処理にお
いて 1 つの精神的支柱となった．しかし，論理による世界の記述の困難さに加
え，言語現象そのものの多様さにはばまれ，自然言語処理における Montague
的なアプローチは第二次人工知能ブームの終焉とともに大きく退潮することに
なる．

　このように，Frege と Russell を起点とする 2 つの流れは，人工知能研究の
場においては，いずれも現実の複雑さを前に行き詰まったように見える．人間
の言語理解と，人間が実際に行っている推論を記述し，自動化するための道具
として論理が万能でないことは，もはや明らかだろう．しかし，言語と推論の
ある側面が，論理によって切り出しうることも，また同様に確からしく思われ
る．元来が記号処理の機械である計算機の上で，この，言語と推論の「論理的
な側面」をギリギリまで抽出し，自動化することが，人工知能研究の最も主要
な課題の 1 つであることは依然として変わりない．我々は既にその「ギリギリ」
まで到達したか？　そうではないだろう．では，もしやり直すとしたら，どこ
まで引き返すべきなのだろうか？

　ここで非常に不思議なことに，2 つの流れを最も自然な形で合流させること，
すなわち，自然言語で書かれた数学的課題を自動的に解く試みは，これまでそ
れほど進んでいない．

　それならば，まず小学生レベルの算数問題から始めてはどうか？と思われる
かもしれない．そのような研究は，実はこれまでいくつも行われている．しか
し，たとえば「2 人で組み立てると 10 時間かかる自動車がある．10 秒で組み立
てるには何人必要か？」の正しい答えは何だろうか．これまでのシステムで最
も出来のよいものは「7200 人」と答えるだろう．だが，人の知的活動の自動化，
という目標に即して考えるならば，それは正解ではない．「そのようなことは不
可能である」が正しい答えだ．この正解を導くためにどのような知識が，どの
ような形式で，どのくらい必要かを考えれば，本当の意味で小学生に匹敵する
算数能力を追求することは，1958 年の McCarthy と同じくらい無謀であること
がわかる．

　ではその正反対である，抽象的な数学テキストの理解，たとえば大学レベルの教
科書を正確に解読し，推論する課題ならばどうだろうか．そのような課題として
まず考えられるのは，自然言語で書かれた数学の証明を自動的に解析した上で，い

わゆる「行間を埋める」演繹を行い，形式的証明へと仕立て直すというものだろう．実際に，証明検証・支援システムに自然言語で入力するためのインタフェースを開発する試みはこれまでいくつかある [Zinn 03, Cramer 10, Ganesalingam 13].しかし，実用に足るレベルに至った例はないようである．実際の証明の例を見てみれば，この課題の困難さはすぐにわかる．たとえば，以下は線形代数の教科書 [斎藤 66] からの例である．

$$A \text{ が } (k, \ell) \text{ 型，} B \text{ が } (\ell, m) \text{ 型，} C \text{ が } (m, n) \text{ 型の行列ならば，}$$
$$(AB)C = A(BC).$$

これは行列積についての結合法則を定理として述べたものだが，その証明は以下のように始まっている：

　　証明：この式の両辺が定義され，ともに (k, n) 型の行列であること
　　は明らかである．

「明らか」の一語にまとめられた演繹を復元する前に，まず「両辺が定義され」ているとはどういうことかを解釈しなければならない．そのためには「定義されている式」と「定義されない式」の両方を考察・演繹の対象とする必要がある．しかし「定義されない式」すなわち意味をもたない式は，通常の論理の範囲で直接扱うことはできない．
　もう 1 つ例を挙げよう．以下は微積分の教科書 [杉浦 80] のごく初めに出てくる，実数 $\mathbb{R}$ の部分集合に関する命題である：

　　A, B が $\mathbb{R}$ の空でない部分集合で $A \subset B$ とする．B が上に有界な
　　らば A も上に有界である．

この命題の証明は以下のように始まる：

　　証明：x が B の上界なら，B の一部である A の上界でもある．

ここでは次の 3 つのことが意味されている．

1. x が B の上界であり，A が B の一部ならば，x は A の上界でもある．
2. 実際に，定理の仮定より A は B の一部である．
3. 上の 2 つのことから，三段論法によって，x が B の上界であれば x は A の上界でもあることがわかる．

このような論述の構造が,「なら」「…である…」「でもある」といったありふれた言語表現を組み合わせることによって極めて圧縮した形で表現されていることがわかる. このような, 自然言語の融通無碍な性質を数学的論証から排除することこそ, Frege が述語論理の導入によって目指したことであった. このような論述構造の分析は言語理解の課題としては興味深いが, これまでの経験を踏まえれば, これとは異なる再スタート地点を探す必要があるだろう. 具体的に言おう.「隠れた論述の構造を読み取り, 省略された行間を埋める」課題よりもさらに手前,「明確に述べられた命題を正しく読み取り, 指示どおりに演繹を行う」ことから始めるべきなのだ.

　さて目標は「自然言語で書かれた数学的命題と推論のゴールを自動的に読み取り, 実行する」ことと定まった. この目標に対する達成率を測定するための研究素材 (ベンチマーク) として, 高校数学の問題は非常に好適である. まず, 自動推論の課題とみた場合, ひとくちに高校レベルの数学問題といっても, 教科書練習問題レベルのものから大学 2 次試験レベル, そして数学オリンピックレベルのものまで難易度に相当な幅がある. 高校生にとって難しさに差があってもコンピュータには関係ないのでは? と思われるかもしれないが, 実際に多数の問題を自動推論で解いてみると, 高校生にとって難しい問題は確かに自動推論の課題としても難しいことがわかった [Matsuzaki 16]. そして, 文章の論理的内容を自動的に分析する自然言語理解の課題としてみた場合, 数学問題の文章は「硬い決まり文句ばかり」というイメージに反し, 非常に多様な言語表現が複雑に組み合わさった形をしており, その分析は決して一筋縄ではいかない. おそらく, この言語的な多様さの理由は, 数学問題では論理的に複雑な内容ができるだけ簡潔に書き表されている点にある. 実際に, 問題の意味を人間が論理式として書き表したデータを多数作成して, その構造を調べると, これまで論理的な言語理解の研究で用いられてきたデータに比べ, 単語数など文章の表層的な複雑さは同程度でも, 論理式としての複雑さがはるかに大きいことがわかった [Matsuzaki 17].

　数学問題を解く過程は, 論理による問題の意味表現を中間ゴールとして, 自然言語から論理表示を導く言語処理の段階と, 論理表示された問題を解く自動演繹の段階に分けられる. では, 言語処理と自動演繹の 2 つのサブシステムを完成させて貼り合わせればシステムは出来上がりだろうか? そうではない. 実は, 問題テキストの理解から演繹までを通して取り組むことで初めて明るみに出る知的課題がある. その 1 つが, 本章の後半で中心的なテーマの 1 つとなる

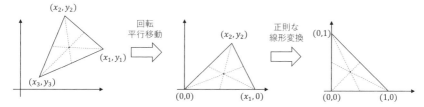

図 4.1　幾何的不変性に基づく変数の削除

「問題の簡単化」だ．機械的な言語処理の結果として得られる意味表現は，しば
しば非常に回りくどく，冗長で長大なものになる．一方，ほとんどの自動演繹
アルゴリズムの計算コストは入力サイズが大きくなると急激に増加する．この
ため，自動的に得られた意味表現から冗長性を取り除き，問題の本質的な部分
を表す簡潔な表現を得ることが重要な課題になる．

　たとえば「任意の三角形の 3 本の中線は 1 点で交わる」という定理の証明を
考えよう．この命題を機械的に論理式に翻訳した場合，少なくとも任意の 3 点
を表す 6 つの座標値が変数として含まれることになる（図 4.1 の左側）．しか
し，「3 本の中線が 1 点で交わる（かどうか）」という性質は，三角形を回転し
たり平行移動しても変化しないことに気づけば，変数を 3 つ減らせる（図 4.1
の中央）．さらに，この性質は正則な線型変換によっても変化しないことに気づ
けば，実はこの定理は具体的な三角形たった 1 つだけについて証明を行えばよ
いことがわかる（図 4.1 の右側）．言い換えれば，すべての変数を論理式から削
除できる．

　上で例に挙げたような対称性（の除去）を利用した問題の簡単化に関しては，
自動演繹 [Arai 96, Arai 00]，証明支援システム [Harrison 09]，プログラミング
言語の設計 [Atkey 13] といった分野で散発的に研究がある．自然言語を出発点
として問題を解く場合には，長大な論理表示から自動的に対称性を見つける必
要があり，これは必ずしも簡単ではない．このような，問題の変換によって演
繹コストを削減する技術は，これもまた McCarthy 以来の AI における難問で
ある表現変換の問題につながる [McCarthy 64]　McCarthy は例として「対角
の 2 つの隅のマスを切り取ったチェス盤を 1 マス×2 マスのドミノで覆えるか」
という問題を例として挙げているが，高校数学においても，幾何や代数の体裁
をとった組合せ論の問題のように，解く過程で大きな抽象化が必要となる問題
はごくありふれている．表現変換の問題は，どのような言語を用いて問題を捉
えることで演繹が最も容易になるか，という意味で再び「思考」と「言語」の

2 つのシステムが接する場となる．我々はそのごく端緒にたどり着いたに過ぎないが，そこは Frege と Russell による論理の導入によって分かたれた 2 つの流れが再び合流し，「思考するために言葉を作る」営みとしての数学の，ささやかな縮図が描き出される場でもある．

4.1.2 解答システムの構成と開発の進行

図 4.2 に解答システム全体の構成を示す．システムは，問題文から高階論理式による意味表現への変換を行う言語処理部と，問題内容に応じた演繹を行う複数のソルバーで構成された演繹処理部からなる．言語処理部は，構文解析や照応解析など，いくつかの下位モジュールから構成されている．演繹処理部を構成するソルバーには，実閉体の限量子消去アルゴリズム (RCF-QE) を用いた最も適用範囲の広いもののほか，超越関数（三角・指数・対数関数）を含む問題や整数問題など，特定タイプの問題に対する発見的解法を集めたものが含まれている．

解答システムの開発は 2012 年春に開始されたが，各モジュールの開発は図 4.3 に示すように異なる期間に行われた．特に，言語処理部は全モジュールの実装が完了したのが 2016 年度である．このため，2013 年度以降，毎年行われた予備校模試による評価では，年度ごとに異なる入力設定で評価を行った．まず，2013 年度および 2014 年度は，構文解析部を除きすべての言語処理モジュールが未実装であったため，各モジュールにおける処理を人手で代替した結果を演繹処理部への入力とした．2015 年度は，模試の時点で未実装だった数式解析と文間関係解析の処理を人手で代替し，残りの部分（構文解析および照応解析）を自動で行った結果（次節の表 4.1 の「半自動」）を入力とした．また，比較の

図 **4.2** 数学解答システムの全体構成

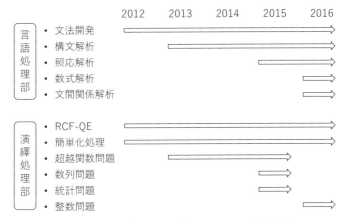

図 4.3 数学解答システム各モジュールの開発進行

ため, 構文解析および照応解析の誤りを人手で修正したもの, すなわち前年度までと同じ入力設定による評価も行った (表 4.1 の「修正」). 2016 年度は, 問題文から解答までの処理を完全に自動的に行った結果 (表 4.1 の「自動」) および言語処理モジュールの誤りを人手で修正した場合の評価を行った. 演繹処理部に関しては, すべての評価において, その時点で完成していたソルバーのみを用いた完全に自動的な演繹による結果である.

4.1.3 センター形式模試の成績推移

この項では, 2013 年度から 2016 年度までのセンター形式模試によるシステム評価の結果を示す. 2013 年度および 2014 年度は代ゼミセンター模試に対する結果, 2015 年度および 2016 年度はベネッセ・進研マーク模試に対する結果である. 表 4.1 は数学 I・数学 A, 表 4.2 は数学 II・数学 B に対する結果である. 問題内容の後の括弧内の数値は配点である.

数学 I・数学 A では, 実閉体の限量子消去 (RCF-QE) を用いて解ける 2 次関数や図形の問題が主な得点源となっている. 2014 年度までは, RCF-QE を用いて原理的には解ける問題でも, 解析不能な言語表現や, 演繹処理部での計算量の爆発によって解けない問題があった. しかし, 2015 年度以降は RCF-QE アルゴリズムや簡単化処理の改良によって安定して高得点を獲得している. また, 2015 年度は統計計算ソルバーの導入, 2016 年度は整数問題ソルバーの導入によってそれぞれ 10 点程度を獲得している. 一方で, 言語処理部の処理を人

表 **4.1**　センター模試 数学 I・数学 A の得点推移

2013 年度 代ゼミセンター模試	
方程式・論理 (20)	20
2 次関数 (25)	25
三角比・平面図形 (30)	12
場合の数と確率 (25)	0
合計	57
偏差値	51.9

2015 年度 ベネッセ・進研マーク模試	半自動	修正
2 次関数 (20)	0	17
数と式・図形と計量 (25)	12	25
データの分析 (15)	5	11
整数の性質 (20)	0	4
図形の性質 (20)	20	18
合計	37	75
偏差値	-	64.0

2014 年度 代ゼミセンター模試	
数と式・2 次関数 (30)	30
三角比・データ (30)	8
図形の性質 (20)	2
整数 (20)	0
合計	40
偏差値	46.9

2016 年度 ベネッセ・進研マーク模試	自動	修正
数と式・2 次関数 (30)	8	19
図形と計量・データ (30)	17	21
整数の性質 (20)	10	10
図形の性質 (20)	8	20
合計	43	70
偏差値	-	57.8

表 **4.2**　センター模試 数学 II・数学 B の得点推移

	2013 年度 代ゼミ	2014 年度 代ゼミ	2015 年度 ベネッセ		2016 年度 ベネッセ	
			半自動	修正	自動	修正
三角・対数関数 (30)	13	12	11	17	5	7
微分法と積分法 (30)	11	23	0	22	15	19
数列 (20)	3	2	17	18	11	13
ベクトル (20)	14	18	18	20	12	20
合計	41	55	46	77	43	59
偏差値	47.2	51.9	-	65.8	-	55.5

手で代替・修正した場合と自動的に行った場合の結果の差は 2016 年度においてもなお大きい．その主たる理由は，センター試験の問題テキストは，たとえば東大 2 次試験に比べはるかに長く，途中で言語解析に失敗した場合に後続の問題もすべて解けなくなることである．

　数学 II・数学 B でも，RCF-QE を用いて解ける微積分およびベクトルの問題が主な得点源となっている．2015 年度以降は，数列問題ソルバーの導入によってさらに得点を積み増すことができた．第 1 問として毎年出題される超越関数（三角・指数・対数関数）を含む問題は配点が大きく，この問題タイプに対するソルバーは初期から開発を進めてきた．しかし，この第 1 問は，他の問題とや

や出題形式の傾向が異なり，超越関数を含む方程式などを解く手順を記述した文章に対する穴埋め問題になっていることが多い．そのため，命題のみでなく論述の構造を読み取る必要が生じるが，現在の意味表現は問題の命題的内容のみを表すものになっているため，解くために十分な情報を得られない場合がある．それに加え，三角関数を含む問題に対しては一般的な解答（限量子消去）アルゴリズムは存在せず，指数・対数関数を含む問題に対してはそのようなアルゴリズムが存在するか否か知られていない．このため，超越関数問題に対するソルバーはさまざまな発見的解法を集積することで実装したが，安定して高得点を獲得するまでには至らなかった．

4.1.4　東大形式模試の成績推移

表 4.3 に，東大形式模試によるシステム評価の結果を示す．2013, 2014, 2016年度は代々木ゼミナールの東大入試プレ，2015 年は駿台予備校の東大入試実戦模試に対する結果である．各年度とも，文系は大問 4 問，理系は 6 問が出題され，大問の配点は各 20 点である．表中で，「完答」となっているのは大問全体に対して正解を得た問題，「白紙」となっているのは言語処理部で解析不能あるいは対応するソルバーが存在しなかった問題，「TO」となっているのは制限時間（1 問 1 時間）以内に演繹処理が終わらなかった問題であり，部分点を獲得した問題に対しては点数を数値として記した．2016 年度の「自動」となっている結果は言語処理から演繹までを通して完全に自動的に実行した結果であり，それ以外は言語処理モジュールの出力を人手で作成あるいは自動的な言語処理結果の誤りを人手で修正した場合の結果である．2016 年度の理系に対しては，完全に自動で実行した場合と言語処理結果を人手で修正した場合の結果は同一であった．

2015 年度の理系を除き，各年度，文系・理系ともほぼ偏差値 55 から 60 付近を推移している．2016 年度の理系に対しては完全に自動的な処理で合格レベルの結果を得た．主たる得点源である実閉体の限量子消去で原理的に解ける問題の出題率がおよそ 6 割程度であることを考えると，6 問中 4 問に完答したこの結果は現在のシステムで達成しうる上限に近いと考えられる．

解けた問題の例として，2016 年度理系第 3 問の問題文を図 4.4，この問題に対しシステムが出力した解答の一部（小問 (1) および (3) に対する部分）を図 4.5に示す．

表 4.3　東大形式模試の得点推移

年度	文系		理系	
	内容	結果	内容	結果
2013	平面幾何・最大化	完答	平面幾何・整数	TO
	平面幾何・整数	TO	数列	白紙
	微積分	完答	三角関数・最小化	白紙
	確率	白紙	空間図形の体積	完答
	合計	40	2 変数関数の最小化	完答
	偏差値	59.4	確率	白紙
			合計	40
			偏差値	61.2

年度	内容	結果	内容	結果
2014	微分の応用・最小化	完答	三角形と最小化	12
	確率	白紙	確率	白紙
	三角形と最小化	12	3 次方程式の共通解	14
	三角関数・整数	白紙	空間図形・整数	TO
	合計	32	空間での軌跡・体積	10
	偏差値	54.1	三角関数・整数	白紙
			合計	36
			偏差値	55.7

年度	内容	結果	内容	結果
2015	平面図形・面積	完答	確率	白紙
	確率	白紙	整数	白紙
	1 次式の最大・最小	13	1 次式の最大・最小	完答
	積分の応用	6	自然対数の底の性質	白紙
	合計	39	複素平面上の距離の積	白紙
	偏差値	59.2	空間図形・体積	TO
			合計	20
			偏差値	44.3

年度	内容	結果 自動	修正	内容	結果 自動
2016	図形と方程式	白紙	完答	整数	完答
	確率	白紙	白紙	確率	白紙
	微積分	白紙	6	図形と方程式	完答
	整数	完答	完答	空間での軌跡・体積	完答
	合計	20	46	積分の極限	白紙
	偏差値	50.1	68.1	複素平面	完答
				合計	80
				偏差値	76.2

> xy 平面の放物線 $y = x^2$ 上の3点 $P(p, p^2)$, $Q(q, q^2)$, $R(r, r^2)$ が次の条件 (ア),
> (イ) をみたしている.
> (ア) $p > q > r$
> (イ) $\triangle PQR$ の重心は $G\left(\frac{1}{3}, 1\right)$ である. このとき, 実数 X と Y を
> $$X = p - q, \ Y = p + q$$
> と定める.
> (1) X^2 を Y を用いて表せ.
> (2) X がとりうる値の範囲を求めよ.
> (3) $\triangle PQR$ の面積の最大値を求めよ.

図 **4.4**　完答できた問題例 (2016 年度第 1 回代ゼミ東大入試プレ 理系 第 3 問)

4.2　2次試験・記述式問題の解法とエラーの分析

　入試数学では「…を求めよ」というタイプの問題が大部分を占める. この節では, まずこのタイプの問題を「解く」とは, いかなる行為なのかを明らかにするとともに, 限量子消去を中心とした解答の流れについて概要を述べる. 次に, 言語処理部のゴールであり演繹処理部のスタートとなる問題の論理表現のための言語について説明する. その後, 言語処理部の構成について説明し, 演繹処理部の中心である実閉体の限量子消去 (RCF-QE) と問題の簡単化の処理について述べる. 最後に, 現在の解答システムにおける典型的なエラーについて説明する.

4.2.1　解法の概要：問題を解くとはどういうことか

　入試数学問題には, 大きく分けて「…を証明せよ」「…を求めよ」「…を図示せよ」という 3 つのタイプの問題がある. このうち, 証明問題はそのまま伝統的な自動演繹の課題とみなせる. また,「…を図示せよ」という問題は図示すべき図形を表す簡単な式式が求まれば画像として表示することはさほど難しくないため,「…を求めよ」というタイプの問題に帰着する. では, 数学問題において「何かを求める」とはどういうことだろうか？　自動解答システムへの第一歩は,「何かを求める」ことそれ自体を数学的に定式化することから始まる.

　まずわかるのは,「x を求めよ」という問題に対する答えは必ず「$x = \cdots$」という形をしていることである.「x の範囲を求めよ」という問題の答えはたとえば「$0 < x < 1$」のような形になるが, これもまた「x の範囲 $= 0 < \square < 1$」という形の略記と考えられる. それでは答えである「$x = \cdots$」の右辺はどのよう

最初に求める実数を

$$x_{gen23}$$

と置くと，問いの条件は次の一階論理式と同値になる：

$$(\exists p(p^2 = p^2 \wedge \exists q(Y = q + p \wedge x_{gen23} = (p - q)^2 \wedge q^2 = q^2 \wedge \exists r(\tfrac{1}{3} = \tfrac{1}{3}(r + q + p) \wedge 1 = \tfrac{1}{3}(r^2 + q^2 + p^2) \wedge r^2 = r^2 \wedge q > r \wedge (p \neq r \vee p^2 \neq r^2) \wedge (q \neq r \vee q^2 \neq r^2)) \wedge (p \neq q \vee p^2 \neq q^2) \wedge p > q)))$$

この式は実閉体の体系 RCF の式であることから，Tarski-Seidenberg の定理により，この式と同値で限量子を含まないような式を求めることができる．Tarski の限量子消去アルゴリズムに従って上記の式を書き換えた結果が以下の式である（変形の過程が長いため，計算紙で別途提出する）：

$$(-3Y < -4 \wedge Y < 2 \wedge 3Y^2 - 4Y + x_{gen23} - 4 = 0)$$

よって答えは

$$((4 - 3Y)Y + 4 = x_{gen23})$$

となる．

（中略）

そのつぎに求める実数を

$$x_{gen9}$$

と置くと，問いの条件は次の一階論理式と同値になる：

$$(\exists p(p^2 = p^2 \wedge \exists q(q^2 = q^2 \wedge \exists r(\tfrac{1}{3} = \tfrac{1}{3}(r + q + p) \wedge 1 = \tfrac{1}{3}(r^2 + q^2 + p^2) \wedge x_{gen9} = \tfrac{1}{2}\left|(r^2 - p^2)(q - p) - (r - p)(q^2 - p^2)\right| \wedge r^2 = r^2 \wedge q > r \wedge (p \neq r \vee p^2 \neq r^2) \wedge (q \neq r \vee q^2 \neq r^2) \wedge \exists p_{.0.0}(p_{.0.0}^2 = p_{.0.0}^2 \wedge \exists q_{.0.0}(q_{.0.0}^2 = q_{.0.0}^2 \wedge \exists r_{.0.0}(\tfrac{1}{3} = \tfrac{1}{3}(r_{.0.0} + q_{.0.0} + p_{.0.0}) \wedge 1 = \tfrac{1}{3}(r_{.0.0}^2 + q_{.0.0}^2 + p_{.0.0}^2) \wedge \tfrac{1}{2}\left|(r^2 - p^2)(q - p) - (r - p)(q^2 - p^2)\right| = \tfrac{1}{2}\left|(r_{.0.0}^2 - p_{.0.0}^2)(q_{.0.0} - p_{.0.0}) - (r_{.0.0} - p_{.0.0})(q_{.0.0}^2 - p_{.0.0}^2)\right| \wedge r_{.0.0}^2 = r_{.0.0}^2 \wedge (p_{.0.0} \neq r_{.0.0} \vee p_{.0.0}^2 \neq r_{.0.0}^2) \wedge (q_{.0.0} \neq r_{.0.0} \vee q_{.0.0}^2 \neq r_{.0.0}^2) \wedge q_{.0.0} > r_{.0.0}) \wedge (p_{.0.0} \neq q_{.0.0} \vee p_{.0.0}^2 \neq q_{.0.0}^2) \wedge p_{.0.0} > q_{.0.0})) \wedge (\forall r_{.0}(r_{.0}^2 \neq r_{.0}^2 \vee \forall q_{.0}(q_{.0}^2 \neq q_{.0}^2 \vee \forall p_{.0}(\tfrac{1}{3} \neq \tfrac{1}{3}(r_{.0} + q_{.0} + p_{.0}) \vee 1 \neq \tfrac{1}{3}(r_{.0}^2 + q_{.0}^2 + p_{.0}^2) \vee p_{.0}^2 \neq p_{.0}^2 \vee (p_{.0} = r_{.0} \wedge p_{.0}^2 = r_{.0}^2) \vee (p_{.0} = q_{.0} \wedge p_{.0}^2 = q_{.0}^2) \vee p_{.0} \leq q_{.0} \vee \tfrac{1}{2}\left|(r_{.0}^2 - p_{.0}^2)(q_{.0} - p_{.0}) - (r_{.0} - p_{.0})(q_{.0}^2 - p_{.0}^2)\right| \leq \tfrac{1}{2}\left|(r^2 - p^2)(q - p) - (r - p)(q^2 - p^2)\right|) \vee (q_{.0} = r_{.0} \wedge q_{.0}^2 = r_{.0}^2) \vee q_{.0} \leq r_{.0})) \vee 1 = 0)) \wedge (p \neq q \vee p^2 \neq q^2) \wedge p > q)))$$

この式は実閉体の体系 RCF の式であることから，Tarski-Seidenberg の定理により，この式と同値で限量子を含まないような式を求めることができる．Tarski の限量子消去アルゴリズムに従って上記の式を書き換えた結果が以下の式である（変形の過程が長いため，計算紙で別途提出する）：

$$(-x_{gen9} \leq 0 \wedge 27x_{gen9}^2 - 64 = 0)$$

よって答は

$$x_{gen9} = \tfrac{8}{3\sqrt{3}}$$

となる．

図 **4.5**　2016 年度第 1 回代ゼミ東大入試プレ 理系 第 3 問に対する解答

な形をしているだろうか．入試問題を多数観察すると，そこに現れるのは以下のようなごく限られた要素のみであることがわかる：

- 数（整数，実数，複素数）および変数

- $+, -, \cdot$（積）, $\div$, べき乗

- ベクトルおよび行列

- sin, cos, tan, log, exp, $\sqrt{}$

- 等号・不等号

- 列挙，たとえば $x = 1, -1$. 場合分け，たとえば $x = \begin{cases} 1 & (a > 0) \\ -1 & (a \leq 0) \end{cases}$

では，これらの要素をどのように組み合わせたものが「正解」だろうか．これは論理的にははっきりしている．すなわち，「…という x を求めよ」という問題文を翻訳した論理式を，全体として x に関する条件とみなして $\Phi(x)$ とし，答えの右辺を ϕ とすれば

$$\Phi(x) \Leftrightarrow x = \phi$$

すなわち問題で表されている x に関する条件と答えがぴったり同値となることが「正解」の条件である．

　一方で，問題文の翻訳結果である論理式には，限量子 $\forall$ および $\exists$ を用いた，$\forall x. \phi(x)$（すべての x に対し $\phi(x)$ が成り立つ）や $\exists x. \phi(x)$（ある x について $\phi(x)$ が成り立つ）といった表現が出現し，また $\lambda x. \phi(x)$（$\phi(x)$ を満たすような x の集合）といった表現（ラムダ抽象）が含まれる．しかし，これらを答えに用いることは許されない．たとえば「$x^2 + y^2 = 1$ と $y = x + a$ が共有点をもつ a の範囲を求めよ」という問題に対して「$x^2 + y^2 = 1$ かつ $y = x + a$ をみたす x, y が存在する」ことを表す

$$\text{答：} \exists x \exists y (x^2 + y^2 = 1 \land y = x + a)$$

は，正解である $-\sqrt{2} \leq a \leq \sqrt{2}$ と論理的には等価であるにもかかわらず認められない．また，「$x^2 = 1$ の正の解を求めよ」に対して「$x^2 = 1$ かつ $x > 0$ となる x」を表す

$$\text{答：} \lambda x. (x^2 = 1 \land x > 0)$$

も同様に答えとしては認められない.

　以上の観察から,「…を求めよ」という問題を解く, とは, ラムダ抽象や限量子を含む論理式 (高階述語論理式) と同値な「$x = \cdots$」という形の式で, かつ右辺には数や変数, 四則演算といった上で列挙した要素のみを含むものを探すという課題であることがわかった. では, そのような答えの式「$x = \cdots$」をどのように探せばよいだろうか. 実は, この課題は,「方程式の答えを求める」という特別なケースを除くと, 自動定理証明を中心とするこれまでの自動演繹の研究においてはほぼ手つかずだった. もしもヤマ勘でたまたま正解となる「$x = \cdots$」という式を見つけられれば, それが正解であることを自動証明する問題へと帰着するが, そのようなことは通常, 人にも計算機にも不可能である. もう 1 つの問題は, 演繹のスタートとなる問題の論理表現 $\Phi(x)$ が「どのような対象についての」論理式なのか, 言い換えれば, どの公理系のもとで演繹を行うのか, という問題である. 高校数学の問題には, 自然数や実数などさまざまなタイプの数や関数が入り混じって現れる. このようなさまざまな対象をまとめて扱うための公理系は, 実質的には, 公理化された集合論しか存在しない. しかし, ほぼすべての数学が集合論を基礎として構築できるということからもわかるように, 集合論における演繹の探索空間は極めて膨大であり, 通常の自動定理証明で行われるような力任せの自動探索で答えとなる式が見つかることは望むべくもない.

　ここで 1 つの光明となるのが, ある種の公理系では, 与えられた論理式に含まれる限量子を機械的に取り除くことができる (限量子消去可能) という事実である. 限量子消去が可能な公理系で, しかも現実的な数学問題の表現のために使えるようなものは極めて限られているが, その中には, 実数の足し算と掛け算, さらに大小関係に関する性質の一部を取り出した, 一階の実閉体の公理系が含まれている. 高校数学の問題のうち, 幾何の問題の大部分と実数に関する代数の問題, さらに微積分の問題の一部は実閉体に関する一階の論理式として表現でき, これらは国立大学 2 次試験問題のおよそ 6 割を占める [Matsuzaki 16]. 実閉体の一階の論理式から限量子を消去することで残るのは, 連立方程式・不等式の論理和であり, 高校数学の問題であればこれらを解いて「$x = \cdots$」という形の答えを得ることはほぼ可能であることが期待できる.

　これを踏まえると, 一階の実閉体の論理式として表現できる「…を求めよ」タイプの問題に対し, 実閉体の限量子消去を演繹部の中心とした以下のような手順が考えられる:

Step 1 問題文を機械的に翻訳し，集合論の（高階）論理式を得る

Step 2 そこから高階の要素（ラムダ抽象）および実数の四則および等号・不等号以外の要素を取り除き，一階の実閉体の論理式を得る

Step 3 RCF-QE アルゴリズムによって限量子を消去する

Step 4 残った連立方程式・不等式を解く

図 4.6 は，これを処理フローとして表し，各ステップにおける中間結果の例を示したものである．上の4つのステップのうち，Step 2 は高階の論理式から一階の論理式への変換を含み，また，たとえば実数と自然数が入り混じった問題に対しては，自然数の定数・変数をすべて消去する必要がある．このことから，この Step 2 の処理は，常に成功するとは限らない．解答システムでは，この一階の実閉体の論理式への変換は，いくつかの等価変換規則を繰り返し適用することで行っている．この Step 2 は前節で述べた表現変換を担うステップであり，RCF-QE を中心としたこの処理フローは，集合論による問題表現から実閉体の論理式としての表現への変換を発見的（ヒューリスティック）に行うシステムだと言える．

RCF-QE 以外の，発見的解法に基づくソルバーを用いた解答も，上記の手順を拡張することで行っている．すなわち，Step 2 の等価書き換えの過程で，あ

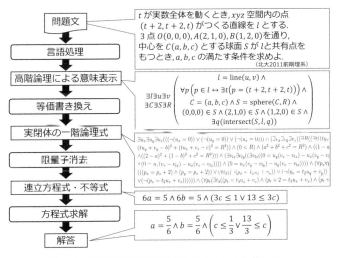

図 4.6 実閉体の限量子消去を中心とした解答フロー

るソルバーが受け付ける入力形式が得られた場合に，そのソルバーを起動する．たとえば，すべての変数・定数が整数である論理式が得られれば，その時点で整数問題ソルバーを起動する．

　以降では，まず問題から解答に至る中間ゴールである，問題の論理表現のための形式言語について述べたのち，上記の Step 1 の日本語から論理式への変換の部分と，Step 3 の限量子消去アルゴリズムについて詳しく述べる．

4.2.2　意味表現言語

　数学解答システムで問題の論理表現に用いているのは高階論理，より正確には限定的な多相型を含む型付きラムダ計算である．基本型には Bool（真偽値），Z（整数），R（実数）や Point2d（平面上の点），Shape2d（平面上の図形）などが含まれ，型構築子には ListOf(α)（型 α の要素からなる有限列）や SetOf(α)（型 α の要素からなる集合）が含まれる．この言語における文（論理式）は，それぞれの型を集合とみなし，型 $A \to B$ の項を A から B への関数とみなすことで，Zermelo-Fraenkel 集合論の下で解釈されることを意図している．

　高校数学に限らず，現在の数学の大部分は，煩雑さをいとわなければ（集合論の）一階の言語で記述できることが知られている．それにもかかわらず高階の言語を用いるのは，たとえば「f は最大値が 10 である実関数だ」のような自然言語表現からの直訳（逐語訳）を容易にするためである．この文の意味を，実数を議論領域とする一階の論理式で書けば

$$\forall x(f(x) \leq 10) \wedge \exists x(f(x) = 10)$$

のようになるだろう．一方，関数や関係自体を対象（項）として記述できる高階の言語では，たとえば max(f, M) を「関数 f の最大値は M である」ことを表す高階の述語として，上の文の意味を

$$f \in \mathrm{set}(\lambda(f' : \mathrm{R} \to \mathrm{R})(\max(f', 10)))$$

のように日本語の文「f は最大値が 10 である実関数（の 1 つ）だ」とほぼ並行する構造をもつ論理式で書くことができる．このことによって，単語単位での逐語訳が容易になる．

　多相性も同様に自然言語からの翻訳を容易にするために用いられる．たとえば上の式にも含まれる 2 項関係記号 $\in$ は，型付き言語における記号としては多

相型 $\alpha \to \mathrm{SetOf}(\alpha) \to \mathrm{Bool}$ をもつ関数となる．この型は，型パラメータ α を含み，α 型の引数と α の集合の型の引数をとって真偽値を返す関数（述語）を表す．日本語の「x は S に含まれる」における「含まれる」という動詞は，要素 x（および集合 S）の型によらず用いられるため，その意味表現として上記の多相関数 $\in$ が割り当てられる．一方で，「円 C 上の点 P」のような表現における「(X) 上の (Y)」は X が集合として Y を含む，という意味でやはり $\in$ を用いて表現可能だが，日本語表現としては X にあたる集合は点の集合に限られる．このような日本語表現としての制約は，次節で説明する文法・辞書の中で記述される．

ここまでの例に登場した max や $\in$ を含め，自然言語表現からの翻訳を容易にするために多数の述語・関数が定義してある．たとえば述語 max は $\mathrm{max} : (\mathrm{R} \to \mathrm{R}) \to \mathrm{R} \to \mathrm{Bool}$ という型をもち，その意味は以下の公理で定義される：

$$\forall f \forall M(\mathrm{max}(f, M) \Leftrightarrow \exists x(f(x) = M) \land \forall x(f(x) \leq M)).$$

これまでに，およそ 1,400 の述語・関数記号を 2,300 の公理によって定義した．

これらの要素からなる意味表現言語は，自然言語からの翻訳を念頭に設計したものだが，同時に，人手で問題の意味を論理式として書くことを容易にする．これまで国立大学 2 次試験問題や国際数学オリンピックの問題など 1,000 題以上を人手で論理式に翻訳したデータを作成し，解答システムの演繹処理部の開発・評価に用いてきた．作成した論理表現の一部は，自動演繹研究のためのベンチマークデータとして Web 上で公開している[1]．

4.2.3 日本語から論理式への変換
(a) 言語処理部の概要
4.2.1 項で述べたように，数学問題は「求めよ」「図示せよ」「証明せよ」の 3 つにほぼ分類できる．これらを以下のような「命令」として形式的に表すことにする：

$$\mathrm{Find}(x)[\phi(x)] \cdots \text{条件 } \phi(x) \text{ を満たす } x \text{ を求めよ}$$
$$\mathrm{Draw}(x)[\phi(x)] \cdots \text{条件 } \phi(x) \text{ を満たす図形 } x \text{ を図示せよ}$$
$$\mathrm{Show}[\phi] \cdots \text{命題 } \phi \text{ を証明せよ}$$

---
1)　https://github.com/torobomath/benchmark

1 つの問題は一般に複数の文から構成される．また，1 つの問題に複数の小問が含まれることがある．このため，文の列を入力とし，命令の列を出力することが解答システムの言語処理部の課題となる．

たとえば，以下の問題が入力されたとする：

$f(x) = x^2 + ax$ とおく．

(1) $f(x)$ の最小値 m を a で表せ．

(2) m を最大にする a の値を求めよ．

このとき，以下のように定義される命令（と等価なもの）の列 $d_1; d_2$ を出力することが目標となる：

$$d_1 = \mathrm{Find}(m) \left[\exists f \left(f = \lambda x(x^2 + ax) \ \wedge \ \min(f, m) \right) \right]$$

$$d_2 = \mathrm{Find}(a) \left[\exists f \exists m \left(\begin{array}{l} f = \lambda x(x^2 + ax) \ \wedge \ \min(f, m) \ \wedge \\ \max\left(\lambda m' \left(\exists f \exists a \left(\begin{array}{l} f = \lambda x(x^2 + ax) \\ \wedge \ \min(f, m') \end{array} \right) \right), m \right) \end{array} \right) \right]$$

　自然言語テキストを入力し，上で示したような形式的な意味表現を得るやり方には，さまざまなものが考えられる．たとえば，論理による意味表現を「外国語」と考えれば，現在さかんに研究されている統計的な機械翻訳の課題とみることもできる．しかし，現在の機械翻訳技術のレベルで目標とされているのは，人が読んだときに原文の意味がおおよそ理解でき，かつなるべく自然な翻訳文を得ることである．これに対し，数学問題を解くことを目的として論理式へと翻訳する場合には，「翻訳が自然かどうか」は問題ではなく，また「おおよそ」ではなく「完全に」正しいことが必要である．このため，東ロボ数学においては，Montague 文法の現代版ともいえる組合せ範疇文法 [Steedman 01] (Combinatory Categorial Grammar, CCG) に基づく文解析を中心とする方法を用いた．CCG では，入力された問題中の各単語に論理式の断片を割り当て，それらを組み合わせることで各文に対してその意味表示を得る．このように言語処理の手法としても論理・文法をベースとする方法を選んだのは，現実的に最も実現性が高い方法だと判断したためだが，それとともに，「ある文がなぜそういう意味になるのか」を論理をもとに説明し，それでも残る「論理的には説明しきれないところ」がどこかを見出すという目的もある．

　単語の意味を組み合わせて文の意味を導出するシステムを実際に動かすためには，さまざまな単語に対して，それがどのような意味をもつか，また，他の単

語とどのように組み合わせることが可能か（文法的制約）という知識を蓄える必要がある．この，＜単語，意味記述，文法的制約＞の組を辞書項目と呼び，それらを多数集めたものを辞書と呼ぶ．数学問題を論理式に変換することが可能となるレベルの，細かな意味記述を含む辞書はこれまで存在しなかった．数学問題の解析には，「三角形」「整数」といった数学用語の辞書項目のみでなく，さまざまな構文の意味を解析するために「が」「の」「と」「である」といった機能語に対する多数の辞書項目が必要となる．これらの辞書項目を網羅的に記述していくことが，解答システムにおける言語処理部の開発において大きな部分を占める．

　また，数学問題には $x + y - 2$ や $\int_0^x f(x)dx$ といった演算式，$x = 0$ や $y > 2$ のような等式や不等式，さらに $\angle A$ や $\triangle ABC$ といった図形を指す表現など，さまざまな数式が含まれる．問題文の中で数式は他の単語と同様に文の構成要素の1つとなる．その意味で，それぞれの数式は1つの単語のように振る舞っていると言える．しかし，「三角形」「整数」「が」「の」といった他の単語と異なり，数式の種類は無数にある．また，$x, +, =$ といった個々の記号から数式を組み立てる際の文法は日本語文法とは異なる独自のものである．このため，数式まじりの問題文の解析では，まず数式部分の解析を行ってその意味と文法上の役割を推定し，数式に対応する辞書項目を動的に生成する．これらの動的に生成された辞書項目と，通常の単語に対する辞書項目をもとに意味解析を行うことで，数式を含む文全体の意味表現が導出される．

　問題に含まれる個々の文の意味を解析できたとして，問題全体の意味をそこから導くためにはさらに2つのステップが必要となる．1つは，「それ」や「その辺」といった指示表現が指す対象を特定する照応解析の処理である．指示表現とその指示対象の関係は，文法的に決まる場合もあるが，多くの場合，先行文脈に登場するモノの意味と指示表現の意味をある程度まで理解しないと決まらない．たとえば，「その辺」における「その」は後続する「辺」という語の意味から多角形を指すことがわかり，先行文脈に出現する多角形の中から指示対象を特定する必要がある．

　複数文からなる問題文全体の意味を得るために必要なもう1つの処理は，文と文の間の論理的な関係を認識し，適切な論理演算子で2つの文の意味表現を結合する処理である．文をつなぎ合わせる論理演算子として最も多いのは「かつ」を表す連言 $\wedge$ だが，以下のように，より複雑な操作が必要となることもある．たとえば，以下の2文からなるテキストを考える：

文 1 : n が奇数のとき, $n+1$ は偶数となる.

文 2 :   また, $n+2$ は奇数となる.

ある数 k が奇数であることを odd(k), 偶数であることを述語 even(k) で表すと, 上記の 2 文は以下のように翻訳される:

文 1 : $\mathrm{odd}(n) \to \mathrm{even}(n+1)$

文 2 : $\mathrm{odd}(n+2)$

テキスト全体としては, これら 2 つの論理式は単に「かつ」で接続されるのではなく, 文 2 に対応する論理式は文 1 における仮定 odd(n) の下に入る. すなわち, テキスト全体の意味は

$$(\mathrm{odd}(n) \to \mathrm{even}(n+1)) \wedge \mathrm{odd}(n+2)$$

ではなく

$$\mathrm{odd}(n) \to (\mathrm{even}(n+1) \wedge \mathrm{odd}(n+2))$$

となる. 文間関係解析の処理では, それぞれの文に対応する論理式の形や, 元の自然言語文の特徴に基づいて上記のような文の間の論理的関係を決定する.

以降では, 文の解析および辞書の開発, 数式の解析, 照応解析についてやや詳しく述べる.

(b) 文の解析

Montague 文法や組合せ範疇文法の基本アイディアは, 単語や句に割り当てられた意味表示の断片を組み合わせて, より大きな句の意味表示を導き, 最終的に文全体の意味表示を得ることである. この意味表示の断片を組み合わせる操作は, 関数にある値を入力したり, 複数の関数を組み合わせて新たな関数を合成する操作として表現する. たとえば,

太郎が ＋ 走る $\Rightarrow$ 太郎が走る

taro ＋ run($\cdot$)   run(taro)

では, 「太郎が」の意味表示である taro が, 「走る」の意味表示である関数 run($\cdot$) の引数として入力され, 全体としての意味表示 run(taro) が導かれる.

また, 複合した述語「歌って踊る」を含む以下の文は, 2 つの述語 sing($\cdot$) と dance($\cdot$) を組み合わせることで以下のように解析される:

$$太郎が + 歌って + 踊る \qquad\qquad 太郎が + 歌って踊る$$
$$\text{taro} + \text{sing}(\cdot) + \text{dance}(\cdot) \quad \Rightarrow \quad \text{taro} + (\text{sing}(\cdot) \land \text{dance}(\cdot))$$
$$\Rightarrow \quad 太郎が歌って踊る$$
$$\text{sing}(\text{taro}) \land \text{dance}(\text{taro})$$

　意味表示を組み合わせる操作は，勝手な順番に行えるわけではない．たとえば，上の文を「(太郎が + 歌って) + 踊る」の順に組み合わせると論理式としては dance(sing(taro)) のようなものが得られるだろうが，述語 dance は引数として述語を取ることはできないため，この式は意味をもたない．

　ここで必要になるのが文法である．文法とは，ある単語の連なりが「日本語の文である」と判定するための形式的な規則の集まりである．Montague の発見は，1つ1つの文法規則と，意味表示を組み合わせる操作を対応付けることによって，有意味で，しかも文の意味を正しく表す論理式が得られる場合がある，ということだった．

　組合せ範疇文法では，文法的な単語のつながり方の規則を表すために，まず，1つ1つの単語 w に統語範疇 C と意味表示 f を割り当てた3つ組 $<w, C, f>$ を集めた辞書を用意する．たとえば，以下のような辞書を考える：

$<太郎が, \text{NP}, \text{taro}>$

$<花子が, \text{NP}, \text{hanako}>$

$<踊る, \text{S} \backslash \text{NP}, \lambda x.\text{dance}(x)>$

$<歌って, (\text{S} \backslash \text{NP})/(\text{S} \backslash \text{NP}), \lambda P.\lambda x.(\text{sing}(x) \land P@x)>$

$<歌って, (\text{S/S}) \backslash \text{NP}, \lambda x.\lambda P.(\text{sing}(x) \land P)>$

統語範疇 S は文，NP は名詞句を表す．X \ Y という形の統語範疇は「左に統語範疇 Y の句を取って全体として X になるもの」を表す．たとえば，「踊る」の統語範疇 S \ NP は「左に名詞句を取って文になるもの」すなわち述語を表す．X/Y という形の統語範疇は「右に Y を取って全体として X になるもの」を表す．X \ Y，X/Y のいずれの形の統語範疇でも，X または Y が再び \ や / を含む統語範疇になる場合もある．

　ラムダ抽象された $\lambda x.\phi(x)$ という形の意味表示は，「引数として x を取って $\phi(x)$ を返す関数」を表す．たとえば「踊る」の意味表示 $\lambda x.\text{dance}(x)$ は主語を表す引数 x を取って述語 dance(x) を返す関数である．関数 f に引数の値として x を与えることを $f@x$ と書くことにすると，ラムダ抽象された関数に引数を与えた結果は

$$(\lambda x.\phi(x))@y \Rightarrow \phi(y)$$

という規則（β 簡約）によって得られる．たとえば

$$((\lambda y.\lambda x.\mathrm{love}(x, y))@\mathrm{hanako})@\mathrm{taro} \Rightarrow (\lambda x.\mathrm{love}(x, \mathrm{hanako}))@\mathrm{taro}$$

$$\Rightarrow \mathrm{love}(\mathrm{taro}, \mathrm{hanako})$$

2 つの句を組み合わせてより長い句を作り出す操作は，以下のような組合せ規則として定義される（これ以外にもいくつかある）：

$$> \frac{X/Y : f \quad Y : y}{X : f@y} \qquad < \frac{X : x \quad Y \backslash X : f}{Y : f@x}$$

たとえば，左の規則 (>) は，左側に X/Y という形の統語範疇で意味表示として f をもち，右側に統語範疇として Y，意味表示として y をもつものが並ぶと，全体として，統語範疇 X，意味表示 $f@y$ をもつ句ができる，ということを表している．

「太郎が歌って踊る」の意味を組合せ範疇文法でもう一度導いてみよう：

$$< \frac{\dfrac{太郎が}{NP : \mathrm{taro}} > \dfrac{\overset{歌って}{\overline{(S\backslash NP)/(S\backslash NP) : \lambda P.\lambda x.(\mathrm{sing}(x) \wedge P@x)}} \quad \overset{踊る}{\overline{S \backslash NP : \lambda x.\mathrm{dance}(x)}}}{S \backslash NP : (\lambda P.\lambda x.(\mathrm{sing}(x) \wedge P@x))@(\lambda x.\mathrm{dance}(x))}}{S : ((\lambda P.\lambda x.(\mathrm{sing}(x) \wedge P@x))@(\lambda x.\mathrm{dance}(x)))@\mathrm{taro}}$$

このような図を導出木という．導出木の最上段の単語 w とその下の段の $C : f$ は辞書項目 $<w, C, f>$ に対応し，それ以外の部分は，どの規則（上図では > あるいは <）が，どの順で適用され，どのような統語範疇と意味表示が得られたかを表している．最下段に出来上がった意味表示を何度か β 簡約すれば，意味表示 $\mathrm{sing}(\mathrm{taro}) \wedge \mathrm{dance}(\mathrm{taro})$ が得られる．よく調べると，上で定義した辞書と規則によっては，どうやっても（太郎が + 歌って）+ 踊る という順序で組み合わせることはできず，$\mathrm{sing}(\mathrm{dance}(\mathrm{taro}))$ のような意味のない論理式が出てくることはないことがわかる．また，辞書の中の「歌って」の辞書項目のうち，上の導出木で使わなかったほうを用いると「太郎が歌って花子が踊る」という文の意味表示を得ることができるのでやってみてほしい．

　与えられた文を，辞書と組合せ規則に従って解析し，導出木を探す処理を構文解析と呼ぶ．構文解析では，曖昧性の解決すなわち可能な導出木が複数あるときにどれを選ぶか，という問題が発生する．ふつう数学問題は，人間が読んだときに曖昧性がないように注意深く書かれているが，機械処理する場合には

さまざまな理由から曖昧性が生ずる．多くの曖昧性は，「どの解釈が一番もっとも
らしいか」を定量化する統計モデルの利用によって解決が可能である．現在
のシステムでは，新聞および数学問題テキストから学習した曖昧性解消モデル
を用いている．実際の入試問題に存在した，より難しい曖昧性を含む文の例と
しては「点 P は直線 AB 上の A 以外の点を動く」のようなものがある．この
文に対する導出木として，以下のように異なる順に規則を適用した 2 つのもの
が考えられる：

　　1) 点 P は + ((直線 AB 上の + A 以外の点を) + 動く)
　　2) 点 P は + (((直線 AB 上の + A) + 以外の点を) + 動く)

1) に対応する導出木は，「点 P は直線 AB 上を動くが，点 A とは一致しない」
という意味に対応するが，2) に対応するほうは，「点 A は直線 AB 上にあり，P
は A と異なる任意の点を動く」という誤った解釈に対応する．「直線 AB」と
いう表記は「点 A と点 B を通る直線」を意味するため，「点 A が直線 AB 上
にある」ということは，わざわざ言うまでもない．そのような「言うまでもな
い」内容を含む 2) の解釈が誤っていることは人にはすぐわかる，というよりむ
しろ，この文が曖昧であることに普通は気づかない．しかし，「表記から言うま
でもないことはわざわざ言わない」のような解釈上の制約を文法や辞書の中で
表現することは難しく，頻繁に起きる例でなければ統計モデルで解決すること
も難しい．このような解釈上の制約はいわゆる一般常識とは異なるタイプの知
識だが，読み書きにおける暗黙の常識といってよいだろう．このような曖昧性
の解決は今後の課題の 1 つである．

(c)　辞書の開発

　前項でも述べたように，文法規則に沿う形で意味を組み立てること（意味合
成）ができる，というのが Montague の発見の中心であった．組合せ範疇文法
においては，文法規則と意味合成の規則を辞書項目の形で単語ごとに整理して
表現する．多種多様な文型に対して正しく意味を割り当てられるように辞書を
記述することは言語処理部の開発の中心課題であろ

　意味合成の規則までは考えないにせよ，日本語を完全に記述した文法は，こ
れまで（そしておそらくこれからも）存在しない．複雑な文型に対しては，妥当
と考えられる文法的構造がいくつか存在する場合があり，そのような場合，そ
の他のさまざまな文型においてもなるべく一貫したやり方で意味合成ができる
よう，文法的構造と意味合成の仕組みを同時に考えながら辞書項目を記述する

必要がある．この作業は，喩えていえば，仕様書が現存せずユーザもいない太古のプログラミング言語で書かれた大量のソースコードとその実行結果のみから，その言語の文法と動作仕様を逆算するようなものである．同一のプログラミング言語に対してもさまざまなコンパイラやインタプリタが存在するように，日本語の辞書・文法を書く作業にも常に正解があるわけではない．これは，いわゆる逆問題であり，具体的な文とその意味を観察し，その文について正しい意味が出力できるように，かつ，その文についてのみ正しく動くわけではなく，なるべく一般性のある辞書となるよう試行錯誤しつつ開発を行う必要がある．

　その一例として，「円柱 C の側面 の 円筒」や「線分 ℓ の両端 の 点」のような表現における，下線を付した「の」の用法を考えてみよう．これらの表現はそれぞれ「円柱 C の側面」および「線分 ℓ の両端」と同義であり，「の 円筒」や「の 点」の部分は，いわば冗長な「念押し」で，無視しても意味は変わらない．しかし，類似した形をもつ「領域 D の 点」のような表現における「の 点」は無視すると意味が変わってしまう．このため，これらを区別する用法上の特徴を見つける必要がある．このときのカギは「の」の左右の名詞（句）が表す数学的オブジェクトのタイプを考慮することである．「の+名詞」の部分を無視してもよい場合の「の」は，「（空間図形）の（空間図形）」「（点）の（点）」のように，左右に同じタイプのオブジェクトを指す名詞（句）をとる．これに対し「領域 D の 点」の場合は「（点の集合）の（点）」となり，左右のオブジェクトのタイプが異なっている．このように，用法の区別のためには名詞句の指示対象のタイプを考慮することが必要であり，実際にシステムで用いている文法でも $NP_{Point2d}$（平面上の点を指す名詞句）のように，意味表現言語で定義された型を用いて統語範疇の細分化が行われている．これを用いると，「の 名詞」の部分を無視してよい「の」の用法に対応する辞書項目の候補として

$$<の, NP_\alpha/N_\alpha \backslash NP_\alpha, \lambda x.\lambda n.x>$$

のような形のものが考えられる．この辞書項目では，「の」の左側の名詞句 NP_α と右側の名詞 N_α は同じ型 α をもつことが指定され，「NP_α の N_α」が全体としてもつ意味表示は「の」の左の名詞句の意味表示（引数 x）と同一となる．

　現在，システムの辞書には約 8,000 の単語（表層形）に対する 55,000 ほどの辞書項目が収録されており，国立大学 2 次試験の問題文の 6 割ほどが正しく解析できる．

(d)　数式の解析

日本語文の中に現れる数式は，その文法上の役割が文に相当するもの，名詞化された文に相当するもの，通常の名詞句に相当するものの 3 種類に大別できる．それぞれの例と，並行する構造をもつ句を以下に挙げる：

- 文に対応：「よって $x > 0$」「$x^2 - 1 = 0$ とする」
  cf.「よって 太郎は有罪である」「太郎は日本人だ とする」

- 名詞化された文に対応：「$x > 0$ によって題意は示された」
  cf.「二郎が目撃したこと によってアリバイが示された」

- 名詞句に対応：「$\angle ABC$ は直角である」「方程式 $x^2 - 1 = 0$ の解」
  cf.「太郎 は未成年である」「会社員 山田太郎 の妻」

これらの文法上の役割が異なる数式には異なる統語範疇を割り当てる必要がある．また，上記の例のうち，「$x^2 - 1 = 0$」の 2 つの用例のように，数式として同一であっても文中での役割および意味表示が異なる場合がある．そのような場合には，ひとまず辞書項目の候補として複数のものを割り当て，構文解析の過程で文中での用法に適合するものが選ばれる．具体的には，「$x^2 - 1 = 0$ とする」のように文に相当し，命題を表す用法のための辞書項目は

$$< \text{``}x^2 - 1 = 0\text{''}, \text{S}, x^2 - 1 = 0 >$$

「方程式 $x^2 - 1 = 0$ の解」のように方程式というモノを表す名詞句に相当する用法のための辞書項目は

$$< \text{``}x^2 - 1 = 0\text{''}, \text{NP}, \text{equation}(\lambda x.(x^2 - 1 = 0)) >$$

のようになる．

変数や数，演算子などから数式を組み立てる文法は自然言語の文法に比べれば単純である．しかし，数式の意味は，必ずしもその文法構造のみからは決まらず，文脈に依存する場合がある．たとえば両端をもつ「線分 AD」と端点をもたない「直線 AB」はまったく異なる図形を表すが，一度どちらかの意味で文中に現れたあとは，単に「AB」と呼ばれることがある．このような場合，「AB」が線分・直線いずれの意味なのかを決定するために先行文脈を調べる必要がある．線分を表す場合，先行文脈で必ず「線分 AB」の形で出現するとは限らず，

「平面上に $\triangle ABC$ がある．AB の長さは 1 で…」のように多角形の辺として暗黙的に文脈に導入される場合もある．

　類似の例としては，「$\angle B$」のように「何と何の間」の角なのか明示しない角の表記がある．この場合も，先行文脈の中から点 B を頂点とする多角形，あるいは B を端点とする 2 つの線分を探し「$\angle ABC$」の A と C に相当する点を特定する必要がある．

　さらに難しい例としては，「$1^2, 2^2, 3^2, \ldots, 100^2$」や「$1+3+5+\cdots+(2n-1)$」のように，数列やその和・積などを表すときに用いられる「…」がある．数列以外にも，「n 角形 $P_1 P_2 \cdots P_n$ の辺 $P_1 P_2, P_2 P_3, \ldots, P_n P_1$」のような例もあり，何が「…」として省略されているかを決定する手続きをアルゴリズムとして書き下すことは難しい．現在のシステムでは典型的ないくつかのパターンにのみ対応している．

(e) 照応解析

　照応表現には大きく分けて「それ」「その点」などのように文脈に現れたモノを指すものと，「そのとき」「(1) の場合」など命題を指すものがある．問題を論理式に変換する際には，これらの表現が指す内容を特定する必要がある．この処理を照応解析と呼ぶ．

　モノを指す照応には，さらに「平面上に直角三角形がある．斜辺の長さは 1 で…」のように省略された「(X の) 斜辺」の「X」（ゼロ代名詞と呼ぶ）が先行文脈中のモノを指す場合がある．この場合，まず文中のどこにゼロ代名詞が存在するかを特定する必要がある．これは組合せ範疇文法の辞書から得られる格フレーム情報を利用することで行う．たとえば名詞「斜辺」の格フレーム「(Shape2d の) 斜辺」から，「斜辺」はノ格として 2 次元図形を表す名詞句を取ることがわかる．このことから，上の例のようにノ格をもたない「斜辺」が文中に登場した場合，その直前に 2 次元図形を指すゼロ代名詞が存在することがわかる．同様に，「その斜辺」「それらの和」「それを 2 倍する」のように指示詞が使われる場合も，動詞や名詞の格フレーム情報を利用することで，指示対象となるモノのタイプがわかる．指示対象のタイプが特定できたら，照応詞（ゼロ代名詞あるいは指示詞）に先行する名詞句や数式のうちこのタイプに合致するものを探し，照応詞の位置に一番近いものを指示対象として特定する．

　命題を指す照応は大きく 3 タイプに分けられる．1 つ目は以下のように文脈全体を受ける「このとき」である：

> 直角三角形 ABC があり，斜辺 AC の長さが 5, 辺 BC の長さが 4
> である．このとき，辺 AB の長さを求めよ．

このような「このとき」は，すでに事実あるいは仮定として述べられた条件全体を指すため，無視しても問題全体の意味は変わらない．

　これに対し，「そのとき」は以下のように特定の条件を指す場合がある：

> x に関する方程式 $x^2 - ax + 1 = 0$ が重解をもつような a の値と，
> そのとき の解を求めよ．また，この方程式が実解をもたないための
> a の範囲を求めよ．

この場合の「そのとき」は「$x^2 - ax + 1 = 0$ が重解をもつとき」を指す．後続する「また」以降の部分ではこの条件が有効ではないことからもわかるように，この条件は事実ないし問題全体に共通する仮定として述べられたものではなく，「そのとき」は「…ような a」という形で名詞句に埋め込まれた仮想の状況を指している．一般の文でも，このような「仮想の状況」を指す場合「このとき」よりも「そのとき」が選好されるようである：

> 午後は雨が降るかもね． $\left\{ \begin{array}{c} そのとき \\ ??このとき \end{array} \right\}$ は部屋でゲームしよう．

大学入試数学問題で用いられる「そのとき」の多くは以下のような最大・最小に関係する表現とともに現れる：

> $\triangle ABC$ の面積を最大にする BC の長さと，そのとき の $\triangle ABC$ の
> 面積を求めよ．
> $f(x)$ の最小値を求めよ．また，そのとき の x の値を求めよ．

特に上記の 2 番目の例のような場合，指示対象である命題「$f(x)$ が最小になる」は，そのままの形では文脈に出現しておらず，名詞句「$f(x)$ の最小値」から命題の形へ変換する必要がある．

　最後に，「(1) のとき」などのように小問番号を指定することで，指示する命題が述べられている範囲を特定する表現がある．この場合，指示対象である命題は小問中で「…とする」のように明確に仮定として述べられている場合もあるが，以下のように名詞句に埋め込まれた形で現れる場合もある：

x に関する方程式 $x^2 - ax + 1 = 0$ について考える.

(1) <u>この方程式が重解をもつ</u> ような a の値を求めよ.

(2) <u>(1) のとき</u> の方程式の解を求めよ.

このため,「(1) のとき」の指示対象を特定する際は,「… ような」や「… とする」のような命題を導入する手がかり表現をもとに指定された小問から命題を取り出している.

(f) 翻訳結果の例

ここでは翻訳結果の実例を示す.下記の問題の構文解析結果のうち,5 文目の「l_1 と C の A 以外の交点」の部分に対する導出木が図 4.7 である.他の文に対する解析結果もあわせ,文間の関係(この場合はすべて連言 $\wedge$)を定めることにより,小問 (1) に対して図 4.8 に示す論理表現が得られる.この中には,たとえば直線 $\alpha x + \beta y = \gamma$ を表す関数 $\mathrm{line2d}(\alpha, \beta, \gamma)$ や,曲線 X と Y が点 Z

曲線 $C : y = x^3 - kx$ (k は実数)を考える.C 上に点 $A(a, a^3 - ka)$ $(a \neq 0)$ をとる.次の問いに答えよ.

(1) 点 A における C の接線を l_1 とする.l_1 と C の A 以外の交点を B とする.B の x 座標を求めよ.

[後略]

(2009 年大阪大学 前期 文系 第 1 問 小問 (1))

図 4.7 導出木

$$
\mathrm{Find}(x_{28})
\begin{bmatrix}
\exists C \exists A \exists l_1 \exists B (\mathrm{realNumber}(k) \wedge \\
C = \mathrm{graphOf}(\mathrm{polyFun}([0, -k, 0, 1])) \wedge \\
\mathrm{isCurve}(\mathrm{graphOf}(\mathrm{polyFun}([0, -k, 0, 1]))) \wedge \\
A = \mathrm{point}(a, a^3 - ka) \wedge \mathrm{isPoint}(A) \wedge \\
a \neq 0 \wedge \mathrm{on}(A, C) \wedge \mathrm{isPoint}(A) \wedge \\
\exists x_{141} \exists x_{141z} \exists x_{141y} \exists x_{141x} (\\
x_{141} = \mathrm{line2d}(x_{141x}, x_{141y}, x_{141z}) \wedge \\
(x_{141y} = 1 \vee (x_{141y} = 0 \wedge x_{141x} = 1))) \wedge \\
\mathrm{tangent}(C, x_{141}, A) \wedge l_1 = x_{141} \wedge \\
\exists x_{134}(\mathrm{all}(\lambda x_{129}(\mathrm{on}(x_{134}, x_{129})), [l_1, C]) \wedge \\
A \neq x_{134} \wedge B = x_{134} \wedge x_{28} = \mathrm{xCoord}(B))))
\end{bmatrix}
$$

図 4.8 2009 年度大阪大学 前期 文系 小問 (1) に対する論理表現

$$
\begin{aligned}
&\exists x_{141z}\exists x_{141y}\exists x_{141x}(\\
&\quad 0 = -a((x_{141z}-x_{141x})/x_{141y}-a^3-ka)\\
&\quad -(x_{141z}/x_{141y}-a^3-ka)(1-a)\wedge\\
&\quad -k+3a^2 = (x_{141z}-x_{141x})/x_{141y}-x_{141z}/x_{141y}\wedge\\
&\quad \left(\left(\begin{array}{l} 0 = -x_{28}((x_{141z}-x_{141x})/x_{141y}-x_{28}(-k+x_{28}^2))\\ \quad -(x_{141z}/x_{141y}-x_{28}(-k+x_{28}^2))(1-x_{28})\wedge\\ \neg(x_{141y}=0)\end{array}\right) \vee \right.\\
&\quad \left.\left(\begin{array}{l} x_{141y}=0\wedge\\ 0 = (x_{141z}/x_{141x}-x_{28})(1-x_{28}(-k+x_{28}^2))\\ \quad +x_{28}(-k+x_{28}^2)(x_{141z}/x_{141x}-x_{28})\end{array}\right)\right)\wedge\\
&\quad (x_{141y}=1\vee(x_{141y}=0\wedge x_{141x}=1))\wedge\\
&\quad \neg(x_{141y}=0))\wedge\\
&\neg(a=x_{28}\wedge a^3-ka=x_{28}(-k+x_{28}^2))\wedge\\
&\neg(a=0)
\end{aligned}
$$

図 **4.9**　2009 年度大阪大学 前期 文系 小問 (1) に対する実閉体の式

で接することを表す述語 tangent(X,Y,Z) が含まれている．これらを定義（公理）に従って書き換えることで，図 4.9 に示す多項式（正確には有理式）のみを含む論理式が得られる．この式に対し，次項で説明する RCF-QE を適用することでパラメータ a と答えを表す x_{28} 以外のすべての変数が消去され，解答 $x_{28} = -2a$ が得られる．

　図 4.9 をよく見ると，「または」を表す記号 $\vee$ がいくつか現れている．これらは問題に登場する接線 l_1 が y 軸に平行になる場合とそれ以外の場合について場合分けを行っていることに相当するが，問題の内容からわかるように l_1 が y 軸に平行になることはありえない．しかし，そのような判断は言語処理の間には行われないため，結果として得られる論理式は普通の受験生が立式するものよりもはるかに冗長になるのが普通である．この機械的な言語処理に由来する冗長さに対処することが，後半の演繹処理部における 1 つの技術的課題になる．

4.2.4　実閉体の限量子消去

(a)　基本アルゴリズム

　ここでは解答システムの主ソルバーである実閉体の限量子消去（quantifier elimination，以下 RCF-QE）について簡単に紹介する．実閉体とは順序体の特殊なもので，実数体と一階の性質が同じ体である．したがって，以下では実閉体は実数体と読み替えても良い．実閉体上の一階述語論理式は，限量子 ∃（存在する）と ∀（すべての）と，多項式の等式・不等式の論理積（かつ，∧）およ

び論理和（または，∨）から成る．否定を表す ¬ は，$\neg(x > 0) \Leftrightarrow x \leq 0$ 等により論理記号としては必要ない．非等号 $X \neq Y$ は $X > Y \lor X < Y$ の略記である．QE とは与えられた一階述語論理式から限量子を取り除いた等価な論理式を返すアルゴリズムである．たとえば，$\exists x(ax^2 + bx + c = 0 \land a \neq 0)$ は，「ある実数が存在し，$ax^2 + bx + c = 0 \land a \neq 0$ を満たす」と読み，RCF-QE はこれと等価で限量子のついた変数 x のない論理式 $b^2 - 4ac \geq 0 \land a \neq 0$ を返す．1951 年に Tarski が実閉体上の任意の一階述語論理式に対する RCF-QE の存在性を示し，これによって実閉体が決定可能であることを明らかにした．また同時に，具体的な QE アルゴリズムを示した．これにより，多項式で表現される実数の問題が解けることが示された．つまり，入試における 2 次関数はもちろん，線形代数，代数・幾何などの広範な単元の問題を定式化できさえすれば理論的には RCF-QE によって解けることになる．2011 年度北海道大学前期理系第 3 問 (2) を用いて RCF-QE による解法を紹介する．

【問題 4.1】［2011 年度北海道大学 前期 理系 第 3 問 (2)］　t が実数全体を動くとき，xyz 空間内の点 $(t+2, t+2, t)$ がつくる直線を l とする．3 点 O$(0,0,0)$，A$'(2,1,0)$，B$'(1,2,0)$ を通り，中心を C(a,b,c) とする球面 S が直線 l と共有点をもつとき，a, b, c の満たす条件を求めよ．

　球面 S の半径を r とするとき，この問題を一階述語論理式で記述すると以下のようになる．

$$\exists r \exists t \quad (r > 0 \quad \land \tag{4.1a}$$

$$(0-a)^2 + (0-b)^2 + (0-c)^2 = r^2 \quad \land \tag{4.1b}$$

$$(2-a)^2 + (1-b)^2 + (0-c)^2 = r^2 \quad \land \tag{4.1c}$$

$$(1-a)^2 + (2-b)^2 + (0-c)^2 = r^2 \quad \land \tag{4.1d}$$

$$((t+2)-a)^2 + ((t+2)-b)^2 + (t-c)^2 = r^2) \tag{4.1e}$$

ここで，条件 (4.1b), (4.1c), (4.1d) はそれぞれ，球面 S が点 O, A$'$, B$'$ を通ることを表し，条件 (4.1e) は球面 S と直線 l が共有点をもつことを表す．この一階述語論理式に対して RCF-QE を適用し，解答に必要のない r と t を消去すると，a, b, c が満たすべき条件を表す以下の等価な論理式が得られる．

$$6a = 5 \land 6b = 5 \land (3c \leq 1 \lor 13 \leq 3c)$$

多項式ではない三角関数や指数関数を含む問題に対しては直接的に RCF-QE

を適用することはできない．しかし，センター試験で頻出するように e^x や $\log x$ を新しい変数で置き換えて多項式の問題に帰着させて解くような問題や，$\cos\theta = c$，$\sin\theta = s$ と置き換えて，$c^2 + s^2 = 1$ の条件を付与することで，多項式の問題に帰着させられる三角関数の問題は多い．たとえば 2017 年度東京大学前期理系第 1 問がこの種の問題である．ここでは (1) で $\cos\theta$ を x に置き換えることで，多項式の問題に帰着させている．

【問題 4.2】[2017 年度東京大学 前期 理系 第 1 問]　実数 a, b に対して，$f(\theta) = \cos 3\theta + a\cos 2\theta + b\cos\theta$ とし，$0 < \theta < \pi$ で定義された関数 $g(\theta) = \frac{f(\theta)-f(0)}{\cos\theta - 1}$ を考える．

(1)　$f(\theta)$ と $g(\theta)$ を $x = \cos\theta$ の整式で表せ．

(2)　$g(\theta)$ が $0 < \theta < \pi$ の範囲で最小値 0 をとるための a, b についての条件を求めよ．また，条件を満たす点 (a, b) が描く図形を座標平面上に図示せよ．

　上記のように，入試問題では，三角関数や指数関数の問題であっても実閉体上の論理式で記述でき，RCF-QE により解ける場合が多い．解けない問題の 1 つは，行列の n 乗を求めよというような本質的に「整数」が必要となる問題である．整数の問題に対する QE は存在しないことが示されており，汎用的に解く手段はない．一方で，整数の加法と等号のみが含まれるプレスバーガー算術は QE の存在性が示されており，解答システムの整数問題ソルバーでも利用している．また，QE の存在性がわかっていないものとして，「三角関数」や「指数関数」「対数関数」が含まれるクラスがある．現状では，本質的に多項式に帰着できない問題は RCF-QE を用いて解くことができない．2013 年度東京大学前期理系第 2 問がそのような問題の例である．

【問題 4.3】[2013 年度東京大学 前期 理系 第 2 問]　a を実数とし，$x > 0$ で定義された関数 $f(x), g(x)$ を次のように定める．

$$f(x) = \frac{\cos x}{x}, \quad g(x) = \sin x + ax$$

このとき $y = f(x)$ のグラフと $y = g(x)$ のグラフが $x > 0$ において共有点をちょうど 3 つもつような a をすべて求めよ

　このような QE の存在性が示されていないクラスの問題に対しては，何らかの構造を見つけて，自分が知っている公式などの道具を当てはめられる問題に発見的に変換する必要がある．そういった問題は，気づくか気づかないかに依存する「むずかしい」問題であり，生徒は「あとまわし」すべき問題になって

いることが多い.

　実閉体上では QE が存在するので，多項式の問題は何でも「解ける」かというと半分正解で半分誤りである．理論的にはどのような問題でも解けるが，入試には制限時間があるので，限られた時間内に解く必要がある（入試問題でなくても，答えを得るまでに何らかの時間や空間の制限がある）．残念ながら，Tarski が示した方法は，効率が悪く実用的ではなかった．Tarski の発見から 20 年以上後の1975 年に，現在でも最も効率的な RCF-QE アルゴリズムとして知られているCylindrical Algebraic Decomposition（以下 CAD）による方法を Collins が発表した．CAD は実数空間を，与えられた多項式集合の符号が一定となる集合に分割するアルゴリズムである．CAD で得られた結果を利用すると，RCF-QE を行うことができる．以下，簡単な例を用いて CAD による RCF-QE の説明をする.

$$\exists y(x^2 + y^2 - 3 < 0 \land y - x^2 + 2 \geq 0) \tag{4.2}$$

という問題を考える．まず，一階述語論理式に現れる多項式集合 $\{x^2 + y^2 - 3, y - x^2 + 2\}$ を入力として CAD を適用する．最も少ない数の符号一定の集合への分割が図 4.10（左）である．円 $x^2 + y^2 - 3$ は円の内側，円上，円の外側の領域で符号が一定となり，放物線 $y - x^2 + 2$ は放物線の上側，放物線上，放物線の下側で符号が一定となるので，19 個の集合への分割となる．CAD は柱状 (cylindrical) に実数空間 $\mathbb{R}^2$ を入力の符号が一定となる集合に分割する．結果として，さらに細かい 71 個の集合での分割になる（図 4.10（中））．入力の符号が一定なので，分割された各集合では，論理式

$$(x^2 + y^2 - 3 < 0 \land y - x^2 + 2 \geq 0) \tag{4.3}$$

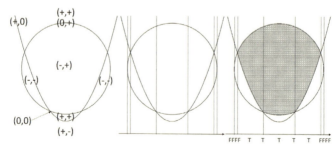

図 **4.10**　（左）分割数最小となる符号一定の領域分割（中）CAD による符号一定の領域分割（右）CAD による RCF-QE．グレー部は，論理式 (4.3) が真となる領域，論理式 (4.2) が T は真，F は偽を示す.

の真偽値が一定となる．CAD は柱状に分割するので，すべての集合の真偽値を評価すると，図 4.10（右）のように条件を満たす y が存在する x の領域を見つけることができる．

CAD は現在でも最も効率的な RCF-QE アルゴリズムとして利用されているが，その最悪計算量の下限が変数の数 n に対して二重指数 $O(2^{2^n})$ であることが示されており，現実的に CAD で解けるのは 5 変数程度までである．また RCF-QE の最悪計算量の下限も同様に二重指数になることが示されており，入力がどのような一階述語論理式でも解ける汎用の手法（以下，汎用 QE）では，規模が大きい問題は解けないことがわかっている．注意してほしいのは，示されているのは最悪計算量の「下限」なので，頑張れば良くなる（たとえば，指数的 $O(2^n)$ になる）ということではなく，いくら頑張っても良くて二重指数的ということである．

汎用 QE には計算量の壁があることが示されたことから，一部の入力にしか適用できないが効率的に計算可能な専用 QE の研究・開発も盛んに行われている．最もよく利用される専用 QE の 1 つが Virtual Substitution (VS) と呼ばれる手法である．これは，限量子がついた変数の次数が低次の場合に適用できる手法である．φ を任意の限量子のない論理式としたときに，VS は，$\exists y(\varphi(y))$ というタイプの問題を考える．多項式は連続であるので，多項式の符号は零を経由せずに変化することはない．したがって，論理式に現れる多項式のすべての根を記述できれば，根たちによって分割される集合は論理式に現れる多項式が符号一定になる．符号一定となった区間から適当にそれぞれ 1 点選んで，その値を $y_1, y_2, \ldots, y_n$ とし，元の論理式 $\exists y(\varphi(y))$ の束縛変数に代入して論理和 $\varphi(y_1) \lor \varphi(y_2) \lor \cdots \lor \varphi(y_n)$ を作れば，これが条件を満たす論理式となっている．たとえば，簡単のため $3 - x^2 \geq 0$ とすると論理式 (4.2) の場合では，論理式に現れる多項式の根は，

$$x^2 - 2, \; \pm\sqrt{3 - x^2}$$

の 3 つである．図 4.11 が根による符号一定の領域への分割となる．横軸が y 軸になっていることに注意されたい．図 4.11 では根の大小関係がわかっているので 7 点（根の黒点と区間から適当に選択した白点）の選択で十分だが，この例の場合，根の位置が x の値によって変化する．x がどのような値をとっても対応できるようにするため，これら根の間の点および根の前後の点を選び，それらを代入した結果の論理和が VS の出力となる．たとえば，2 つの根の中点と，根 ± 1 の点を選べばこの条件を満たし，

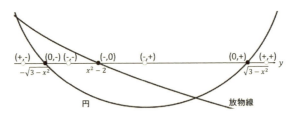

図 **4.11** $\frac{-1+\sqrt{5}}{2} < x < \frac{1+\sqrt{5}}{2}$ での根による符号一定となる領域分割

$$\frac{(x^2-2) \pm \sqrt{3-x^2}}{2},\ 0,\ x^2-2 \pm 1,\ \pm\sqrt{3-x^2} \pm 1$$

の 9 点が選択される．このようにすべての根を係数で表現する必要があり，VS は消去する変数について解の公式が存在する 4 次以下の多項式しか現れないときに適用可能な手法である．入試問題では多くの場合 2 次以下なので，VS はよく利用している．

　他の専用 QE として筆者らは，非等式制約 ($f \neq 0$) に対する専用 QE の開発 [岩根 15] や，等式制約が複数ある場合に適用可能な包括的グレブナー基底系に基づく RCF-QE (CGS-QE) の効率化 [Fukasaku 15]，Sign Definite Condition ($\forall x(x \geq 0 \rightarrow f(x) > 0)$) に対する専用 QE の効率化 [Iwane 13] なども行っている．

　QE は数式処理・計算代数の分野で研究されており，数式処理システム (Computer Algebra System, CAS) 上にいくつかの実装がある．数式処理システムは，記号計算により実現される代数的算法をあらかじめ組み込んだソフトウェアで，多項式の因数分解や最大公約数の計算などが実装されている．多くの計算は，浮動小数点数を利用した数値計算ではなく，多倍長の整数や有理数を用いる．たとえば，数値計算では 3^{100} を浮動小数点数で $5.153775207320113 \cdot 10^{47}$ というように表すのに対して，515377520732011331036461129765621272702107522001 と多倍長整数で扱う．そのため，誤差のない計算が可能となる一方で，数値計算と比較すると計算量が大きくなることが多い．

　QE の実装は，Mathematica の Reduce コマンドと Resolve コマンド（CAD と VS），QEPCAD (CAD)，Reduce 上で動作する Redlog パッケージの rlqe コマンド (VS)，rlhqe コマンド (CGS-QE)，rlcad コマンド (CAD)，そして富士通研究所が開発している Maple 上のパッケージ SyNRAC などがある．東ロボでは SyNRAC を RCF-QE の主ソルバーとして用いている．

　RCF-QE の詳細は [穴井 11, Caviness 98] を参照されたい．[穴井 11] では東ロボプロジェクトが公になった 2011 年 12 月のキックオフミーティングよりも早く入試問題を扱っており，RCF-QE が適用可能な入試問題のほとんどは一瞬で解けてしまうことを確認していた．

(b)　冗長な表現の簡単化

　問題 4.1 をもう一度考えてみる．この問題では，3 点 O, A', B' は異なる点だから，これらを通る球面の半径は必ず正になる．すなわち $r > 0$ の条件はなくてもよい．また，$r > 0$ の条件がなければ，変数 r は r^2 の形でしか現れない．そこで，$R = r^2$ と置き換えて，以下の等価な論理式が得られる．

$$\exists R \exists t \quad ((0-a)^2 + (0-b)^2 + (0-c)^2 = R \quad \wedge$$
$$(2-a)^2 + (1-b)^2 + (0-c)^2 = R \quad \wedge$$
$$(1-a)^2 + (2-b)^2 + (0-c)^2 = R \quad \wedge$$
$$((t+2)-a)^2 + ((t+2)-b)^2 + (t-c)^2 = R)$$

同じ問題を解く場合でも，このように定式化の工夫により問題を簡単にすることができる．

　さて，以下の論理式は，解答システムの言語処理部が同じ問題 4.1 の問題文から出力する論理式である．

$\exists a \exists b \exists c \exists u_x \exists u_y \exists u_z (((\neg(u_x = 0)) \vee (\neg(u_y = 0)) \vee (\neg(u_z = 0))) \wedge (\exists v_x \exists v_y \exists v_z$
$((\exists R((\exists t((tu_x + v_x - a)^2 + (tu_y + v_y - b)^2 + (tu_z + v_z - c)^2 = R^2)) \wedge (0 <$
$R) \wedge (a^2 + b^2 + c^2 = R^2) \wedge ((1-a)^2 + (2-b)^2 + c^2 = R^2) \wedge ((2-a)^2 + (1-b)^2 + c^2 =$
$R^2))) \wedge (\exists v_{lx} \exists v_{ly}((\exists v_{lz}((0 = u_y(v_z - v_{lz}) - u_z(v_y - v_{ly})) \wedge (0 = u_z(v_x - v_{lx}) -$
$u_x(v_z - v_{lz})))) \wedge (0 = u_x(v_y - v_{ly}) - u_y(v_x - v_{lx})))) \wedge (\forall p_x \forall p_y \forall p_z (((p_x =$
$p_z + 2) \wedge (p_y = p_z + 2)) \vee (\forall t_2((\neg(p_x = t_2 u_x + v_x)) \vee (\neg(p_y = t_2 u_y + v_y)) \vee (\neg(p_z =$
$t_2 u_z + v_z))))) \wedge (\forall p_t (\exists t_3((p_t - t_3 u_z + v_z) \wedge (p_t + 2 = t_3 u_x + v_x) \wedge (p_t + 2 =$
$t_3 u_y + v_y))))))) \wedge (\exists u_{lx} \exists u_{ly}((\exists u_{lz}(((\neg(u_{lx} = 0)) \vee (\neg(u_{ly} = 0)) \vee (\neg(u_{lz} =$
$0))) \wedge (0 = u_y u_{lz} - u_z u_{ly}) \wedge (0 - u_z u_{lx} \quad u_x u_{lz}))) \wedge (0 = u_x u_{ly} - u_y u_{lx}))))$

　言語処理部の出力は，問題文に書かれていることをそのまま逐語訳した中間表現であり，これを知識ベースに蓄積している公理・公式を用いてさらに機械的に書き換えることで実閉体の一階述語論理式を得る．このため，RCF-QE の入力となる実閉体の論理式は非常に冗長で，ある意味では無駄に規模が大きな式になる．表 4.4 は人が構築した論理式 (4.1) と，言語処理部が出力した論理

表 **4.4**   問題 4.1（北大 2011-3(2)）に対応する論理式の比較

	人	言語処理
変数の数	5	19
限量子がついた変数の数	2	16
原始論理式の数	4	24
計算時間	1 sec	> 1 hour

式を比較したものである．原始論理式とは，論理式に含まれる多項式の等式・不等式のことを表す．前項で紹介した QE ツール Mathematica，QEPCAD，Redlog は人が構築した論理式 (4.1) ではノート PC で 1 秒かからずに計算できたが，自動的に構築した論理式では，1 時間かかっても計算が停止しなかった．SyNRAC も東ロボ発足当時の性能では解くことができなかったが，さまざまな工夫によって，現在では言語処理部によって構築された式を数秒で解けるようになっている．

規模が大きい問題を人が QE ツールを使って解くとき，もし計算が停止しなければ，試行錯誤，たとえば定式化を工夫して変数の数や次数を削減したり，問題を分割したり，適用するアルゴリズムやそれらがもつオプションを変更したり，アルゴリズムの適用順序を考えたりといったことを行う必要がある．

入試問題の問題文を入力として言語処理部が生成する論理式は，その規模は大きいものの，本質的には人が定式化すれば解けるはずの問題である．そのため，上記のような人が行う試行錯誤，つまり，「ヒューリスティクス」を導入することで解けるようになることが期待できる．また，数学入試問題には，通常の実問題からくる論理式とは大きく異なる性質がある．それは，解答がシンプルということである．通常，入試問題において，答えが 1 ページにまたがるようなことはなく，ほとんどは値や範囲を求めるもので，多くとも場合分けがある 3 行程度のものである．よって，入試問題から生成される一階述語論理式に対する RCF-QE の出力の論理式は，非常にコンパクトになることが推測される．一方で，実問題から生じる問題を RCF-QE で解いたときには，テキスト形式での出力が数メガバイトになることもめずらしくない．このことから，「論理式の簡単化」が効率化に効果があると期待でき，筆者らは RCF-QE の改良以上に簡単化に力を入れてきた．以下，東ロボで導入したヒューリスティクスと論理式の簡単化について紹介する．

最初に紹介するのは，中間式を利用した簡単化 [Iwane 14] である．限量子がついた一階述語論理式は一般性を失うことなく以下の形式に帰着できる．

$$\exists x_1 \cdots \exists x_m (F_1 \wedge F_2 \wedge \cdots)$$

もし，F_1 を解いて，$a = b = 5/6$ というような結果が得られたら，残りの論理式に対する RCF-QE の計算では，変数 a, b に $5/6$ を代入した「簡単な」式を解けばよいことになる．北海道大学の問題では，言語処理部が出力した論理式に含まれる

$$\forall p_t (\exists t_3 ((p_t = t_3 u_z + v_z) \wedge (p_t + 2 = t_3 u_x + v_x) \wedge (p_t + 2 = t_3 u_y + v_y))) \quad (4.4)$$

に RCF-QE を適用すると，$u_x = u_y = u_z \wedge v_x = v_y = v_z + 2 \wedge u_z \neq 0$ が得られる．この結果から，u_x, u_y, v_x, v_y は代入操作によって置き換えることができるので変数の数を減らした簡単な論理式が得られることになる．ここで問題になるのは論理式を処理する順序である．部分論理式 (4.4) を最後に解いた場合にはその恩恵が受けられない．できることなら，簡単な問題から解くようにしたい．そこに「ヒューリスティクス」が必要となる．筆者らは，解答システムの開発の過程で構築した多数のベンチマーク問題をもとに機械学習を利用して論理式の難しさを表す指標を構築し，利用している [Kobayashi 15].

　次に，入力となる論理式を幾何学的な不変性を用いて簡単化する手法 [Iwane 17] について紹介する．例として，「正三角形 ABC の内角の一つの大きさを求めよ」という問題を考える．ABC の座標をそれぞれ (a_x, a_y), (b_x, b_y), (c_x, c_y) とおいて，式を立てて解けば求めることができる．しかし，たとえば，ABC を平行移動させて点 A は原点においても一般性を失わない．つまり，$a_x = a_y = 0$ としても等価な問題である．また，正三角形を回転させて，点 B を x 軸上においても一般性を失わない．つまり，$b_y = 0$ とできる．さらに，拡大・縮小させて 1 辺の長さを 1 としてもよい．つまり，$b_x = 1$ とできる．つまり，この問題は「A$(0,0)$, B$(1,0)$, C(c_x, c_y) とする」という条件をつけた，より容易な問題に置き換えることができる．このように，与えられた問題の幾何学的な不変性を利用することで，等価で変数が少ない問題に帰着できることがある．提案されているほとんどの RCF-QE アルゴリズムの計算量は変数の数に依存しており，変数を削減することは計算の効率化に期待できる．筆者らは与えられた一階述語論理式から上記のような幾何的な不変性を検出して，RCF-QE にとって計算量の少ない問題に帰着させる手法を提案している．解答システムで生成される一階述語論理式だけでなく，Satisfiability Modulo Theories (SMT) のベンチマークなど，多くの問題が幾何的な不変性を含んでいることと，本手法の計算量削減

の効果を確認している．たとえば，以下の第 13 回国際数学オリンピック (1971)
第 1 問である．

【問題 4.4】　　以下の命題が $n = 3$ と $n = 5$ にたいして成立し，それ以外の $n > 2$
なる自然数については偽であることを証明せよ：$a_1, a_2, \ldots, a_n$ が任意の実数の
とき，$(a_1 - a_2)(a_1 - a_3) \cdots (a_1 - a_n) + (a_2 - a_1)(a_2 - a_3) \cdots (a_2 - a_n) + \cdots +$
$(a_n - a_1)(a_n - a_2) \cdots (a_n - a_{n-1}) \geq 0$ が成立する．

　　この問題では $a_1, \ldots, a_n$ の間に拡大縮小と平行移動の不変性があり，2 変数
が固定できる．

　　以下は，第 42 回国際数学オリンピック (2001) 第 2 問である．この問題にも
幾何的不変性があるが，見つけられるだろうか？

【問題 4.5】　　任意の正の実数 a, b, c に対し，

$$\frac{a}{\sqrt{a^2 + 8bc}} + \frac{b}{\sqrt{b^2 + 8ca}} + \frac{c}{\sqrt{c^2 + 8ab}} \geq 1$$

を示せ．

　　また，実応用においても，RCF-QE に不慣れな人が構築した論理式には，上
記のような幾何的不変性が残っていることが多く，RCF-QE の前処理として非
常に重要だと考えている（実際には，数式処理の専門家から「解けないからなん
とかして」と依頼された式ですら，幾何的不変性が含まれていることもある）．

　　また，筆者は不要な論理式を取り除く方法として，数値手法を利用する方法
を提案している [岩根 18]．RCF-QE の計算量は非常に大きいことから，論理式
の簡単化も重要なものとされ多くの研究がある．1 つは，CAD による方法であ
る．CAD は多項式の符号の情報を得ることができるので非常にコンパクトな
式を構築することができる．しかし，前述のように CAD の計算量は変数の数
に対して二重指数的なので，変数の数が多くなると利用できない．一方で，記
号計算による多項式時間の手法も提案されているが，その手法では，

$$f(x) + 3 > 0 \wedge f(x) > 0 \Leftrightarrow f(x) > 0$$

のような定数項の違いを吸収する程度の簡単化しかできておらず，たとえば

$$x > -1 \wedge y > 0 \wedge x + y = -2$$

のような人にはすぐに真偽がわかる論理式ですら，偽と判定することができな
かった．そこで，筆者は，区間演算を利用した精度保証付き数値計算を用いて，論

理式を粗く，ただし正確に評価することで，従来手法よりも簡単化できる手法を提案している．この手法では，論理式が真になる部分と偽になる部分を数値手法により求める．数値計算なので，通常真偽が未知になる部分が残る．たとえば，$x^2 < 2$ という論理式を考えると，$-1.4 \leq x \leq 1.4$ では真，$x \leq -1.5 \vee 1.5 \leq x$ では偽であるが，$-1.5 < x < -1.4 \vee 1.4 < x < 1.5$ では真偽値が未知となる．もちろん精度を上げれば未知となる区間は小さくなるが，無理数を浮動小数によって正確に表現することはできないので必ず未知として残る部分がある．$x^2 < 2 \wedge f(x) > 0$ という論理式を評価したい場合には，$x^2 < 2$ が偽となる部分は全体の論理式の真偽値が偽であることが確定するので，$f(x) > 0$ の $-1.5 < x < 1.5$ における真偽値が一定であれば，$f(x) > 0$ を取り除くことができる．この手法によって，従来では取り除けなかった冗長な式の除去を実現している．

　最後に，公式の簡単化 [Iwane 13, 岩根 17] について紹介する．専用 QE には事前に公式を作成しておいて，計算結果を代入するタイプのものがある．たとえば，f を多項式とするとき，$\forall x(f > 0)$ は，「定数項が正の f が実根をもたない条件」と等価であり，スツルム・ハビッチ列と呼ばれる f の係数によって生成される多項式列の符号によって評価できることが知られており，事前に公式を構築しておけば代入計算だけで QE が実現できる．このような状況で簡単な「公式」を用意できれば，結果として出力が簡単になり，RCF-QE の効率化につながる．文献 [Caviness 98] では手計算によって公式の簡単化を行っているが，筆者らはこの問題を集合被覆問題として定式化してより簡単な公式を構築できた．実際の計算では，整数計画ソルバーでは集合被覆問題に対する厳密解が得られなかったため，この問題を論理表現を簡単化する問題に変換し，論理関数処理の技術により解いている．

(c)　エラーの分析

　ここでは現在のシステムの解答処理における典型的なエラーについて説明する．表 4.5 は国立 7 大学（旧七帝大）の 2007 年度の 2 次試験問題のうち，実閉体の言語で表現可能な問題（全部で 27 問，小問数にして 53 問）に対し，言語処理から演繹処理までを通して実行した場合のエラー発生箇所をまとめたものである．小問 53 問に対し，言語処理の結果として何らかの論理式が出力されたものが 16 問，その論理式が正しかったものは 7 問，正しい解答が出力されたものは 6 問であった．1 つの問題に対して複数のエラーが発生した場合はそのすべてを別個にカウントした．

表 **4.5**　エラー発生箇所の分布

エラー発生ステップ	エラー数
数式解析	6
辞書項目の不足	32
CCG 構文解析	5
照応解析	8
文間関係解析	11
その他	4

表 **4.6**　不足辞書項目のタイプ

辞書項目のタイプ	不足数
既知の内容語の未知用法	17
既知の機能語の未知用法	3
未知の内容語	9
未知の機能語	3

　表からわかるように，現在，失敗の最大の原因となっているのは辞書項目の不足である．不足していた辞書項目の種類について内訳を表 4.6 に示す．表中の「既知の内容語/機能語の未知用法」とは，同一の表層形が既に辞書に登録されているものの，文中での用法に対応した辞書項目が存在しなかったものである．最も多いタイプだった「既知の内容語の未知用法」のうち，単純な例としては「(直線が)(ベクトルに)平行」のように，既知の格フレームである「(直線が)(直線に)平行」や「(ベクトルが)(ベクトルに)平行」のいずれにも当てはまらない格フレームの場合があった．やや複雑な例としては，「図形 C を回転して，立体を作る」における「作る」のように，動作動詞 2 つ（回転する，作る）がテ形で接続されることで特別な意味をもつ用法があった．この用法は，テ形の従属節「図形 C を回転して」の結果として生ずるモノをヲ格の名詞句（この場合は「立体」）として文脈に明示的に導入することで，以降の文脈において「その立体」「その体積」などの指示表現で指せるようにする働きをしている．数学テキストで最も一般的な動詞の用法は「n は m を割り切る」のように格要素（この場合は n と m）の間の関係を述べるものであり，上記の「作る」の用法はこの点でやや特殊である．しかし「n に 3 を足して，2 倍した数」のように動作動詞 2 つがテ形で接続することで，最初の動作の結果に対して次の動作を行うことを表す「(動作し) て (動作する)」の用法はすでに辞書に存在しているため，「従属節の動作動詞の結果に対して，何もしない」という特殊な動作を表す動作動詞として「作る」を定義することができる．これらの例のように，不足していた辞書項目を定義すること自体は，既知語・未知語いずれの場合でも，さほど難しくないことの方が多い．より難しいのは，同一の語に対して，表層的には区別しにくいさまざまな用法を収集することであり，これを効率的に行うための技術の開発が今後の課題である．

　次に多かったのは，文間関係の解析における誤りで，限量子の選択（∀ または

∋) の誤りや，ある変数を束縛する/しないの選択の誤りが主な誤りタイプであった．これらの選択は文間の論理的な接続関係の解析と連動している．現在の文間関係解析は文中の手がかり表現に基づく比較的単純な規則に従って行っている．この規則を精緻化することが今後の課題である．

次いで多かったのは照応解析の誤りで，たとえば「(1) で求められた範囲」のように先行する小問への解答を指す表現の解決を現在のシステムでは行っていない，また，「平面上に 2 つの円 C_1, C_2 がある．<u>それぞれ</u>の半径を…」のような場合の「それぞれ」を指示詞として検出していない，などさまざまな理由による誤りが含まれていた．

このように，言語処理部では各ステップで課題が残っている．事例ごとに分析すれば誤りの原因は明確であるが，総合的に見た場合に原因が多岐に亘ることが技術的な難しさとなっている．

一方，言語処理部から正しい意味表現が出力された場合，演繹処理部で問題が起きるケースは比較的少ない．ここで示した分析で用いたデータに対しては，演繹処理部が原因で問題が解けなかった例は 1 つだけであった．この例は，RCF-QE の前の段階で行われる積分計算の処理において，問題の簡単化が十分に行われない状態で積分が実行され，制限時間内に計算が終わらなかったことによる．ここまでの分析で用いた問題を人手で論理式に翻訳したものを演繹部に入力した場合，正しく解けたものは小問 53 問中 45 問 (85%) であり，解けなかった 8 問のうち 6 問は RCF-QE の計算時間が制限時間を超えたためであった．RCF-QE の計算時間が制限時間を超えた問題のうちの 1 つは 2007 年度北海道大学前期理系第 5 問の以下の問題であった：

【問題 4.6】［2007 年度北海道大学 前期 理系 第 5 問］　楕円 $C_1 : \frac{x^2}{\alpha^2} + \frac{y^2}{\beta^2} = 1$ と双曲線 $C_2 : \frac{x^2}{a^2} - \frac{y^2}{b^2} = 1$ を考える．C_1 と C_2 の焦点が一致しているならば，C_1 と C_2 の交点でそれぞれの接線は直交することを示せ．

この問題の人手による翻訳は 11 変数，17 の述語からなる比較的単純な論理式だったが，RCF-QE に入力された時点で 117 変数，原子論理式 160 を含む巨大な論理式になっていた．この論理式の巨大化の原因は，翻訳結果に含まれる述語のうち「点 P が曲線 C の焦点である」ことを表す is-focus-of(P, C) の定義が，点集合として与えられた C が放物線・楕円・双曲線のいずれであっても，あるいは，どれでもない場合でも（その場合は単に偽となる）成立するように複雑なものになっているためである．この一見やや過剰な一般化は，「焦点」と

いう語を文脈によらず逐語的に述語へ置き換えるために必要である．このように，演繹処理における計算量を削減する課題は，言語処理部および知識表現の設計と，対称性の除去をはじめとする数理的な処理にまたがる複合領域的な課題になっている．

4.3　今後の課題

　この節では今後の研究課題についてまとめる．

　前節で述べたように，言語処理部においてはどの処理モジュールにもさまざまな課題が残っている．特に，安定して多くの問題テキストが解析できるまで辞書を拡充することが大きな課題である．一般に，論理をベースとする言語処理・人工知能の手法は精度が高い（出てきた答えは正しい）がカバレッジ（答えられる問題の割合）が小さく，逆に統計をベースとする手法は精度はそこそこでもカバレッジがはるかに大きい．この傾向はこれまでの言語処理・人工知能の研究において繰り返し観察されてきたが，論理をベースとする手法のカバレッジが低い理由が，単に辞書やルール集合の開発コストが高いためなのか，それとも論理という手段のもっと本質的な限界によるものなのかはそれほど定かでない．辞書の開発はこれを見極めるための格好の研究課題であり，開発を効率化するための工学的手段の研究も並行しながら，辞書項目の記述を通して言語と論理の関係を地道に調べていきたいと考えている．

　言語処理部における，さらに高次の課題としては，演繹処理部とより密接に融合した曖昧性解消技術の開発が挙げられる．構文解析の項でも例を示したように，数学テキスト解析においては演繹結果を参照しないと解決できないタイプの曖昧性が多く存在する．簡単にいえば「多少は考えながら読まなければ意味がわからない」ということだ．このような例は実際には他のテキストジャンルでも多数存在するはずだが，問題を解くという具体的な課題設定が，言語解析の精緻さを要求するために表面化した課題の 1 つだと言える．最も単純な解決は言語処理部から多数の候補結果を出力し，それぞれについて演繹処理を行った上で「意味のある解答」を最終結果とするというものだが，これは明らかに計算量が膨大になる．曖昧性の解決に必要な演繹だけをピンポイントで行い計算量を減らすこと，また，言語処理と演繹の融合によるシステム構成の複雑化を現実的な範囲にとどめながらそれを実現することが今後の課題である．

　4.2.2 項で述べたように，問題の翻訳のターゲットとなる意味表現言語では

多数の述語・関数が定義されている．この定義は Lisp 形式で記述された論理式（公理）の形で現在 20,000 行ほどのサイズになっている．これまで既にこの意味表現言語によって 1,000 題以上の数学問題を形式化しているため，今後，さらに多数の述語・関数を定義する必要があるとは考えられない．しかし，形式化の手間および難しさによって，入力のすべてのケースすなわち述語・関数の引数のバリエーションを尽くしていない定義が存在し，これが解答の失敗原因になる場合がある．このような定義漏れをなくし，かつ，定義相互に矛盾がないかチェックするために，より高度なソフトウェア科学的サポートが必要になっている．また，個々の述語・関数の定義の仕方によって演繹処理部での計算量が大幅に変化する場合があるため，計算効率を考慮した定義の改良も必要である．

言語処理部と演繹処理部をつなぐ論理表現の変換の部分では，特に数列・整数・超越関数などを含む問題に対する発見的解法を実装したソルバーへの入力を導く部分で課題が残っている．これは，一階の実閉体の論理式であればどのようなものでも受理する RCF-QE ソルバーに対し，これらの発見的解法によるソルバーでは入力形式に関する制約がより大きいためである．また，本質的な部分は実閉体の言語で表現できる問題であっても，数学オリンピック問題などに対しては実閉体の論理式へ変換する段階で多数の失敗が起きている．特定の形式をもつ論理式への変換は，演繹の計算量を現実的なものとするための表現変換と深く関わる部分だが，すべての可能な書き換えを試みる全解探索的なアプローチは非現実的であり，発見的な手段をとらざるをえない．この部分に関しても，今後，実例の観察に基づくシステムの改良と可能な限りの理論的整理が必要である．

演繹処理部の課題としては，現在 RCF-QE ソルバーの内部で行っている段階的な問題の簡単化を，より以前のステップでも行うことによって RCF-QE ソルバーへの入力サイズを抑えるという課題がある．これは，多項式間の等式・不等式のみを含む論理式で表現された RCF-QE ソルバーへの入力では問題の全体的な構造を見出すことが必ずしも簡単でないため，問題テキスト上での表現を自然に反映した中間段階の論理表示の上で簡単化を行うことが効果的だと考えられるためである．一方で，表現・内容にさまざまなバリエーションが存在する中間段階の論理式に対して適切な簡単化を行う処理は，パターンマッチあるいは論理式で表現された変換ルールの集合のような扱いやすい形式では表現しにくい．問題内容の表現ではなく，簡単化（部分的に解く）という動的な処理に対してさまざまな方略を記述し，それらを組み合わせることができる表現

形態を設計することが今後の課題の 1 つである.

　最後に, ある数学問題が難しい, とはどういうことなのかを自動解答の観点から説明するという発展的な課題がある. これまで既に, 自動解答に必要となる計算時間と, 人にとっての問題の難しさに関連があることを確認した [Matsuzaki 16]. しかし, このことから, 人にとってある数学問題が難しい理由は必要な計算の量が多いから, と結論するのは安直だろう. 解答システムにおける計算時間の増加が, 人にとってのどういう難しさを, どのように反映するものなのか, あるいは, 人はその難しさをどう乗り越えて解答に辿り着くのかを, 自動解答の仕組みを 1 つのモデルとして研究することは, 認知科学的にも自動解答の性能向上のためにも大変興味深い課題である.

真理条件意味論

　初めて見た文の意味はどうやってわかるのか?　その「わかる」主体が人であれ機械であれ, この問いに答えることが言語に関する科学・工学の大きな目標の 1 つだ.

　この問いにはポイントが 2 つある. 1 つ目は「初めて見た文」という部分だ. 有限の存在である人間が, 無数に存在する文の意味をあらかじめ「丸暗記」のようにすべて知っていることはありえない. とするならば, 初めて見る文の意味は, 何らかの形で有限の知識を組み合わせることでしか理解できないだろう. ではその有限の知識とは何か?　少なくとも, 文の中のそれぞれの語の意味についての知識が必要だろう. こうして大まかに言えば「人は語の意味を組み合わせることによって文の意味を知る」という考え方に至る (合成原理).

　2 つ目のポイントは「意味がわかる」という部分だ. Montague の「人工言語と自然言語に本質的な差はない」という宣言は, 言い換えると, 意味をわかる主体が人であるか機械であるかに本質的な違いはない, ということになる. この宣言の妥当性は, もちろん「文の意味がわかる」とはどういうことであると考えるかによる. Montague の理論では「文の意味がわかる」とは, 世界や状況がどのようであれば発話された文が真となるか, という世界のありさまに関する条件がわかることである, とされている (真理条件意味論).

　ラジオで「明日は晴れです」と聞いたとする. 明日になれば, あなたはそれが真かどうかわかるだろう. であれば, あなたは「明日は晴れです」という文の意味がわかっている, ということだ. 空の画像から「今は晴れか/曇りか/雨か/雪か」を正確に判断する機械があったとする. 機械に「2048 年 4 月 3 日は晴れですか」と聞いてみる. 何十年か経って機械はつぶやく「はい, 今日は晴れです」. さて機械は天気についての無限の文を含むミニ言語「{Y 年 M 月 D 日 $|Y \geq 2018$} は { 晴れ, 曇り, 雨, 雪 }

か」の意味がわかっていると言えるか．たぶん言えるだろう．

　では，たとえば「太郎はイライラしている」の真理条件は何だろう．そのような主観的にも客観的にも判断しづらい状態にそもそも「真偽」が存在するかどうかは疑わしい．しかし一方で「『太郎はイライラしている』かつ『太郎はイライラしていない』」は明確に矛盾しているように思われる．ここでは「部分の意味はよくわからなくても全体の意味はハッキリわかる」という不思議なことが起きている．この事態は「機械にも言葉が理解しうるチャンス」なのか「機械には言葉がわからないことを示す例」なのかの判断は難しい．

参考文献

[Arai 96] Arai, N. H.: Tractability of Cut-free Gentzen type propositional calculus with permutation inference, *Theoretical Computer Science*, Vol. 170, No. 1, pp. 129–144 (1996)

[Arai 00] Arai, N. H.: Tractability of Cut-free Gentzen-type propositional calculus with permutation inference II, *Theoretical Computer Science*, Vol. 243, No. 1, pp. 185–197 (2000)

[Atkey 13] Atkey, R., Johann, P., and Kennedy, A.: Abstraction and Invariance for Algebraically Indexed Types, in *Proceedings of the 40th Annual ACM SIGPLAN-SIGACT Symposium on Principles of Programming Languages*, POPL '13, pp. 87–100, New York, NY, USA, ACM (2013)

[Caviness 98] Caviness, B. F. and Johnson, J. R. eds.: *Quantifier Elimination and Cylindrical Algebraic Decomposition (Texts and Monographs in Symbolic Computation)*, Springer-Verlag (1998)

[Collins 75] Collins, G. E.: *Quantifier elimination for real closed fields by cylindrical algebraic decompostion*, pp. 134–183, Springer Berlin Heidelberg, Berlin, Heidelberg (1975)

[Cramer 10] Cramer, M., Fisseni, B., Koepke, P., Kühlwein, D., Schröder, B., and Veldman, J.: The naproche project controlled natural language proof checking of mathematical texts, in *Proceedings of the 2009 conference on Controlled natural language*, CNL '09, pp. 170–186, Berlin, Heidelberg, Springer-Verlag (2010)

[Davis 57] Davis, M.: A computer program for presburger's algorithm, in *Summaries of Talks Presented at the Summer Institute for Symbolic Logic, Cornell University*, pp. 215–233, Institute for Defense Analysis (1957)

[Fukasaku 15] Fukasaku, R., Iwane, H., and Sato, Y.: Real Quantifier Elimination by Computation of Comprehensive Gröbner Systems, in *Proceedings of the 40th International Symposium on Symbolic and Algebraic Computation*, ISSAC '15, pp. 173–180, ACM (2015)

[Ganesalingam 13] Ganesalingam, M.: *The Language of Mathematics: A Linguistic and Philosophical Investigation*, Lecture Notes in Computer Science, Springer Berlin Heidelberg (2013)

[Harrison 09] Harrison, J.: Without Loss of Generality, in *Proceedings of the 22Nd International Conference on Theorem Proving in Higher Order Logics*, TPHOLs '09, pp. 43–59, Berlin, Heidelberg, Springer-Verlag (2009)

[Iwane 13] Iwane, H., Higuchi, H., and Anai, H.: An Effective Implementation of a Special Quantifier Elimination for a Sign Definite Condition by Logical Formula Simplification, in *Computer Algebra in Scientific Computing*, Vol. 8136 of *Lecture Notes in Computer Science*, pp. 194–208, Springer-Verlag (2013)

[Iwane 14] Iwane, H., Matsuzaki, T., Arai, N. H., and Anai, H.: Automated Natural Language Geometry Math Problem Solving by Real Quantifier Elimination, in *Proceedings of the 10th International Workshop on Automated Deduction in Geometry*, pp. 75–84 (2014)

[Iwane 17] Iwane, H. and Anai, H.: Formula Simplification for Real Quantifier Elimination Using Geometric Invariance, in Burr, M. A., Yap, C. K., and Din, M. S. E. eds., *Proceedings of the 2017 ACM on International Symposium on Symbolic and Algebraic Computation, ISSAC 2017, Kaiserslautern, Germany, July 25-28, 2017*, pp. 213–220, ACM (2017)

[Kobayashi 15] Kobayashi, M., Iwane, H., Matsuzaki, T., and Anai, H.: Efficient subformula orders for real quantifier elimination of non-prenex formulas, in *Sixth International Conference on Mathematical Aspects of Computer and Information Science*, Vol. 9582 of *Lecture Notes in Computer Science*, pp. 236–251, Springer-Verlag (2015)

[Matsuzaki 16] Matsuzaki, T., Kobayashi, M., and Arai, N. H.: An Information-Processing Account of Representation Change: International Mathematical Olympiad Problems are Hard not only for Humans, in *Proceedings of the 38th Annual Cognitive Science Society Meeting*, pp. 2297–2302 (2016)

[Matsuzaki 17] Matsuzaki, T., Ito, T., Iwane, H., Anai, H., and Arai, N. H.: Semantic Parsing of Pre-university Math Problems, in *Proceedings of the 55th Annual Meeting of the Association for Computational Linguistics (ACL-2017)* (2017), to appear

[McCarthy 58] McCarthy, J.: Programs with common sense, in *Proceedings of the Symposium on Mechanization of thought processes* (1958)

[McCarthy 64] McCarthy, J.: A tough nut for proof procedures, *Stanford Artificial Intelligence Project Memo*, Vol. 16, (1964)

[Montague 70] Montague, R.: English as a formal language, in Visentini, B. ed., *Linguaggi nella Societa e nella Tecnica*, pp. 189–224, Edizioni di Communità (1970)

[Newell 56] Newell, A. and Simon, H.: The logic theory machine–A complex information processing system, *IRE Transactions on information theory*, Vol. 2, No. 3, pp. 61–79 (1956)

[Robinson 65] Robinson, J. A.: A Machine-Oriented Logic Based on the Resolution Principle, *J. ACM*, Vol. 12, No. 1, pp. 23–41 (1965)

[Steedman 01] Steedman, M.: *The Syntactic Process*, Bradford Books, MIT Press (2001)

[Tarski 33] Tarski, A.: *Pojecie prawdy w jezykach nauk dedukcyjnych: la notion de la vérité dans les langages des sciences déductives (The Concept of Truth in Formalized Languages)*, Prace Towarzystwa Naukowego Warszawskiego. 3, Wydział Nauk Matematyczno-Fizycznych, Nakladem Towarzystwa Naukowego Warszawskiego (1933)

[Tarski 51] Tarski, A.: *A decision method for elementary algebra and geometry*, University of California Press (1951)

[Wu 78] Wu, W.-T.: On the Decision Problem and the Mechanization of Theorem-proving in Elementary Geometry, *Science China Mathematics*, Vol. 21, No. 2, pp. 157–179 (1978)

[Zinn 03] Zinn, C.: A Computational Framework For Understanding Mathematical Discoursexy, *Logic Journal of IGPL*, Vol. 11, No. 4, pp. 457–484 (2003)

[岩根 15] 岩根 秀直：非等式制約に対する実閉体上の限量記号消去，数理解析研究所講究録，Vol. 1976, pp. 45–51 (2015)

[岩根 17] 岩根 秀直, 深作 亮也, 佐藤 洋祐：不等式制約をもつ論理式に対する包括的グレブナー基底系を利用した限量記号消去の出力の簡単化，数理解析研究所講究録，Vol. 2019, pp. 124–142 (2017)

[岩根 18] 岩根 秀直：数値数式手法による論理式の簡単化，数式処理，Vol. 24, No. 2, pp. 27–30 (2018)

[穴井 11] 穴井 宏和, 横山 和弘：QE の計算アルゴリズムとその応用 – 数式処理による最適化，東京大学出版会 (2011)

[斎藤 66] 斎藤 正彦：線型代数入門，東京大学出版会 (1966)

[杉浦 80] 杉浦 光夫：解析入門 I，東京大学出版会 (1980)

第5章

Physics

物理

シミュレータと図形描画を利用した力学問題の自動解答

この章では物理における力学問題の自動解答に関する研究について述べる．物理では，主に物理現象に関する理解能力が問われる．問題を解くためには，数学の場合と同じように問題に記述されている内容を正確に理解し，物理現象を定式化し，解く必要がある．力学では，最終的に起こる現象が記述され，それが起こるように初期条件を見つける問題がある．これは，未来に起こる事象を予測し，目的に合った動作を見つける問題に相当し，多くの応用が考えられる．

力学問題の自動解答には，数学と非常に似た要素が必要となるが，いくつかの点で自動解答がより困難な科目となっている．その大きな理由の1つは問題文の表現にある．物理では，日常的な場面が設定され，そこでの物理現象について出題される場合がある．そのため，たとえば「ボールが落下する」現象を「質点が落下する」というように解釈する必要がある．一方で「ボール」が必ずしも質点であるとは限らない．さらに，数学の幾何では，図を見なくても問題文のみから問題設定を再現できていたのに対して，物理問題ではそうなっていないので，自動解答には画像処理技術も必要となる．

多くの読者は，物理は使える公式が限られていて，限られたパターンで解けると記憶しており，つまり，簡単に自動解答器を作れると想像されているのではないだろうか．実際に問題を見てみると，「単に公式を適用する問題」でないようにするためのさまざまな工夫が施されており，例外しかないということに気づく．5.2 節では実際にセンター試験で出題された問題を掲載しているので，「このときはこう解けばいい」ではなく，読み進める前に想像した自動解答器で，掲載されている問題が解けるかどうか評価していただくと物理問題の自動解答の難しさが見えてくると思う．

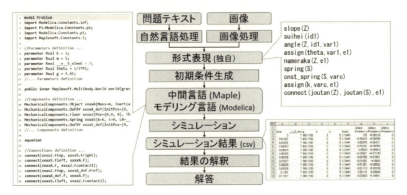

図 **5.1**　物理自動解答器の基本フロー

　物理チームでは，主に，シミュレーションを利用した自動解答と，形式表現と構造化図を入力とした静的つり合いの問題に対する自動解答に取り組んでおり，それらの成果について紹介する．

5.1　学術的な位置づけ，模試の結果

5.1.1　物理問題の自動解答とその意義

　大学入学試験の物理の問題では，与えられた状況において発生する物理現象に関する問題や物理的な知識を問う問題などのさまざまな形式の問いが出題される．数学と同様に，正しく書かれている状況を理解し，定式化して解くことが必要な教科である．

　物理チームでは，シミュレータを利用した自動解答器を開発している．力学問題では，受験者は与えられた状況やそこで行われる操作を理解し問題を解く．これは，物理シミュレーションによって再現することができ，実際，初期条件を人手で作成すれば多くの力学問題を解けることが確認できる．

　物理ソルバーのフローは数学とだいたい同じで，ソルバーとして数式処理や自動定理証明器の代わりにシミュレータを用いる形になる．図 5.1 は開発中のシステムのフローを表す．

　システムは，最初に，自然文やイラストなどで記述される「問題」を入力として受け取り，その意味内容を表した「形式表現」に変換する．本システムでは，新しい計算システムの導入や力学や電気，熱などの複数種類のシミュレー

タを導入することを想定していることと，シミュレーションの実行には問題文
にない情報を含める必要があるため，一度，共通の形式表現に変換する．形式
表現では，問題を物体とその属性，物体に対して行われる操作，物理現象，問
題の解答形式などを意味する一階の論理式として表現する．形式表現は，言語
処理により構築可能な範囲で設計している．次に，形式表現をもとに，問題の
状況を理解し，シミュレーションの実行に必要な条件を生成し，「中間言語」に
変換する．中間言語は物理シミュレータが利用するモデリング言語のうち入試
物理について設定が必要となるものを取り出したもので，「モデリング言語」へ
の変換規則を容易にするために用意している．最後に中間言語から変換したモ
デリング言語を入力としてシミュレーションを実行し，その結果として，各時
刻の物体の属性値である位置や速度などの情報が出力される．この結果を解析
し，答えを求める状態になった時刻を特定し，問題が要求する属性値を読みと
る [横野 13]．選択肢の式にシミュレーションに設定した値や結果で得られた属
性値を代入して，妥当なものを選択する．基本的には，シミュレーションは数
値計算を行うため，選択肢型の問題にしか適用できない手法であることに注意
されたい．

　このシステムではあらかじめ物理問題でよく現れる質点，床，ばね，糸などの
要素をシミュレータ上でコンポーネントとして準備し，それらを利用して解く
ことを想定している（ここで質点とは，物理入試問題におけるお約束で，大き
さを無視できる物体のことで，小物体などと呼ぶこともある）．シミュレーショ
ンの実行には，コンポーネントとして何を用いるか，物体の位置・角度・速度
などの条件を求め，コンポーネントの初期条件を求める．たとえば，物体の位
置はすべてのコンポーネントが要求し，3 次元空間上の座標として与える必要
があるが，問題文中には通常書かれていない情報である．与えられた問題に対
して，必要なコンポーネントを選択し，それらの初期条件が必要となり，形式
言語とシミュレータの入力の間には大きなギャップがある．

　現在は，物理問題を対象として言語処理とシミュレータの接合を扱っている
が，本研究での開発した技術の応用先として，設計ツールや最適化ツールと言
語処理との接合が考えられる．つまり，こういう条件のもとで動作してほしい
といった制約条件などを定式化して，それぞれのツールで実行するためには，そ
の使い方を覚えて，人手で正しく変換する必要があったが，解きたい問題を日
本語で入力して，容易に利用できるようになることが期待される．

5.1.2　模試の結果

表 5.1 はこれまでの模試の結果を表す．東ロボ発足時から国立情報学研究所（以下，NII）を中心に物理ソルバーの開発を行っていたが，2015 年度に開発を断念したため，2016 年度から開発メンバーを変更しているが，シミュレータを用いたソルバーを開発し直した [岩根 17][1]．同時に静的な問題に対するソルバーの開発も行った [五十嵐 16][2]．シミュレータを用いたソルバーを開発するという方針および，それまでに開発した言語処理が構築する「形式表現」の設計までは引き継いでいるが，「形式表現」からシミュレータの初期条件生成部，およびシミュレータ上のコンポーネントは新規に開発し直した．

模試は，形式表現を入力とし，中間言語への変換を行い，シミュレーションの実行までを自動で行っている．「自然言語処理部」と「結果の解釈部」はどちらも精度が十分でないため，模試では評価に用いていないことに注意されたい．つまり，自然言語処理が誤りなく解析できたとして出力する形式表現を人手で作成し，シミュレーション結果の csv 形式のログファイルを人が解析して，答えを選択している．また，2015 年度までは，形式表現作成時に人の解釈を加えていたこと，および，シミュレーションの初期条件を人手で与えていたため，図 5.1 のモデリング言語，つまり，シミュレータの入力を人手で作成して，評価しているような状態であった．そのため，2015 年度までの段階では自然言語処理とシミュレータの接合の実現可能性が見えていなかった．2016 年度では，言語処理が出力可能と想定される，人による問題の解釈を加えない形式表現をもとに評価を行った．つまり，2016 年度は自然言語処理との接合を実現しており，2015 年度より"自動化の範囲を広げた課題設定"で評価を行っている．このようなより難しい設定であるにもかかわらず，偏差値 59.0（62 点）を獲得し，

表 5.1　物理の模試結果

	代ゼミ 全国センター試験		ベネッセ・進研マーク模試	
	2013	2014	2015	2016
得点	39	31	42	62
偏差値	48.3	49.0	46.5	59.0
平均	42.0	32.7	49.4	45.8
メンバー	NII	NII	NII	富士通研, サイバネット, 東大

---

1)　（株）富士通研究所，サイバネットシステム（株）を中心として開発．
2)　東京大学 五十嵐健夫教授を中心として開発．

2015 年度の偏差値 46.5（42 点）に対して大幅な向上を達成した.

5.2　力学問題をシミュレータで解く自動解答器

　シミュレータをソルバーに利用していることに関して「ズルい」と言われることがある. 数学において公式を使っている場合にはそういう批判はでないのに, なぜズルいと感じるのだろうか. シミュレータを使って解くことは本当にズルいだろうか?

　実際の問題で, シミュレータを用いて解くことを考えてみる. 以下は 2016 年の大学入試センター試験第 4 問, 問 3 である.

【問題 5.1】［2016 年度大学入試センター試験 第 4 問 問 3］　下図のように, 質量 m の小物体をのせた質量 M の台を, なめらかで水平な床の上で等速直線運動させる。台が運動する直線上には, 一端が壁に固定されたばね定数 k の軽いばねがあり, 台と衝突すると縮んで, 台を減速させるようになっている。台の上面は水平であり, 台と小物体の間の静止摩擦係数を μ, 重力加速度の大きさを g とする。

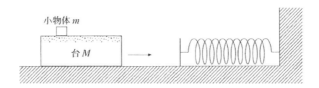

台を速さ v でばねに衝突させた。小物体は台の上で滑ることなく, ばねが自然の長さから d_1 だけ縮んだところで, 台の速度が 0 になった。d_1 を表す式として正しいものを, 次の〜から一つ選べ。(選択肢略)

　なるほど, シミュレータを使って問題を再現できれば解りそうな気がする. ズルい!　この問題は, 生徒が解く場合には, エネルギー保存の法則を利用して, 以下の 1 つの方程式から答えが導ける「簡単な」部類の問題である.

$$\frac{1}{2}(m + M)v^2 = \frac{1}{2}kd_1^2$$

　さて, 今度はシミュレータを使って解くことを考えよう. 図のようにシミュレータ上に必要な "オブジェクト" を配置して動かせば問題が解けるはずだ. オ

ブジェクトは「床」「壁」「台」「小物体（質点）」「ばね」の5つが必要そうである．床を準備して，そこに台を置いて，さらにその上に小物体を置く．登場人物が確定したので，シミュレータの2D空間上に配置することを考えよう．それぞれの登場人物の位置と大きさなどの"初期条件"を決める必要がある．「小物体」とは，物理入試問題におけるお約束で，大きさを無視できる物体，つまり質点のことである．「壁」はこの問題ではばねを設置するための道具で床に直接取り付ければいいものである．まずは原点を決めよう．どこにおいても良いはずなので，とりあえず，床と壁の交点を原点にしよう．次に台を床の上に置こう．台の左下の頂点の y 座標は床の上だから0でいいとして，x 座標はどうしよう．少なくともばねの左端よりも左にいないといけないはずなので，ばねの自然長の長さを10にしてばねの自然長の長さの2倍の -20 くらいにすればいいかな？　台の横幅と高さはどうしよう．特に必要なさそうだから適当な値でいい？　台の高さが決まれば小物体の位置は決められそうだ．でも，台のどこに置けばいいだろう？　どこでもいい？　なんで？　シミュレーションをするためには，パラメータをそのまま扱うことができないので，問題文中に現れるパラメータ m, M, k, v, μ, g にも具体的な数値を設定しなければならない．この問題を再現するためには，「小物体が台の上で滑らない」で「台の速度が0になる」ようにしなければならない．そのためには，パラメータをどのように設定すればいいだろうか．$m < M$ という気がする．v はあまり大きくないかな？　μ は大きくすれば滑らないはずだ．このようにパラメータを含むシミュレーションの初期条件を適切に指定してシミュレータを実行する．問題の設定を再現できなければ，初期条件を変更して，問題の状況を再現するまでシミュレーションの再実行を繰り返す．

　さて，初期条件をうまく設定できて，シミュレーションを実行できたとして，問題で書かれている状況をうまく再現したことをどうやって確認すればいいだろうか．速度が0になったことを確認すればいい？　初速度が大きすぎて，壁にぶつかったらどうなるんだろう？　壁にぶつかっていないことを判定すればいい？　それがだめな状態であることはどうやって認識する？

　この問題は適当にパラメータを設定できそうな気がするけれど，いつでも「簡単に」パラメータを設定できるだろうか．どんな問題設定でも「再現できたこと」を確認できる方法はあるだろうか．なんだか公式を使って解くよりも考えることが多いように思えてくる．本当にシミュレータを利用するのは「ズルい」だろうか．別の問題を考えてみよう．

【問題 5.2】［2013 年度大学入試センター試験 第 1 問 問 4］　図のように，高さ h の位置から小物体 A を静かに離すと同時に，地面から小物体 B を鉛直上方に速さ v で投げ上げたところ，二つの物体は同時に地面に到達した。v を表す式として正しいものを，下の～から一つ選べ。ただし，二つの小物体は同一鉛直線上にはないものとし，重力加速度の大きさを g とする。（選択肢略）

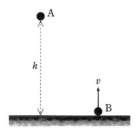

この問題は，A が地面に到達するまでにかかった時間を t とすると，

$$\frac{1}{2}gt^2 = h$$

が成立し，B の最高点に達する時間が $t/2$ であることから，

$$v - g\frac{t}{2} = 0$$

なので，t を消去すると v の式が得られる.

　この問題はシミュレーションで解けそうな気がするだろうか？　シミュレーションに必要な物体の位置は特定できたとして，v はどのように決める？　ランダムに v を設置して，動かなくなるまでシミュレーションを繰り返す？　あまりうまくいかない感じがするのではないだろうか？　この問題の場合には，g, h を決めたときに適切な v は一意に定まるので，ランダムに探索したのでは到底見つからない．A が速く落下したら v を大きくして，B が速く落下したら v を小さくすることを繰り返せばそのうち見つかる？　この場合はそうである．ただ，個別の問題を解こうとするのではなく，受験生がそうであるように，"まだ見たことがない問題でも解ける必要がある" ため，ある問題がその解き方でできるから「解ける」とはいえない.

　先ほどの問題との違いは何だろうか．物理の力学問題のうち，与えられた状況において発生する物理現象に関する問題には大きく 2 種類の問題がある[3]：

---

3)　問題の詳細な分析に関しては [横野 15] を参照.

- 初期条件を設定して，ある操作をした結果を問う問題

- ある操作をした結果をもとに，初期条件を求める問題

センター試験の場合には，選択肢があるので，それを利用して適切な初期値を見つけられる可能性があるが，シミュレーションで解けるのは基本的には前者になる．後者の場合には，生徒が解くように公式を利用して解くか，シミュレーションを繰り返し実行し，物理現象を再現できる初期値を探索する必要がある．前者の場合でも，問題文にはシミュレーション実行のための十分な情報は書かれておらず，適切な初期条件を求めなければならない．どちらにせよ，人が頭の中で問題の状況を動かしている様子を想像できる（つまり頭の中でシミュレーションできる）から，シミュレーションを使うと容易に解けると思ってしまうかもしれないが，そんなに「楽」な方法ではない．

　以下に，センター試験本試験の問題を掲載する．図番号と選択肢を省略して読めるように問題文に若干の修正を加えている．実際にシミュレータで解くシステムをどのように作ればいいか，本節を読み進める前に考えてみてほしい．

【問題 5.3】［2013 年度大学入試センター試験 第 4 問 問 4］　図のように，あらい水平な床の上の点 O に質量 m の小物体が静止している．この小物体に，床と角度 θ をなす矢印の向きに一定の大きさ F の力を加えて，点 O から距離 ℓ にある点 P まで床に沿って移動させた．小物体が点 P に達した直後に力を加えることをやめたところ，小物体は ℓ' だけすべって点 Q で静止した．ただし，小物体と床の間の動摩擦係数を μ'，重力加速度の大きさを g とする．点 O から点 P まで動く間に，小物体が床から受ける動摩擦力の大きさを求めよ．

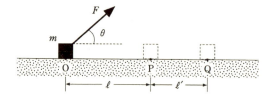

　公式を 1 つ使って解ける問題．シミュレータでも簡単に解けそうだろうか？

【問題 5.4】［2014 年度大学入試センター試験 第 1 問 問 1］　なめらかな面上での小物体の運動を考える．図に示すように，小物体は点 A から静かに滑り落ち，最下点 B を通過した後，点 C から鉛直上方に飛び出した．その後，小物体は最

高点に達した。点 B を基準とする最高点の高さを求めよ。

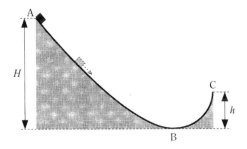

シミュレータ上のコンポーネントとしてどのような面を準備しておけばいいだろうか.

【問題 5.5】［2016 年度大学入試センター試験 第 1 問 問 4］ 図 (a) のように,なめらかで水平な床の上で, 質量 M の物体 A と質量 m の物体 B が一体となって静止している。物体 A から物体 B を打ち出したところ, 図 (b) のように物体 B は速さ v で水平方向に動き出した。動き出した直後の, 物体 A に対する物体 B の相対速度の大きさを求めよ。

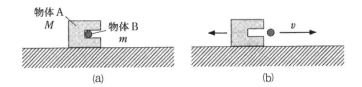

あらかじめコの字型の物体をシミュレータ上のコンポーネントとして用意しておけば解けそうだが, コの字型の物体が今後出題されることはどれくらいあるだろうか. L 字型など他の形はどれくらい用意する必要があるだろうか？

【問題 5.6】［2012 年度大学入試センター試験 第 4 問 問 1］ 図のようにばね定数 k の軽いばねを天井からつり下げ, 質量 m の小物体を, 手で下からばねに押し当て, ばねを自然の長さから鉛直上向きに d だけ縮めた。この状態から小物体を支える手を離すと, 重力とばねの力により, 小物体は初速度 0 で鉛直下向きに運動し始めた。小物体は, ばねが自然の長さに達した後に, ばねから離れて, 落下運動を続けた。重力加速度の大きさを g とする。ばねが自然の長さに達した瞬間の小物体の運動エネルギーを求めよ。

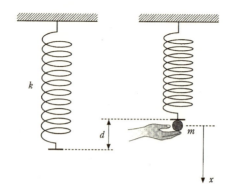

ある条件を満たすときに，操作を発生させる仕組みが必要な問題．どのような条件判定や操作を発生させる準備が必要だろうか．

【問題 5.7】［2012 年度大学入試センター試験 第 1 問 問 3］　図のように，なめらかで質量の無視できる滑車を天井に固定して糸をかけ，糸の両端に質量 m の物体 A と質量 $3m$ の物体 B を取り付ける．糸がたるまない状態で，A が床に接するように，B を手で支えた．このとき，B の床からの高さは h であった．手を静かに離すと，B は下降してやがて床に到達した．B が動き出してから床に達するまでの時間 t を表す式を求めよ．

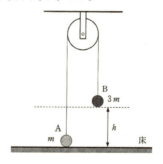

滑車の問題の多くは図を読み取らずに解くことが難しい．文章だけを読んで，各物体のシミュレータ上での初期配置を作れるだろうか．

【問題 5.8】［2009 年度大学入試センター試験 第 4 問 問 1］　図のように，自然の長さが同じばね A（ばね定数 k）とばね B（ばね定数 K）を間隔 L で水平な天井からつり下げ，ばねの下端に長さ L の棒を取り付けた．この棒が水平に保たれるように，棒上の点 P に糸で質量 m のおもりをつり下げたところ，二つの

ばねは同じ長さ d だけ伸びて静止した。ただし，ばね，棒および糸の質量は無視できるものとする。

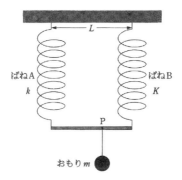

ばねの伸び d はいくらになるか。ただし，重力加速度の大きさを g とする。

力のつり合いの問題で，パラメータに数値を設定した後，シミュレーションを行い静止することが確認できれば適切な数値であったことが確認できるが，その数値の組合せをランダムな探索で求められるだろうか？

【問題 5.9】［2005 年度大学入試センター試験 第 2 問 問 2］　図のように，滑車A が天井に固定されている。水平な床面上に質量 M の小物体 B を置き，B に伸び縮みしない糸をつけて滑車にかけ，糸の他端に砂を入れた容器 C をつるした。はじめ，容器 C と砂の質量の和が m のとき，糸と床のなす角が θ で小物体 B と容器 C は静止していた。その後，容器 C に砂を加えて質量を大きくしていくと，小物体 B は床を右向きにすべり始めた。小物体 B と床の間の静摩擦係数 μ，重力加速度の大きさを g とする。ただし，糸と滑車の質量は無視でき，滑車は滑らかにまわるものとする。容器 C に砂を加えて小物体 B が運動し始めたときの容器 C と砂の質量の和を求めよ。

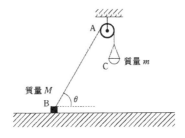

　容器 C は質点として扱うことができるが，その質量が変化する問題になっている．入試物理では物体に対するほぼすべての属性が変化するものと想定する必要がある．

　「この問題はこう解くように作ればいい」というのは簡単だが，"すべての問題を統一的に解くシステム"はできそうだろうか．そのシステムはここまでで紹介していない問題は解けるだろうか？　本節では，初期条件を設定して，ある操作をした結果を問う問題を解くことを想定して，5.2.1 項で，問題テキストを入力として，形式表現を作成するまでの自然言語処理部分，5.2.2 項で，形式表現を入力として，シミュレーションの初期条件となる中間言語を生成する部分，5.2.3 項で，中間言語を入力として，モデリング言語に変換後，シミュレータを自動実行する部分について紹介する．シミュレータ結果の解析部分については，評価が不十分であるため本書では扱わない．

5.2.1　物理問題の意味解析

　物理問題解答では，計算システムである物理シミュレータや数式処理により計算を行うために，式を立てる必要がある．そのため，自然文と画像で構成される問題を解析し，それらの入力に必要な情報を獲得しなければならない．問題文から直接それぞれの計算システムの入力を生成するという手法も考えられるが，ここでは問題を一階述語論理の形式に変換し，それから各計算システムの入力へと変換するという方法を採用した．これは比較的自由な記述である問題文を形式表現という統制された表現に変換しておくことで，新しい計算システムの導入が容易になると考えたためである．

　本項では形式表現の定義と，問題文からどのようにして形式表現を生成するかについて述べる．

(a)　問題文の特徴

　大学入学試験の物理科目において，多くの問題では図 5.2 に示すように問題の対象となる状況についての説明がなされ，その状況から発生する物理現象に対してそのときの物理量に関する問いが出題される．

　問題文は受験者が読み間違いをしないように統制されて記述されており，一般的な文章に比べて容易に理解することができるように書かれている．しかし，それは必ずしも計算機にとっても容易であるということを意味しない．問題文では曖昧性が生じない程度に省略などが使用されることがあるため，それらを解析することが必要である．たとえば，以下の文章を考える．

問4 あらい水平面上での質量 m の物体の運動を考える。図3のように，一端を固定したばねを自然の長さから d だけ縮め，他端に物体を置いて手で押さえた。次に，手を離すと物体は初速度 0 で動き始め，やがてばねから離れて，手を離したときの位置から x だけ進んで止まった。x として正しいものを，下の①〜⑥のうちから一つ選べ。ただし，ばねの質量は無視できるものとする。また，ばね定数を k，面と物体の間の動摩擦係数を μ'，重力加速度の大きさを g とする。

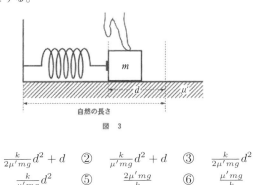

図 3

① $\dfrac{k}{2\mu' mg}d^2 + d$　② $\dfrac{k}{\mu' mg}d^2 + d$　③ $\dfrac{k}{2\mu' mg}d^2$

④ $\dfrac{k}{\mu' mg}d^2$　⑤ $\dfrac{2\mu' mg}{k}$　⑥ $\dfrac{\mu' mg}{k}$

図 **5.2** 物理の試験問題の例（2009 年度大学入試センター試験 追試験 第 1 問）

(1) ばねの一端を天井に取り付け，他端におもりを取り付ける．そして，おもりをばねの長さが d になるまで引っ張った後で "離した"．おもりは振動しやがて静止した．

ここで "離した" には 2 つの解釈が考えられる．

(2) おもりを 手から 離した

(2′) おもりを ばねから 離した

我々は (2) の解釈が正しいと判断できるが，このような省略された要素であるゼロ代名詞の解析は計算機に困難なタスクの 1 つである．一般的な言語処理のタスクとしてのゼロ代名詞解析 [Iida 12] を行うことも可能であるが，他の解析としては，省略されている要素に可能な候補を列挙し，それらをそれぞれ埋めた複数の形式表現を生成し，後段の計算システムに渡して計算可能かどうかによって省略されている要素を推定することも可能であると考えられる．しかし，

そのために可能な候補をどのように列挙するのか，あるいは，省略されている要素が多く存在する場合にどのように生成される候補をあらかじめ削減しておくか，というようなことを考えなければならない．また，物理シミュレータを用いて問題に書かれている状況を再現しようとする場合，その実行には物体の質量や位置などのパラメータを指定する必要があるが，それらのすべてが物理問題では明示的には与えられていない，あるいは，実数値ではなく変数として与えられているという場合がある．このような場合も，さまざまな初期値を指定した複数の形式表現に対してシミュレーションを行い，最適な初期値設定を探すということを行えば可能であると考えられる．しかし，そもそも，それぞれのパラメータについてどのような大きさの値を想定すればよいのか，また，指定すべきパラメータが複数存在する場合に，どのようにして正しく状況を再現するパラメータの集合を獲得すればよいのか，ということは明らかでなく，また，考えられうる候補が非常に多く存在するため，網羅的に試行を行い最適な解釈を探すという方法は現実的ではない．

　問題文の解析では，状況に関する記述の解析が中心となる．新聞などの一般的なテキストに比べて物理問題の状況記述は事実が時系列順に書かれていることが多く，"かもしれない"といった，文の内容に対する話し手の判断や聞き手に対する伝え方などを表すモダリティ表現はほとんど現れず，文の構造も平易である．そのため任意の文を想定とした処理ではなく，頻出する表現パターンを利用した処理で解析を行う．

(b)　物理問題の形式表現

　先に述べたように，問題文を解析し，一階述語論理の形式による形式表現を得る．ここでの形式表現は問題文に書かれている状況に関する要素を表す部分と出題内容を表す部分からなり，状況に関する要素とは，具体的には状況に出現している物体（たとえば"おもり"，"ばね"）とそれらに関する物理量（たとえば"質量"，"加速度"），物体に対して行われる操作（たとえば"置く"，"取り付ける"）と発生する物理現象（たとえば"動く"，"最高点に達する"）である．出題に関する要素とは，どの物理量が解として求められているかとその形式（たとえば"値"，"式"）である．

　形式表現の設計において問題となるのは定義する述語である．物理問題では，日常的な場面が設定され，そこでの物理現象について出題されるものがある．このような問題の解答では，まず書かれている状況をいわゆる物理問題の世界，

表 5.2　述語の種類と数

	種類	述語の数
(a)	物体を表す述語	24
(b)	物理量を表す述語	36
(c)	物体に対する操作を表す述語	13
(d)	物理現象を表す述語	46
(e)	その他	5

とも呼べる抽象的な状況として解釈する必要がある．たとえば，"探査機を惑星に着地させる"や"ボールを床に落とす"という状況を考えたとき，これらは異なる状況ではなく，両方とも"物体が落下する"という状況とみなさなければならない．日常的な場面としてはさまざまなものが題材として取り上げられるため，問題に書かれてある状況を想定し，それらに出てくる要素，特に物体に関してはあらかじめ述語として定義しておくことは困難である．そのため，形式表現では書かれてある状況をそのまま記述するのではなく，物理問題の世界の状況として解釈したときの状況を記述する．これはたとえば，"探査機"や"ボール"といったものに対して，それを表す述語を定義するのではなく，これらを含む事象が"質点が落下する"というものであり，そこに出現する"質点"という述語を定義する，といったことである．一方で，物理量や操作，物理現象に関する表現において，物理問題の世界と日常的な場面との間にほとんど違いはない．

　形式表現で用いる述語は，センター試験の過去問や教科書，参考書などを参考にして，表5.2の5種類を定義した．

　(e) のその他には変数と値の対応や解答形式の指定などがある．それぞれの述語の例を表5.3に示す．

　述語の項の e は時刻を表す．物体の物理量には時刻によって変わりうるものがあり，また，物体に対する操作や発生する物理現象には時間的な順序関係が存在するため，時間が関係する述語には時刻を表す変数を項にもつ．この時刻を表す変数は具体的な時刻を示すものではなく，どの事象が同じ時刻のものであるかや，事象の時間的な順序関係を表し，変数 e_i, e_j に対して，$i \leq j$ ならば $e_i \leq e_j$ である．また，e_1 は初期時刻を表す．

　また，物理問題の表現では"棒の一端"や"ばねの他端"といったように，大きさをもつ物体のある特定の箇所を指す表現や，"台の上"などのように相対的な位置関係を表す表現，また，問題に関するものとして変数の最大や最小を表す表現などがある．これらは関数として定義している．関数は 24 個定義して

表 5.3　定義した述語（一部）

種類	述語	説明
(a)	mass(x)	x は質点である
	box(x)	x は台である
	floor(x)	x は床である
	slope(x)	x は斜面である
(b)	weight(x, y)	y は x の質量を表す
	position(x, y)	y は x の位置を表す
	angle(x, y, z)	z は x と y がなす角の角度を表す
	ga(x)	x は重力加速度の大きさを表す
(c)	connect(x, y, e)	x と y を時刻 e で接続する
	release(x, e)	x を時刻 e で離す
	puton(x, y, e)	x を時刻 e で y に置く
(d)	stop(x, e)	x が時刻 e で止まる
	land(x, e)	x が時刻 e で着地する
	crash(x, y, e)	x と y が時刻 e で衝突する
(e)	assign(x, y, e)	時刻 e における y の値を x とする
	greater(x, y, e)	時刻 e において x は y より大きい
	value(x)	x の値を解答する

表 5.4　関数の例

関数	返値	説明
ittan(id)	物体を表す変数	id の一端
sin(var)	物理量を表す変数	var の正弦
pre(e)	時刻を表す変数	時刻 e の直前

いる．関数の例を表 5.4 に示す．関数の返り値は基本的に項とした変数と同じ種類になる．たとえば，棒は物体であり，棒の一端も物体として扱う．

　図 5.2 の問題に対する形式表現の例を図 5.3 示す．

　形式表現の書式は，1 行目は解答として求められている物理量の変数，2 行目は問題中に出現する物理量を表す変数，3 行目から "-----" までは問題の状況に対する形式表現であり，"-----" 以降は解答の形式である．3 行目以降の状況に対する形式表現ではすべての述語は論理積 (∧) で結合しているとみなす．

　物理量は多くの場合 "物体の速度を v とする" というように 1 つの変数で表現されるが，物理量には時刻によってその値が変化するものがあり，ある時刻での物理量を参照する必要がある．そのため，特定の時刻における物理量を表すために述語 assign を導入している．どの物理量が時刻によって変化しうるかは問題によって変わるため[4]，重力加速度以外の物理量はすべて assign とセッ

---

4)　問題 5.9 のように一般的には変化しない質量であっても，"途中でおもりを追加する" などの操作で変わりうる．

```
x
m,k,d,g,u
mass(id4)                    # 質点 id4
weight(id4,var3)            # var3(e) は id4 の質量
assign(m,var3,e1)          # var3(e1)=m :時刻 e1 の id4 の質量は m
floor(id3)                  # 床 id3
arai(id3,e1)               # id3 は時刻 e1 であらい
horizontal(id3,e1)         # id3 は時刻 e1 で水平である
puton(id4,id3,e1)          # 時刻 e1 で id4 を id3 に置く
spring(id6)                 # ばね id6
cnst_spring(id6,var2)      # var2(e) は id6 のばね定数
assign(k,var2,e1)          # var2(e1)=k: 時刻 e1 の id6 のばね定数は k
connect(satan(id6),id3,e1) # id6 の左端と id3 を時刻 e1 で接続する
tidimeru(id6,d,e1)         # id6 を時刻 e1 で d だけ縮める
puton(id4,utan(id6),e1)    # id6 の右端と id4 を時刻 e1 で接続する
hold(id4,e1)               # id4 を時刻 e1 で保持する
release(id4,e2)            # id4 を時刻 e2 で離す
move(id4,e3)               # id4 が時刻 e3 で動く
hanareru(id4,id6,e4)       # id4 と id6 が時刻 e4 で離れる
stop(id4,e5)               # id4 が時刻 e5 で止まる
position(id4,var4)         # var4(e) は id4 の位置
assign(p1,var4,e2)         # var4(e2)=p1: 時刻 e2 の id4 の位置は p1
assign(p2,var4,e5)         # var4(e5)=p2: 時刻 e5 の id4 の位置は p2
assigndistance(p1,p2,x)    # p1 と p2 の距離を x とする
ga(g)                       # g は重力加速度の大きさ
-----
value(x)                    # x を求めよ
```

図 **5.3**　図 5.2 の形式表現

トで記述する．たとえば，先述の例の

$$\text{weight}(A, varw) \wedge \text{assign}(m, varw, e_1)$$

は質点 A の質量を $varw$ とし，時刻 e_1 での $varw$ は m である，すなわち，時刻 e_1 での質点 A の質量は m である，ということを表している．

(c)　意味解析手法[5]

問題文から状況に関する形式表現を得るための処理は以下のとおりである．

1. 問題文の形態素解析，係り受け解析，述語項構造解析，共参照解析を行う．

---

5)　模試では，意味解析の結果ではなく正解の形式表現を入力としている．

2. あらかじめ用意しておいたパターンによって物理量の形式表現を獲得する.

3. 述語項構造解析の結果から物体，操作，物理現象を表す形式表現を獲得する.

4. 接続表現[6]に基づいて，時刻を必要とする述語の時刻を決定する.

　物理問題には状況を表す図が付随していることが多く，図にしか書かれていないような情報がある. たとえば，図 5.2 の問題では "一端を固定したばね"，"(ばねの) 他端に物体を置く" とあるが実際には "一端"，"他端" はそれぞれ "左端"，"右端" である. 本来ならば，物体認識などの画像解析技術を用いて，必要な情報を抽出しなければならないが，今回の取り組みでは，図から得られる情報の多くは物体間の位置関係であり，これらはあらかじめ図に対するアノテーションとして人手で付与しておき，それを解析時に用いることとした.

　形態素解析，係り受け解析は既存の解析器を用いているが，物理問題によく表れる表現や物理量に関する表現を人手で列挙し形態素辞書に登録している. 述語項構造解析に関しては，既存の解析器ではなく係り受け解析の結果をもとに，述語の態，係り受け関係，名詞に後接する助詞などの情報を利用したルールベースの解析器を構築し，用いている. 共参照解析も同様にルールベースの解析器を構築した.

　先に述べたように，物理問題では日常的な世界での状況が記述され，それらを物理問題の抽象的な概念へと解釈する必要があることが多い. 特に物体に関しては，"人工衛星" や "ボール"，"小鳥" などさまざまなものが出現し，また，同じ表現であっても文脈によって解釈は変わりうるため，あらかじめ，どのような物体表現が出現し，それらが物理問題でのどの抽象的な概念に対応するかを辞書として用意しておくことは不可能である. たとえば，以下の文における "レンガ" はそれぞれの文中で異なる役割をもつ.

(3)　　ボールをレンガに落とす.

(3′)　レンガを落とす.

文 (3) では "レンガ" は床と同じ扱いであるため述語 floor で表されるが，文 (3′) では質点である mass という述語で表される. このように実際の変換では文脈を考慮する必要がある.

---

6)　"そして" や "〜の後に" など，文や節同士の関係を表す表現.

衝突する	が:mass, に:mass|floor	crash(が, に, e)
接する	が:mass, に:mass|box|spring	contact(が, に, e)
投げ下ろす	を:mass, から	throwdown(を, から, e)
静止する	が:mass|box	stop(が, e)

図 **5.4**　動詞のフレーム辞書

一方で，動詞や形容詞などの操作や物理現象を表す表現は物体を表す表現に比べて数は限られている．そこで，動詞が取りうる格にどのような要素が入りうるか，そしてその動詞がどのような述語に対応し，それらの項にどの格の要素が入るかを定義したフレーム辞書（たとえば図 5.4）を作成し，述語項構造解析結果からこのフレーム辞書をもとに物体表現の変換を行う．

特に名詞はさまざまなものが出現するが，文の形としては基本的には統制されているため，頻出する表現を中心に述語項構造解析の結果からどのような述語を生成するかに関してのパターンを作成し，それによって形式表現を生成する．

物理量を表す表現は，たとえば "物体の質量を m とする" や "質量 m の物体" のようにある程度は定型的である．そのため，物理量に関する述語の推定は，まず物理量を表す表現（たとえば "質量"，"高さ" など）に着目し，それを基点とするパターンを用いて行う．

関数も同様に，どういう表現がどういう関数に該当するかの辞書を用意しておき，それを用いて形式表現を得る．

最後に，得られた述語のうち，時刻が関係するものの各時刻を推定する．具体的には，まず操作，物理現象に関する述語の時刻を同定し，それらの述語に関係している物理量の時刻を同定する．問題文は基本的に時系列順に書かれているため，前から順番に時刻を付与していくが，"〜の前に" など時刻が逆転するような手がかり表現をあらかじめ登録しておき，それらが出現すると時刻を逆転するというような操作も行っている．

解答に関する部分の解析は，ある時刻の物理量を答えるような問題に関しては出題の仕方がある程度定型であるため，表現のパターンから解答に関する形式表現を生成する．たとえば，"〜したときの，[物体] の [物理量] を表す式を選べ." という表現から，"〜" に該当する述語の時刻と [物体] の [物理量] の情報から物理量を表す述語を生成し，その変数を解答とする述語を生成する．

物理問題は出現する要素はさまざまであるが，表現としてはある程度統制さ

れているため，解析においては，よく出てくる表現のパターンからそれに該当
する形式表現のパターンを生成するという手法を用いている．しかし，これで
すべての表現が網羅できているというわけではなく，パターンに合わないよう
な表現にも対応できるような手法も取り入れる必要がある．

(d)　問題文と形式表現のギャップ

　力学に限っただけでも，物理問題ではさまざまな状況が取り上げられる．先
に述べたように，基本的にはそれらの状況を物理問題の世界として解釈すると
いうことを行うが，すべての問題が形式表現で記述できるというわけではない．

　形式表現は単に定義した述語を用いて記述できればよいというわけではなく，
この後に続いている計算システムを考慮しなければならない．つまり，記述だ
けを考えるならば，必要な述語を定義すれば可能であろうが，定義した述語と
計算システムの要素が対応していなければそのシステムにとっては意味をなさ
ない．

　物理問題に出現する要素の多くは "おもり" や "ばね" などのような基本的な
物体であり，あらかじめそれらの機能を計算システム側で用意しておき，"平ら
な床の上に置かれた物体" のように組合せを考えることは可能であろうが，た
とえば "穴の開いた円板" のような複雑な形状の物体や，"細い金属でできた棒
を直角に折り曲げ…" といったような物体の変形操作を，あらかじめ想定しそ
のすべてをシステムの機能として定義しておくことは困難である．

　人間が物理問題を解く場合を考えると，問題文を理解する中で "穴を開ける"
や "折り曲げる" という動作そのものを理解しているというわけではなく，結果
としてどのような形状になっているかを理解する．この点から考えれば，最終
的にどのような形状になったかが理解できれば，変形操作などの途中経過を解
釈する必要はないように思われる．しかし，最終的な形状はいわゆる基本的な
要素ではなく，たとえば，問題 5.5 のようなコの字型の物体や，ドーナツ型の
円板であったり，L 字型の棒であったりと，それぞれを個別の要素として定義
するというのは列挙可能であるかという観点から考えると依然として難しい．

　さらに，この問題にはもう 1 つ考えなければならない要素がある．人間は最
終的な形状を理解すると述べたが，そのためには実際にどの時刻における状況
が最終的な形状かを考える必要がある．力学の問題解答では，ある時刻におけ
る状態があり，そこに対して何らかの操作によって次の状態へと変化する，と
いうように問題の場面を解釈していると考えられる．これは，問題を解答する

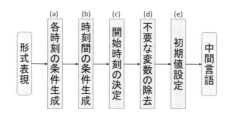

図 **5.5**　シミュレーションの初期条件の生成手順

ために注目しなければいけない時刻を推定していると考えることができる．たとえば，問題 5.4 などのエネルギー保存則を用いる問題では，ジェットコースターのように滑らかな起伏をもつ斜面や環状のレール上を動く物体についての問題が出題されることがあるが，問題解答では初期時や環状のレールの頂点にあるときなど特定の時刻においての状態がわかればよく，どのようにしてその状況になったか，あるいは途中の状況は無視できる．しかし，物理問題の形式表現は状況の記述を行うのみであり，どの時刻を注目しなければいけないかという要素は考慮せず，基本的には書かれてあることを記述するため，"起伏をもつ斜面" などが定義されておらず形式表現が生成できない，という状況が起こりうる．

　また，問題を日常的な状況として表現するために冗長的な記述がなされることがある．たとえば，"斜面の上端の板にばねを取り付ける" という記述をそのまま解釈すると，斜面と板とばねという要素があり斜面と板，板とばねが接続しているというものになる．しかし，物理問題ではばねは 2 次元的なものと解釈されるため，実際には斜面の上端に直接ばねが接続されているというように解釈する必要がある（問題 5.1）．

5.2.2　形式表現からシミュレーションの初期条件生成

　本項では，シミュレータの「初期条件生成」部について述べる．図 5.5 にその処理手順を示す．最初に，各時刻で発生する状況を解析して，そこから制約条件を生成する．次に，エネルギー保存などの時刻間における条件などの制約条件を追加する．シミュレーションを開始する時刻を決定し，その時刻で必要となるシミュレーションの初期値を構築し，最後に，中間言語を作成する．以降，各手順について 2009 年度大学入試センター試験物理 I 第 1 問，問 1 を，距離を求める問題に修正したものを用いて紹介する．

```
d
u,v,g
mass(A)                      # 質点 A
floor(Z)                     # 床 Z
horizontal(Z,e1)             # Z は時刻 e1 で水平である
arai(Z,e1)                   # Z は時刻 e1 であらい
dfc(A,Z,var2)                # var2(e) は A と Z の間の動摩擦係数
assign(u,var2,e1)            # var2(e1) = u: 時刻 e1 の動摩擦係数は u
on(A,Z,e1)                   # A は時刻 e1 で Z の上にある
velocity(A,var3,var4)        # var3(e), var4(e) は A の速度の大きさと向き
assign(v,var3,e1)            # var3(e1) = v: 時刻 e1 の速度の大きさは v
slip(A,e1)                   # A は時刻 e1 ですべる
stop(A,e2)                   # A は時刻 e2 で止まる
position(A,var5)             # var5 は A の位置を表す
assign(p1,var5,e1)           # 時刻 e1 での小物体の位置を p1 とする
assign(p2,var5,e2)           # 時刻 e2 での小物体の位置を p2 とする
assigndistance(p1,p2,d)      # p1 と p2 の距離を d とする
ga(g)                        # 重力加速度の大きさを g とする
-----
value(d)                     # d を求めよ  [解答: v^2/(2*u*g)]
```

図 5.6 問題 5.10 に対応する形式表現

【問題 5.10】［2009 年度大学入試センター試験 第 1 問 問 1］　水平なあらい面上で小物体を初速度 v ですべらせた．小物体が静止するまでに進んだ距離 d を求めよ．ただし，小物体と床の間の動摩擦係数を u，重力加速度の大きさを g とする．

この問題は，エネルギー保存則により解くことができる．小物体の質量を m とすると

$$\frac{1}{2}mv^2 = \mu mgd$$

であるので，$d = v^2/2\mu g$ が得られる．

　図 5.6 は問題に対応する形式表現を人手で作成したものである．前項で示したように形式表現は，床を表す floor(Z)，小物体（質点）を表す mass(A) などの物体の定義，arai(Z, e_1)（あらい），horizontal(Z, e_1)（水平な），stop(A, e_1)（静止する）などの物理現象に関する述語，dfc()（動摩擦変数）の変数宣言と assign() での代入操作による物理量の設定，add_force()（力を加える）などの物体に対する操作に関する述語などから構成される．

表 5.5 物理現象に対する意味記述の例

述語	変換後の論理式
horizontal(A, e_i)	$A^{e_i}_{\text{angle}} = 0$
arai(A, e_i)	$A^{e_i}_{dfc} > 0$
slip(A, e_i)	$|A^{e_i}_{velocity}| > 0$
stop(A, e_i)	$|A^{e_i}_{velocity}| = 0$
assigndistance(A, B, d)	$d \geq 0 \wedge (A_x - B_x)^2 + (A_y - B_y)^+ (A_z - B_z)^2 = d^2$

e_1, e_2 などは各操作・状況が行われている時刻を表す.時刻には,$e_1 \leq e_2 \leq \cdots$ の関係が保証されているが,等号が成立する,つまり複数の状況が同時刻に起こっている可能性があることに注意する.

シミュレータ上に準備している小物体に対応するモジュールは「初期位置」,「初期速度」,「質量」を属性としてもち,床に対応するモジュールは「位置」,「角度」,「摩擦係数」を属性としてもつ.これらはすべてシミュレーションの実行の際に適切な数値を設定する必要がある.たとえば,問題 5.10 において,小物体の位置(シミュレーション上の座標)や質量は記述されていない.また,動摩擦係数や重力加速度の大きさは変数で与えられているが,シミュレーション実行には適切な数値を設定しなければならない.

(a) 各時刻の条件生成

最初の段階では,形式表現を解析し,それぞれの物体の属性値による条件式を構成し,一階述語論理式で記述する.以下,物体 P の時刻 e_t における属性 a の値を $P^{e_t}_a$ と表すことにする.たとえば,属性 x, y, z, angle はそれぞれ物体の x 座標,y 座標,z 座標,角度を表す.また,床は,xz 平面を z と軸を中心に回転させた後,平行移動したものとしている.つまり,ある点 $(Z^{e_t}_x, Z^{e_t}_y, Z^{e_t}_z)$ を通り,$(-\sin Z^{e_t}_{\text{angle}}, \cos Z^{e_t}_{\text{angle}}, 0)$ と垂直な平面と定義している.そのため,床 Z 上の点は,ダミー変数 t を用いて

$$(Z^{e_t}_x + t \cos Z^{e_t}_{\text{angle}}, Z^{e_t}_y + t \sin Z^{e_t}_{\text{angle}}, Z^{e_t}_z)$$

と書ける.したがって,on(A, Z, e_1)(物体 A は時刻 e_1 で床 Z 上にある)はダミー変数 t を用いて,以下の等価な条件に書き換えることができる.

$$\exists t(A^{e_1}_x = Z^{e_t}_x + t \cos Z^{e_t}_{\text{angle}} \wedge A^{e_1}_y = Z^{e_t}_y + t \sin Z^{e_t}_{\text{angle}} \wedge A^{e_1}_z = Z^{e_1}_z)$$

また,各時刻で成立する関係式もこの段階で生成する.たとえば,運動方程式などを構築する属性値の間にも条件式が成立し,(ばねの長さ)=(ばねの自然

長) + (ばねの伸び) のような関係式を追加する. 表 5.5 に本問題で必要な意味
記述の変換後の論理式を示している.

(b) 時刻間の保存関係の生成

時刻間の保存関係を生成するために, まず, 時刻 e_{i-1} と e_i が同時 ($e_{i-1} = e_i$)
に発生したかを判定する. 本システムでは時刻 e_i において以下のような述語が
含まれるかで判定する：cut (糸を切る), add_force/add_acceleration (力/加速度
を加える), tidimeru (ばねを縮める), release (手を離す), throwup/down (投げ
上げる/下ろす), hikiageru/sageru (引き上げる/下げる). また, $e_i = e_{i+1}$ は,
時刻 e_i において以下の述語が含まれるかどうかで判定する：crash (衝突する).
たとえば, 衝突する状況では, その直後の状況の説明が必ず記述される. 糸の
切断や手を離す, 投げ上げるなどの操作はその前の状況が記述され, その状態
を保ったまま操作が行われるため, 同時刻に行われているとしなければならな
い. 問題 5.7 の問題文中では手を離して e_i, 下降して e_{i+1}, 床に到達 e_{i+2} して
いるが, システムでは $e_i = e_{i+1}$ としている. $e_i \neq e_{i+1}$ とすると, 時刻 e_{i+1} で
の位置と速度が特定できないので, e_{i+2} での状態を求められなくなる. 問題 5.6
では手を離して e_i, 運動し始めた e_{i+1} がこれは同時に発生している.

$e_{i-1} = e_i$ の場合には, その時刻間において, 物体の位置, 長さなどの属性値
が変化しない. また, 変化したことが記述されない場合, 速度も変化しないと
する. たとえば,「衝突」が発生した場合には, 衝突していない物体は速度は変
化しない. 衝突した物体の速度は通常変化するが, 運動量は保存するのでそれ
を条件として追加する. このように同時設定にすることで, 制約条件を追加で
き, 変数の自由度を下げることができる.

一方, $e_{i-1} \neq e_i$ の場合には, エネルギー保存などの関係式を条件として追加
する.

また, 本システムでは, 物理問題の特性として, 物理現象に変化があった場
合にはその状況が必ず記述されると仮定する. つまり, 前の時刻において設定
された条件が変化する述語がなければそれは継続しているとして, 条件を付加
する. たとえば, 小物体が時刻 e_i に床の上に置かれた場合には,「飛び出す」な
どの状況変化が記述されない限り, それ以降の時刻 $e_{i+1}, e_{i+2}, \ldots$ において小
物体は床の上にあると仮定する. 実際に入試問題ではそのような説明になって
いる. 問題 5.4 では, 小物体は点 A ではすべっているので, 面の上にあり, 点 B
ではその状態を保持している. 点 C で「飛び出した」ことで面の上から離れる.

問題 5.3 では，最初に小物体は床の上に置かれてから，離れることはない．

システムは，問題 5.10 に対しては 38 個の変数を用いた 79 個の条件を生成した．

(c)　シミュレーション開始時刻

実装上の課題の 1 つであるが，現状では「○○して，△△したときに，××した」というように，△△が発生したことを検出して，そのときを初期条件として別のシミュレーションを開始するタイプの複数の時刻での状況・操作を設定する手段がない．そのため，シミュレーションの開始時刻は追加設定がない最後の時刻にする必要がある．また，自然現象ではなく外部からの操作が加えられている場合は，シミュレーションの途中で扱うのは都合が悪いため，そのような時刻はシミュレーションの対象外としたい．そこで，時刻 e_1 か以下の述語が含まれる時刻のうち最も遅い時刻をシミュレーションの時刻として採用する：cut（糸を切る），add_force/add_acceleration（力/加速度を加える），tidimeru（ばねを縮める），release（手を離す），throwup/down（投げ上げる/下ろす），hanareru（離れる），disconnect（切断する），drop（落とす）．

問題 5.6 が複数の時刻を組み合わせた問題の例で，開発中のシステムでは，「小物体を支える手を離す」時刻ではなく，「小物体がばねから離れた」時刻をシミュレーションの開始時刻として設定する．

(d)　不要なパラメータの除去

各物体の属性値のうち，問題文中に出てこない変数を数式処理技術を用いて消去する．ここで利用するのが，数学の主ソルバーとして利用している実閉体上の限量子消去 RCF-QE である．RCF-QE を利用すれば，限量子がついた変数を消去した入力と等価な論理式が得られる．物理問題では，不要な変数には，いつでも存在限量子 ∃ を付与すればよい．これまでに作った制約条件からなる論理式に RCF-QE を適用することで，必要な変数からなる論理式を構築することができる．大学入試の物理の力学問題においては，斜面を扱う場合などに角度 θ を扱う三角関数が現れるが，ほぼすべての問題で，ダミー変数 c, s を用いて，$c = \cos(\theta) \land s = \sin(\theta) \land c^2 + s^2 = 1$ の条件を用いて実閉体の一階述語論理式に帰着させることが可能である．筆者らは，RCF-QE ツール SyNRAC [Iwane 14] を拡張し，三角関数が含まれる場合にも変数の消去を実現している．

問題文中に出てこないすべての変数を消去できないことに注意する．たとえば，問題 5.10 における小物体 A の質量は，シミュレーションの初期条件とし

表 5.6　シミュレーションの初期条件（変数）

物体	属性	値
A	質量	m where $m > 0$
A	初期速度	$\{v_x, v_y\}$
A	初期位置	$\{Z_x + t, Z_y\}$
Z	角度	0
Z	位置	$\{Z_x, Z_y\}$
Z	動摩擦係数	u where $u > 0$

て与える必要があるが，問題文中に現れる変数 v, u, g では表現できないため，最後まで残す必要があり，消去しない変数の選択がこの段階では重要な要素となる．最終的に，表 5.6 が得られる．

(e)　初期値設定

最後の段階で，残った変数について制約条件を満たす適切な初期値を求める．

最初に，問題文中で具体的な座標設定がない場合に平行移動しても一般性を失わないことを利用して，原点を設定する．問題 5.10 の場合，システムは床 Z の位置を原点とした．

次に，他の変数との制約条件が残っていない変数の値を設定する．ここでは任意の値を設定できるが，数値的に得られた結果が，選択肢の式に代入して比較できるようにするため，異なる素数を設定する．問題文中に含まれる変数でも制約があることに注意する．たとえば，質量は正であるなどの範囲制約があるし，問題 5.1 では，ばねが壁にぶつからない程度の初速度である必要がある．

最後に制約条件が残っている変数の値を決定する．まず最初に，対象とする変数以外を存在量化し，限量子消去を用いて，不要な変数を消去する．すると，1 変数からなる論理式が得られる．1 変数からなる論理式でもそれを満たすときの値を見つけることはそんなに容易ではないが，ここに CAD（4.2.4 項 (a) 参照）を適用すると，たとえば，$1 < x \leq 2 \vee 4 \leq x < 5$ といった区間の論理和の形に変換できる．これにより，得られた区間の中から容易に条件を満たす値を見つけることができる．この論理式を満たす値はどの値を選択してもいいので，任意に選択することで初期値設定が実現できる．

これらの操作により，問題 5.10 では，表 5.7 が得られる．

(f)　まとめ

本項では，シミュレーションの初期値設定方法について紹介した．

(c) で複数の時刻を扱う問題では，シミュレーションの開始時刻までの条件をすべて求めている．したがって，現状の複数の時刻の組合せを実現できない状

表 **5.7** シミュレーションの初期値

物体	属性	値
A	質量	7
A	初期速度	{5,0}
A	初期位置	{13,0}
Z	角度	0
Z	位置	{0,0}
Z	動摩擦係数	3

況では，シミュレーションで物理問題を解くためには，シミュレーションなし
で物理問題を解くためのほとんどの準備が必要となる．実際，2016 年度のベ
ネッセ・進研マーク模試でも，シミュレーションなしでいくつかの問題を解い
ているし，初期値を求める問題はここでの手法をもとに解決している．つまり，
ここでの関係式の構築を完全に行えば，ほぼすべての力学問題をシミュレーショ
ンなしで解くことが可能となる．また，この方法は記号演算により実現してい
るので，記述式の問題にも対応できるメリットがある．

　一方で，複数の時刻を組み合わせる問題は，単純な問題であることが多い．シ
ミュレータを利用することを前提とすることで，複雑な問題はシミュレーショ
ンに任せて，初期値生成に必要な式構築は基本的な状況だけ網羅すればよく，開
発効率が良い．また，RCF-QE が計算量が多いために解けない問題が，シミュ
レーションとの組合せによって解けたような問題もあった．

　課題としては，実装において準備していない制約条件などが現れた場合の対
応がある．たとえば，問題 5.1 において，「…小物体は台の上で滑ることなく…」
という条件を満たす初期値を求めるためには，摩擦に関する条件をあらかじめ
実装して，求められるようにしておく必要があるが，選択肢がある問題におい
ては，選択肢との誤差を最小化するように繰り返しシミュレーションを行うこ
とで求める方法が考えられる．

5.2.3　シミュレーションの自動実行

　前述のとおり，シミュレーションによって問題を解くためには，物体やばね
を床や斜面の上に配置するなど，問題に書かれた状況をシミュレーションのた
めのモデルとして構築する必要がある．そこで，生成された形式表現からモデ
ルを自動的に構築するために，物理問題に適したコンポーネントと呼ぶ要素の
ライブラリ作成を行い，さらに，形式表現からモデル情報への変換規則を簡潔

に開発するため，中間言語として Maple [7]とその上に関数群を導入した．ここで生成されるモデル情報は，Modelica [8]というモデリング言語で記述されており，コンポーネントの組合せおよびパラメータと初期条件の設定で表現される．本項では，物理シミュレータ環境の解説をした上で，シミュレーション自動実行を実現し，物理問題を解くために開発した手法とその課題について解説する．

(a)　物理シミュレータ

物理シミュレータとは，ある物理現象を計算機上に再現するためのツールである．その物理現象を再現するために作成する計算対象をモデルと呼び，通常，そのツールがあらかじめ準備している物理的な事象を表現するための要素（コンポーネント）を組み合わせて構築する．この世の中にはさまざまな物理シミュレータが存在するが，ここでは，Modelica というモデリング言語をサポートしているツール群について解説する．

Modelica は，オブジェクト指向のマルチドメイン・モデリング言語であり，機械，電気，熱，流体，制御等，さまざまな分野を含むシステムのモデリングに適しており，特に物理現象を再現するモデル構築に使われている．この Modelica は，オープンソースであり，その仕様が公開されているため，特定のツールに依存することなく，利用することができ，仕様策定・メンテナンスは非営利国際組織の Modelica association によって行われている．また，Modelica によって記述されたさまざまなコンポーネントのライブラリも，同協会によって公開されている．

Modelica をサポートする商用ソフトウェアとして，Maplesoft [9]が開発するMapleSim[10]というツールがある．この MapleSim は，Maple を計算エンジンとして使用しており，数学問題との連携や，その他拡張性の観点で，物理問題へのシミュレータとして採用した．

図 5.7 に物理シミュレータの利用イメージを示す．再現したい物理現象に合わせて，必要なコンポーネントを各種ライブラリより選択し，モデルを構築する．シミュレータはモデル内のコンポーネントおよび結線に定義されている数式をすべて連立した上で，数値積分ソルバーが計算できる式構造へ変換し，数値積分つまりシミュレーションが実行する．その実行結果は，数値およびグラフ

---

7)　http://www.cybernet.co.jp/maple/product/maple/
8)　https://www.modelica.org/
9)　https://www.maplesoft.com/
10)　http://www.cybernet.co.jp/maple/product/maplesim/

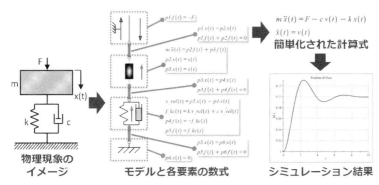

図 **5.7** 物理シミュレータの利用イメージ

図 **5.8** Modelica の記述例

として確認することができ，利用者はそれらから，物理現象が再現されているか，各種パラメータの影響はどれくらいか，などを分析することが可能である．

図 5.8 に，図 5.7 で紹介した 1 自由度振動系モデルの Modelica 記述を示す．コンポーネントの記述例は，併進運動を表現した場合に利用する質量のものであり，次のニュートンの運動方程式が定義されている．

$$m\frac{d^2 s}{dt^2} = f$$

また，モデルの記述は，そのモデル内で存在するコンポーネントを宣言し，必要に応じて初期値やパラメータ値を割り当てた上で，そのコンポーネント同士の接続を connect という関数で定義するものである．詳しい言語仕様については，言語仕様書である Modelica Language Documents [11])などを確認してほしい．

このように，Modelica をサポートしている物理シミュレータでは，解きたい問題で必要となる要素群，つまりコンポーネントライブラリと，それらのコン

---

11) https://www.modelica.org/documents

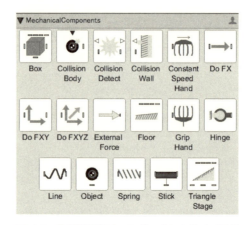

図 **5.9**　物理問題向けコンポーネントライブラリ

ポーネントを組み合わせて表現したモデルの Modelica 記述によって計算が可能になる．次項からは，物理問題を解くために開発したライブラリおよび，モデルの Modelica 自動生成手法について解説する．

(b)　力学問題向けコンポーネントライブラリ

物理の力学問題におけるさまざまな物理的な要素の出現頻度を分析した上で，図 5.9 のようにコンポーネントライブラリ MechanicalComponents を開発した．このライブラリは，MapleSim が標準でもつ 3 次元の機構運動を表現するマルチボディライブラリのコンポーネントを中心に用いて作成しており，それぞれの要素は，質点，台，床，ばね，糸のように形式表現で取り扱っているのと同様の単位で用意している．また，各要素がもつ変数およびパラメータは，その要素の属性を含むように設計しており，ばねであれば，ばね定数，長さ，弾性力を含む．

図 5.10 に，コンポーネントの例として床を示す．床の要素がもつ基本的な機能としては，ある大きさの平面を定義することにある．しかし，それだけでは力学問題に対応することができず，平面に傾きを定義すること，摩擦の有無の設定，また，ある物体を置くだけでなく，物体が落下してくる，という状況を表現するため，ある物体と床の間の接触状態を計算できるような仕組みも備えるような設計としている．このように，単純に過去の問題で現れた要素をライブラリに追加すればよいというものではなく，可能な限り，一般性を保った形で，さまざまな条件に対応することが求められ，過去出題されていなかった未

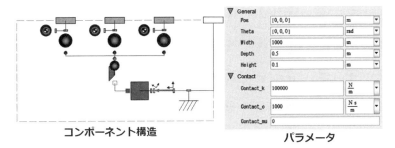

図 5.10 コンポーネント例：床

形式表現（.lf）

⬇ box(id1)

中間言語（.mpl）

⬇ SimulationModeling:-AddElement(MCode, DIC, box, id1):

Modelica（.mo）

MechanicalComponents.Box id1 (Mass=5*m, Height=__v__id1_heightE,

図 5.11 形式表現と Modelica をつなぐ中間言語

知の問題にも適応可能なライブラリを構築することは非常に困難なものである.

(c) 中間言語を用いたモデル自動生成

形式表現と Modelica の間には非常に大きな差があり，この 2 つを直接変換することも可能ではあるが，変換規則や，付随的な情報を付加するような補助機能も必要となる．そのため，中間言語として Maple とその上に関数群を導入することで，効率的な開発を実現している.

図 5.11 に，形式表現から Modelica へ変換する流れを示す．形式表現には，box つまり台が id1 という名前で存在することが書かれている．これに対して，中間言語では，開発した SimulationModeling という名前の関数群に含まれている AddElement という関数に対して，box と id1 を引数として与えることで，Modelica では，box に対応した Modelica 記述がモデル全体の記述に追加されるという仕組みである．図 5.11 の Modelica 記述を見ると，Mass=5*m となっており，これは質量を表す Mass というパラメータに対して，5*m という値が設定されていることを意味する．このパラメータの値を設定するという操作は，AssignParameter という関数を利用することで行うことができる．問題文中では，台の存在と，その質量の表現は別々に書かれていることもあり，また，こ

object,	"MechanicalComponents.Object	1(Mass=1, In
box,	"MechanicalComponents.Box	1(Mass=1, He
trianglestage,	"MechanicalComponents.TriangleStage	1(Mass=1, In
floor,	"MechanicalComponents.Floor	1(Pos={0, 0,

図 **5.12** 関連付けを定義する辞書ファイル

の例のように間接的に「質量 m のある物体の 5 倍の質量」という記述になって
いることもある．そのため，AddElement である要素の存在を追加する際に同
時にパラメータ値を設定できるようにするのではなく，関数を組み合わせて表
現する設計となっている．

上記で，関数 AddElement によって，形式表現に対応した Modelica 記述が
追加される仕組みであると説明したが，この形式表現と Modelica 記述の関連
付けは，図 5.12 に示す辞書ファイルによって行っている．台を例として取り上
げると，形式表現では box であり，Modelica 記述ではコンポーネントライブラ
リ MechanicalComponents の Box であると定義している．

このように，変換規則自体を記述した辞書ファイルと，変換作業を行う関数群
SimulationModeling を中間言語である Maple 上で使用することによって，物
理問題の対応範囲を拡張するためにコンポーネントライブラリが拡張された場
合でも，簡潔に対応できる仕組みを実現した．

(d) 本解法の課題

図 5.13 に，2016 年度大学入試センター試験（問題 5.1）のモデル化を行い，
シミュレーション実行した結果を示す．この問題の物理現象が正しく再現され
ていることが確認できる．一方で，このモデルを文章だけで自動生成すること
は前述のとおり，極めて難しい．最初に課題となるのは，「…ばねがあり，台と
衝突すると…」という文章から，衝突つまり接触問題としてモデル化するため
に擬似的に板のようなものをばねの端に付加するという定義を自動的にするこ
とである．図中では，Triangle Stage という要素を利用して模擬しているが，あ
らかじめ，過去の問題からこのような問題設定であった場合の変換規則を定義
できていなければ，実現は不可能だと思われる．

(e) まとめ

本項ではシミュレーションの自動実行による解法について紹介した．過去に
出題された問題を分析し，それに基づき物理の力学問題に対応したコンポーネ
ントライブラリや変換規則を整備することで，解ける問題の範囲拡大が可能で
ある．力学以外にも電気回路については同様のアプローチをとることができる．

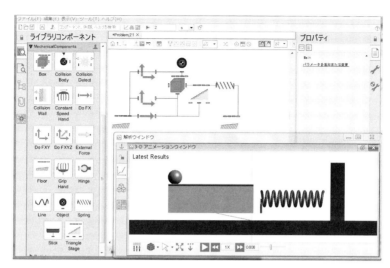

図 **5.13** 2016 年度大学入試センター試験 第 4 問 問 3 のシミュレーション

しかし，人間が手でモデルを作成する場合に行うような，問題を簡易化し，計算できる問題に写像するようなことを，計算機が自動で実施することは困難である．そのため，事前にどれだけコンポーネントライブラリや，形式表現からの変換則を準備できるかで解答能力の上限が決まる．一方で，大学入試の 2 次試験に対する今後の可能性として，数学問題で利用されているソルバーとの連携により，2 次試験で求められる導出過程を含む解答が期待できる．これは，Maple および MapleSim の連携により，問題より生成されたモデルから記号計算可能な数式の抽出が可能なためであり，本解法の本質的な有効性であると言える．

5.3　図形を含む静的つり合い問題の求解

ここでは，図形を含む問題を対象とした求解システム，特に，問題 5.8 のような静的つり合い問題（すべての要素に働く力がつり合っていて静止している状態を扱う問題）を対象としたものについて紹介する．今回の取り組みでは，文字認識や文章理解・図形認識などは実装の対象外とした．よって，求解システムへの入力として，文章から得られる情報を形式表現で表したものと，図で得られる情報を図形エディタ上で表現したものを手作業で作成して用いた．求解システムでは，まず形式表現中の要素と図形中の要素の対応関係を求め，さ

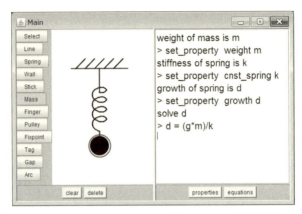

図 **5.14**　求解システムの画面スナップショット

らに，図形要素の位置関係から要素間の関係を求めた．それらの結果をもとに，あらかじめ定義されていた規則に従って，物理法則を表現した連立方程式を立て，それを数式処理ソルバーに渡して解答生成を行った．問題文の言語表現に含まれる曖昧性を解消するために，複数の解釈の可能性を考慮した上で，うまく答えが求められたものを選ぶといった処理を内部で行っている．

5.3.1　求解システムの概要

図 5.14 に求解システムの画面スナップショットを示す．左側が描画領域となっており，ここに図形データを入力する．右側がコマンドラインインタフェースとなっており，ここに文章から得られる情報をコマンドとして入力する．計算の結果もここに提示される．

描画領域は標準的なドローエディタのように動作する．ツールパネルから描くオブジェクトを選んで，マウスクリックやマウスドラッグで場所や形状を指定する．現状では，糸・ばね・壁・棒・質点・手・滑車・支点・ラベル・長さラベル・角度ラベルをツールとして用意している．特徴的な点としては，質点やばねといった物理的なコンポーネントを表すオブジェクトの他に，ラベルを表すものや，長さを示すものが用意されている．通常はこのようなプロパティ情報はオブジェクトの中に隠されていて，ダイアログボックスやプロパティパネルを利用して入力するが，ここでは試験問題の図と同じように必要な値だけを直接オブジェクトとして図中に含められるようにしている．コマンドラインインタフェースは，キーボードでテキストを入力することでシステムに文章から

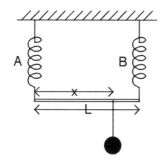

図 **5.15**　定数か未知数か曖昧な例．A と B の伸びが異なれば x は定数として扱うべき．同じなら未知数（2009 年度大学入試センター試験 第 4 問 問 1【問題 5.8】）

得られる情報をコマンドとして入力する．将来的には，問題文の自然言語を入力としてサポートすることを目標としているが，現時点では決められた形式に従って入力するコマンドラインインタフェースとなっている．

　具体的には，まず，「[プロパティ名] of [オブジェクト名] is [ラベル]」といった形式のコマンドで，オブジェクトのプロパティのラベルを設定する．たとえば，ばね定数を指定する場合には，試験問題での表記と同様「stiffness of spring is k」と入力する．[オブジェクト名] の部分は，mass（質点）や spring（ばね）といったオブジェクトの種類でもよいが，複数存在する場合には，「stiffness of A is k」のように，タグを利用して指定する．「solve [ラベル]」と入力すると，その問題を解いた結果を返す．図 5.15 は，簡単なばねのつり合いの問題を提案システムを利用して解いた様子を示している．ばねが 2 つあるので，区別するために A および B のラベルが付けられている．またそれぞれのばね定数として，k および K が示されている．この図に対して，ばねの伸びが両方とも d であることをコマンドラインインタフェースで設定し，「solve d」と指示することで，d の式が得られている．

5.3.2　実装

　求解システムは，図形処理モジュールと，コマンドライン処理モジュール，および計算モジュールから構成されている（図 5.16）．図形処理モジュールは，描画領域内が編集されるたびにその内容を解析し，その結果を計算モジュールに送る．コマンドライン処理モジュールは，コマンドラインから指示が出されるたびにそれを解釈し，計算モジュールに送る．計算モジュールは，描画領域に描かれたシーンの内部表現を保持し，コマンドラインから計算の指示が来た場

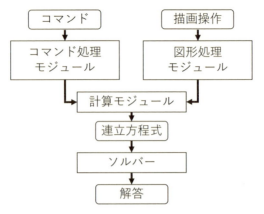

図 5.16　求解システムの構成

合には，必要な計算を行って結果をコマンドラインに返す．計算モジュールでは，バックエンドとして数式処理システムである Maxima [12] を利用している．

　図形処理モジュールの動作の詳細を説明する．まず，テキストラベルや長さラベル，角度ラベルの内容を，近くにあるオブジェクトのラベルとして関連付ける．長さや角度は，そのまま長さや角度といったプロパティにマッピングされる．テキストラベルについては，オブジェクト自体のラベルである場合の他，何らかのプロパティのラベルである場合もあるので，まずはタグとして付与する．次にカンバスに描かれているオブジェクトの接続関係を解析し，接続部をコネクタとして表現する．次に，各オブジェクトと各コネクタについて，つり合い関係を示す方程式を生成して計算モジュールへ渡す．たとえば，ばねであれば，「spring.force = spring.stiffness * spring.growth」（力＝ばね定数*伸び）といった式を立てる．他のオブジェクト（糸・ばね・壁・棒・質点・手・滑車・支点）についても，それぞれ同じように対応するつり合いの式を立てる．コネクタについては，x 方向と y 方向に分けてつり合いの式を立てる．もし，垂直方向にばねと質点がつながっている場合には，y 方向のみのつり合いの式として「− spring.force + g * mass.weight = 0」（− ばねに働く力+重力加速度*質点の質量=0）といった式を立てる．最後に，オブジェクトのプロパティを未知数と定数に分けて，計算モジュールに渡す．計算モジュールでは，図形処理モジュールから受け取った方程式のリストおよび未知数のリストに対して，コマ

12)　http://maxima.sourceforge.net/

ンドラインモジュールから受け取ったプロパティのラベルに関する情報を反映
させる．その結果を Maxima に送ることで解が得られる．適切な解が得られた
場合にはそれを解として表示する．制約が多過ぎた場合や少な過ぎた場合には，
下記に説明する曖昧性解消を試みる．

5.3.3 曖昧性解消

本システムにおいて重要な点は，問題文の言語表現に含まれる曖昧性を解消
することである．本実装においては，大きく3点における曖昧性に対処してお
り，これらについて1つずつ説明する．

1) 図とテキストの対応付け

自然言語と図で表現された問題文においては，言語表現と図の要素の対応
関係は明示的に示されておらず，対応を何らかの形で自動推論する必要が
ある．まず，オブジェクトのラベルについては，最寄りのオブジェクトに
自動的に関連付けられる．たとえば，A というテキストオブジェクトがば
ねの絵の近くに配置されていると，A というラベルがそのばねオブジェク
トに関連付けられる．テキストオブジェクトの近くにあるオブジェクトが
複数ある場合には，どのオブジェクトに関連付けるべきかという曖昧性が
あるが，現状の実装では単に一番近いものとしている．将来的には，この
ような曖昧性を許容し，後段で曖昧性を解消するような機構が必要と考え
られる．

コマンドラインからの入力については，元の問題文の自然言語表現の表記
ゆれに対応して，オブジェクトラベルを利用した指定方法 (growth of A
is d) と，オブジェクトタイプを利用した指定方法 (growth of spring is d)
の両方をサポートしている．前者については，対応するラベル (A) に該当
するタグが付与されている図形オブジェクトに対して，当該プロパティを
設定する．後者については，該当するオブジェクトタイプをもつオブジェ
クトに対して当該プロパティを設定する．現在の実装では，複数のオブ
ジェクトが該当する場合にはすべてのオブジェクトを対象としているが，
将来的には文章の意味を深く解析して適切な推論を行うことが必要と考え
られる．

2) 定数と未知数の区別

本システムでは，数式処理システムを利用して連立方程式を解いている．

その際，数式処理システムへの入力として，方程式の中に含まれる変数のうち，どれが定数で，どれが未知数なのかを明示する必要がある．しかし，ユーザが単に図を描いて solve を要求しただけでは，どれが未知数なのか自明ではない．本実装では以下のような方法で判断を行っている．

まず，通常の物理現象において，初期条件として与えられるものを定数，重力がかかってバランスが取れた結果として得られるものを未知数とする．具体的には，質点の質量やばね定数，棒の長さなどを定数として，糸の張力やばねの伸びなどを未知数とする．また「solve x」のように，明示的に解を求められている変数についても未知数としている．

通常はこれで問題ないが，問題の状況によっては，定数となっているものを未知数として考えなければならない場合もありうる．たとえば，図 5.15 の問題において，ばね定数が異なる場合に，伸びについて特に制約がなければ，糸の固定位置は定数として与えることで全体の状態が確定する．しかし，伸びが同じであるという制約が加わると，糸の固定位置について変数にしないと過制約状態となって解が得られない．このような問題に対処するため，提案システムでは，入力を直接数式処理システムに渡すのでなく，未知数と定数の割り当てをいろいろと試しながら数式処理システムに渡して結果を観察し，最も妥当な結果を選ぶ，という高階モジュールを導入している．具体的には，まずデフォルトの状態で解いてみて，過制約となった場合には，決められた順に定数を未知数に変えて試している．決められた順として，現在は，まず x のような未知数に使われやすいラベルで表現されるプロパティを探し，それがなければ，棒における接続位置や重さといった変動するものとして扱われやすいプロパティを探している．現在は，このようなルールを手作業で記述しているが，将来的には，数多くの実例から自動的にルールを見つけてくることなどが必要と考えられる．

3) 用語の曖昧性の解消

自然言語処理の主要な曖昧性の 1 つに表記のゆれがある．たとえば，力学の問題に表れる「物体」について，「小物体」「おもり」「質点」といった表記ゆれが考えられる．現在の実装では，それぞれの用語について表記ゆれの可能性のあるものをあらかじめ列挙しておき，それを使って曖昧性の解消を行っている．現在は，手作業で列挙しているが，将来的には，数多くの実例から自動的に表記のゆれを学習することなどが必要と考えられる．

5.3.4 結果

本システムの実行例として，センター試験の過去問から，力学のつり合いの問題を取り出して解いてみた様子を図 5.17 に示す．ここでは，センター試験の過去問のうちで現在の実装で正しく解答できたもの（力学における静的つり合いの問題で，かつ，ばね・棒・糸・質点・滑車などのみからなるもの）を取り上げている．なお，「現在の実装で実際の入試問題をどれくらい解けるのか」については，手元にある 375 問（1 試験 25 問で 15 試験分）中，図を含む力学の問題が 33 問で，そのうち現在の実装で解答できているものが 21 問である．これは，1 回の試験で 2 問出題されて，そのうち 1 問を解答できるかどうか，というレベルである．実際，2016 年のベネッセ・進研マーク模試では，本システムによって 1 問を解くことができている．解答できていない 12 問のうちの多くは対応する物理法則をプログラムとして追加実装すれば対応できるものであ

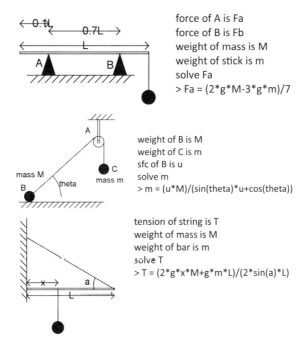

図 **5.17**　提案システムで問題を解いた例
（上：2005 年度大学入試センター試験 IB 第 1 問 問 2，中：同試験 第 2 問 問 1，下：同試験 第 2 問 問 5）

るが（加速度や時間変化の扱い，浮力など），残りは個別例外的な状況設定（曲がった針金，特殊な形の台座など）を扱った問題であり，現状の方針（既出の問題に出てきた物理的な知識を明示的に 1 つずつプログラムとして記述していく）ではすべてに対応することは難しいと考えられる．

5.3.5　今後の課題と発展

数式処理システムをバックエンドとして図形を含む静的な力学の問題を解く求解システムを紹介した．具体的には，図形的な情報を GUI で指定して，記号的な情報をコマンドラインで入力するようなユーザインタフェースを実装した．入力に曖昧性がある場合に，それらの曖昧性を解消する手法として以下の 3 つの工夫を行った．1) 図に書かれている情報とテキストで入力された情報の統合，2) さまざまな入力を数式処理システムに与えて出力をチェックする，というような動作をする高階処理モジュールの導入，3) 入試問題において前提とされることの多い規則のヒューリスティクスとしての設定．実際に過去に出題された入試問題の内容を入力し，システムの想定している範囲の問題であれば，正しく求解できることを確認している．

今回の求解システムは，かなりの部分を人手に頼っている．今後は，人手の部分を減らして，自動化部分を増やしていく必要がある．最終的には，スキャンした問題文を自動的に認識して解を返すことが目標である．

- 図形の自動認識
  現状の実装では，図の描画はマウスでオブジェクトタイプを指定して部品を置いていくことで実現している．またテキストの入力は，キーボードで入力している．将来的には，紙に描かれた図や文字をスキャンして認識する機能などを実装していく必要がある．OCR 技術の発展により，テキスト部分の認識は十分に可能であると考えられる．図形の認識については，機械学習によるパターンマッチを使用することになると考えられるが，図形表現には多様性があるので，あらゆる場合をカバーするだけの訓練データを集める部分が課題になると考えられる．

- 自然言語の自動理解
  現在利用しているテキストでの入力は，自然言語を模したものではあるが，あくまでも決まった文法に従って記述されたコマンドである．これを自由な自然言語で入力できるようにしていくことも必要である．あらゆ

る自然言語表現を適切に扱うことは困難であると考えられるが，力学の問題のように問題分野を限定し，かつ図形入力という別の入力チャネルの情報を利用することで，一般的な自然言語表現には対応できるようになると考えている．具体的にどのような自然言語表現がありうるかについては，過去問や教科書を網羅的に調べ上げる他，ユーザテストやクラウドソーシングなどを用いて広く収集していく必要があると考えている．

- 他のカテゴリの問題への展開
  上記に挙げたような，システムとしての性能を向上していくものと並行して，力学以外の問題に対応できるようなシステムも開発していきたいと考えている．まずは，物理の他の問題，たとえば電子回路の問題や，3 次元的な電磁気の問題などに自然に応用できるだろう．

- 教育用アプリケーションとしての実装
  現在の実装は単純に条件を与えると解くだけであるが，このような機能をバックエンドとして，教育用のソフトウェアとして実装することが考えられる．まずは，最終的な解だけでなく，その仮定を図示することで，理解を助けることができる．さらに，生徒に答えさせた後で，その答えと正解とを比較することで，どこで間違えたのかを指摘することなども可能であると考えられる．

5.4 まとめと今後の課題

　本章では力学問題の自動解答の取り組みについて紹介した．物理では扱う公式が少ないことから，パターンに当てはめた自動解答が容易にできるように思うかもしれないが，実際の問題は，そのパターンに見えづらくするためのネタが仕込まれており，単純に解くことができなくなっている．言い換えると，例外だらけの問題設定になっている．シミュレータのコンポーネントだけでも，これまで出題されたすべてのものだけでは不十分で，これから出題されうる未知のものを包含して準備しておく必要がある．物理問題の多様性とその自動解答の難しさを少しでも感じてもらえると幸いである．

　模試において形式表現からシミュレーションの実行までで一定の成果を確認できた．しかし，十分な精度をもった言語処理やシミュレーション結果の解析部

はまだ実現できていない．自動化ができている範囲は力学問題に限られている
など多くの課題が残っている．一方で，残っている課題はそれぞれのつぶが小
さく，開発できたとしても，コストに対して点数に現れる効果は非常に小さい．

　また，物理ではテキスト情報だけでは問題を解けないため，画像を読み取る
ことが必須だが，東ロボには画像処理の研究者の参加がなかったために評価が
できていない．

参考文献

[Iwane 14] Iwane, H., Yanami, H., and Anai, H.: SyNRAC: A Toolbox for Solving Real Algebraic Constraints, in Hong, H. and Yap, C. eds., *Mathematical Software - ICMS 2014 - 4th International Congress, Seoul, South Korea, August 5-9, 2014. Proceedings*, Vol. 8592 of *Lecture Notes in Computer Science*, pp. 518–522, Springer (2014)

[岩根 17] 岩根 秀直，横野 光，岩ヶ谷 崇，五十嵐 健夫：言語処理で生成する形式表現とシミュレータの接合による大学入試物理の力学問題の自動解答，第 31 回人工知能学会全国大会 (2017)

[五十嵐 16] 五十嵐 健夫，横野 光，岩根 秀直：図形描画とテキスト入力を用いた力学に関する質問応答システム，in *Proceedings of the 24th Workshop on Interactive Systems and Software* (2016)

[横野 13] 横野 光，稲邑 哲也：物理問題解答に向けた物理量の変化に着目した動作表現の解釈，言語処理学会第 19 回年次大会 (2013)

[横野 15] 横野 光，稲邑 哲也：シミュレーションによる物理問題解答のための問題分類，第 29 回人工知能学会全国大会 (2015)

[Iida 12] Iida, R. and Tokunaga, T.: A Metric for Evaluating Discourse Coherence based on Coreference Resolution, in Proceedings of COLING 2012 (2012)

終 章

人とAIの協働で
生産性は向上するか？

終章では，東ロボプロジェクトの今後の展望に関連する 3 つの話題について述べる．ここまで見てきたように，「機械による読解」すなわち計算機による問題文の意味処理は，すべての科目に共通する主要な課題である．ただし，科目および問題タイプに応じ，必要となる「読解処理」の内容はさまざまに異なる．一方で，センター試験型模試において，5 教科 8 科目に対する東ロボの総合点はすでに受験生の最頻値を大きく超えている．ここで浮かび上がるのは，果たして人間，特に中高生は計算機に比べどの程度テキストが「読めているのか」，より詳しくは，さまざまなスキルの複合である読解能力のうち，どの面で計算機に対して優位で，どの面ではそうでないのか，という疑問である．リーディングスキルテスト (RST)・プロジェクトでは，この疑問に答えるため，主として教科書から採った短いテキストを用いた読解テストを，中高生を中心とする多数の受検者に対して行ってきた．本章の最初では，RST の設計と妥当性，そしてこれまで約 45,000 人に対して RST を実施した結果について報告する．近未来の AI 技術の社会実装では，単に AI の性能を高めるのではなく，読解を含め種々の「スキル」を人と AI の間で補い合い，全体として生産性を高める協働の形を見出すことが重要である．我々はそれに向けた 1 つの試みとして，日本語に機械翻訳したセンター試験「英語」問題を多数の中高生が解いた結果を分析した．本章の 2 つ目の部分ではその分析結果について報告する．東ロボの開始からやや経って自然言語処理の分野で非常に活気を帯びてきた研究対象として Machine Reading Comprehension（MRC, 機械読解）と呼ばれるタスクがある．MRC とは物語やニュース等のテキストと，その内容に関する質問文を与え，回答を出力するタスクで，形式としては（長文）読解問題に近い．本章の最後では，この MRC に関する研究の現状について述べ，東ロボとの関係性について触れる．

1　リーディングスキルテスト

1.1　意味を理解しながら読める能力の重要性

本書を通じて，AI の可能性と限界について詳述した．AI は膨大なデータから限定されたフレームの中で，「確からしそうな順」に答えの候補を挙げたり，ある目標に向けて最適化したりすることについては人間を大きく上回る分野があることを示した．

一方で，文脈や意味を考えて候補を挙げているわけではないので，頓珍漢な答えを選ぶこともしばしばある，という限界も例や理由を付して示した．意味や文脈や状況を理解しつつ，正確に読む技術は人と AI が協調しながら生産性を向上していく上で，人に求められる基盤的なスキルだといえよう．特に，インターネットが張り巡らされ，多くの情報がデジタル化される高度知識社会においては，人間同士のやりとりの多くが対面でのコミュニケーションからメール等のドキュメントでのやりとりに軸足が移る．また，デジタル化の進展に合わせて求められるスキルが急速に変わるため，労働者は新しい知識を吸収し続ける必要がある．しかし，伝統的な徒弟的方法で伝達するのではスピードが追い付かないため，多くの企業では，e-ラーニングなどで自学自習することを労働者に求める．また，自ら起業する場合には，契約書の読み方や法令順守の在り方などを，ドキュメントから学ぶ必要がある．つまり，学校という場や，担当部署の中で，教師役の人から「教えてもらう」のではなく，ドキュメントから自ら学ぶということが不可避に求められるのである．

そこで，われわれは中高校生が実際にどれだけ教科書に書かれている基本的な文を正しく読むことができるかを直接測定する方法を考案した．それが「リーディングスキルテスト」である．

1.2　リーディングスキルテストの目的と設計

リーディングスキルテスト（以下 RST）とは，教科書や新聞，マニュアルや契約書などのドキュメントの意味および意図を，受検者がどれほど迅速かつ正確に読み取ることができるかを測定するためのテストである．

RST では，国語の長文読解とは異なり，教科書や新聞から採った 50〜160 字程度の短いテキストを正しく読み解けるかを問う．受検者は与えられた時間の中で，正確に，かつ，できるだけ多く解くよう指示される．問題は択一または

複数選択式で，問題ごとの制限時間は設けていない．出題される問題は，文の表層的な情報を読み取れる能力を測るものと，文の意味を理解し，正しく推論を実行できる能力を測るものの 2 つのタイプに分かれる．前者は (1) 係り受け認識，(2) 照応解決，(3) 同義文判定に関する問題であり，また，後者は (4) 推論，(5) イメージ同定，(6) 具体例認識に関するものである．

　本章ではすべての問題タイプを解説できないので，詳しくは論文等の情報を参照していただきたい．大まかにいうと，(1) と (2) の問題については既に自然言語処理分野で盛んに研究されており，適切な教師データとフレームを与えればAIでもかなりの高精度で解ける問題タイプである．(3) は，「言い換え」「同義文判定」「含意関係認識」などさまざまなキーワードで過去 30 年以上自然言語処理の分野で研究が重ねられてきたが，一般的には精度がなかなか上がっていないタイプの問題である．同義文判定は，たとえば記述式テストの自動採点や，新聞記事の適切な要約等で不可欠であるが，社会実装への道筋はまだ見えていない．

　さて，(1) から (3) が既に人工知能の研究対象となっているのに対して，(4) から (6) の問題は，不連続かつ劇的なイノベーションがない限りAIでは解決が難しいと考えられるものである．たとえば，(4) の「推論」の問題では，「ヨーロッパは日本より相対的に緯度が高いので，夏の昼の時間が長い」という知識が与えられたとき，「ヨーロッパの夏の夜の時間は，日本に比べてどうか」ということを判断できるかどうか等が問われる．人間は，1 日は昼と夜で構成されるという常識に基づき論理的に推論することで，「ヨーロッパは日本より相対的に緯度が高いので，夏の夜の時間が短い」ことがわかるが，常識に欠けるAIにはこのような推論は難しい．人は，推論することで数少ない知識から豊かな世界観を精緻に構築しているのである．

　次に，(1) の係り受けと，(5) のイメージ同定に関する出題問題を紹介し，正解率の結果を示そう．まず，図 1 のような問題を考えてみよう．この問題は，文の係り受け関係を正しく認識しているかを問う問題である．

　この種の問題は，現時点で入手可能な構文解析ソフトウェアでも正解できる．正解は「B」である．

　次に，図 2 は，(5) のイメージ同定に分類される，文を表象する正しい図を選ぶ問題の例である．正解は「A」である．こうした問題については，よほどフレームを限定しないと機械に解かせることは困難だろう．

　表 1 は，上記の 2 つの問題についての生徒の正解率を示したものである．図 1

以下の文を読みなさい。
仏教は東南アジア、東アジアに、キリスト教はヨーロッパ、南北アメリカ、オセアニアに、イスラム教は北アフリカ、西アジア、中央アジア、東南アジアにおもに広がっている。

この文脈において、以下の文中の空欄にあてはまる最も適当なものを選択肢のうちから一つ選びなさい。
オセアニアに広がっているのは（　　）である。
A.ヒンドゥー教　　B.キリスト教　　C.イスラム教　　D.仏教

図 1　「(1) 係り受け」の問題例（中学校社会教科書『新しい社会 地理』東京書籍，p.36）.

下記の文の内容を表す図として適当なものを、A〜Dのうちからすべて選びなさい。

原点Oと点(1, 1)を通る円がx軸と接している。

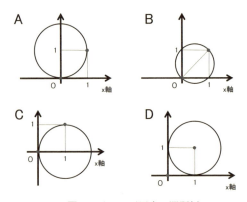

図 2　イメージ同定の問題例

表 1　中学高等学校における図 1 と図 2 の問題の正解率（単位は％）

	図 1	図 2
中 1	62.9	10.7
中 2	54.7	22.2
中 3	70.4	25.4
高 1	73.1	29.0
高 2	73.5	30.0
高 3	66.1	45.5

の係り受けの問題についても高校生の約 1/4 が間違えている．図 2 のイメージ同定の問題で問われている座標平面の概念（x 軸，y 軸，原点等）を学ぶのは中学 1 年である．よって，中学 1 年生の正解率 10.7 は無理もないといえるだろ

う．ところが，その概念を学んだ中学 2 年生の正解率は 22.2%にとどまり，高校 3 年生に至っても 50%を下回っている．

　しばしば，ここで示した調査のように，成績や入試に直結しないタイプの調査に対しては，「生徒が真面目に取り組まなかったのではないか」との疑念がもたれることがある．もし，多くの高校生が適当に答えを選んでいるなら，問題文にない「A のヒンズー教」を選ぶ高校生が相当数いるはずであるが，実際の誤答は「イスラム教」および「仏教」に集中している．後述するように，高校の偏差値と RST で測る基礎的読解能力値との間に極めて高い相関があることから，「やる気」や「コンピュータ上で行うテストへの不慣れ」の問題で片づけることはできない．図 2 の問題を解けない生徒が三角比や二次関数を理解しうるとは考えにくい．彼らが大学入試を突破しているなら，AI 同様に，なんらかの方法でそれらを表面的には解けるふりをしていると推察せざるをえない．

1.3　リーディングスキルテストの理論的な考え方

問題の困難度推定　ここで議論を先に進める前に，RST の理論的な考え方について説明しよう．

　一般に，テストの結果は各問題の合計得点で表される．しかしながら，たとえば合計得点が 100 点満点中の 90 点であったとしても，それはその生徒の能力が高いことを必ずしも意味しない．なぜなら，そのテストは簡単な問題ばかりかもしれないからだ．合計得点は，生徒の能力だけではなく，出題された問題の困難度にも依存する．

　そのため，RST では，より正しく読解力を測定するため，出題項目の困難度に応じて能力を評価する方法が採られている．その際，必要となる問題の困難度は，事前に受検者の解答データをもとに推定する．難しさが既知の問題を解くことで，問題に依存しない独立の能力値を推定でき，受検者ごとに異なる問題を解いていたとしても適切な評価が可能となる．

　RST は各問題タイプについて 200 以上の問題群から，回答者の回答状況に応じてランダムに問題が提示されるような適応型テストの確立を目指している．その前段階として，各問題の困難度等の特徴量を確定するために，なるべく偏りのないよう受検者層を選び，ランダムに問題を解いてもらった．2016 年 4 月から 2018 年 2 月までの約 2 年間の受検者は小学 6 年生から社会人まで 44,587 名，受検機関の数は 189 である．

問題内容の修正　適応型テストの実装を目指して，約 45,000 人の受検者のデータを用いることにより，問題の作成・テスト実施・難しさの推定・問題内容の修正を進めている．ここではその方法について説明する．

　図 3 は，受検者の係り受け認識の能力を 4 段階に分類し，そのグループごとに図 1 の問題の A〜D の選択肢のうちどれを選んだのか，その割合を示したものである．図 1 の問題では B のキリスト教が正解なので，B の折れ線が太字で示されている．図 3 を見ると，係り受け認識の能力が高いほど，この問題に正答する割合が増えている．このため，この問題は係り受け認識の能力を適切に反映した良問であると考えることができる．

　図 4 は，同じく係り受け認識の能力別に，図 1 とは異なる別の問の選択肢の選択状況を示したものである．この問題の正解は A である．最も能力の高いグループは他のグループよりも正答 A の選択割合が高いため，本問は，高い能力と低中程度の能力の受検生を識別する問題であるといえる．しかしながら，最も読解能力の高いグループであったとしても，誤答の選択肢である B の選択割

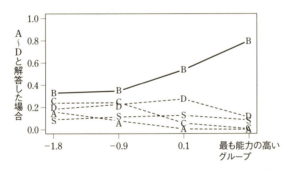

図 3　係り受け問題に関する能力別にみた図 1 問題の解答選択肢の違い

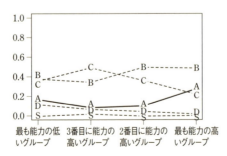

図 4　読解能力と正答選択率との関連が見られない修正が必要な問題例

合が最も高い.

　ここからいくつかのことが推測できる. 1 つには, 正答ばかりでなく, 誤答も正答と考えることができてしまう問題である可能性だ. その場合は, 当該問題の内容や選択肢の修正が必要となる. あるいは, 極めて能力の高い群（「最も能力が高いグループ」のなかでさらに能力の高い群）の受検者を識別する問題なのかもしれない. この場合には, 正解率が高いと考えられる学校等で実施することが望ましい. このようにして, RST では問題内容の修正に取り組むとともに, 高い読解力を有すると考えられる層であっても誤答を選びやすいような文章については,「誤読しやすい文」としてコンテンツ提供会社に対してフィードバックをかけている.

1.4　リーディングスキルテストの妥当性・信頼性, 総合的学力との関係

　リーディングスキルテストが「読解力」を測定する手法として信頼性や妥当性があるか否かについては, 次のような方法で科学的に確認することができる. ①複数のタイプ間に適度な相関があるか, ②タイプ内の一貫性および信頼係数が十分に高いか, ③出典ごとの困難度の差の有無, ④総合的学力との相関, の4 つの観点である.

複数タイプ間の相関　RST では読解力を①係り受け解析 (DEP), ②照応解決 (ANA), ③同義文判定 (PARA), ④推論 (INF), ⑤イメージ同定 (REP), ⑥具体例同定 (INST) の 6 つの基本的スキルに分解している.

　⑥の具体例同定は, 言葉の定義を読んで, その用い方の正しい具体例を選ぶというタスクである. 言葉の定義は, 辞書に由来するものと, 数学や理科のような定義に基づくものがある. 前者を具体例同定辞書 (INSTd), 後者を具体例同定理数 (INSTm) と呼び, 測るべき能力に応じて仕様に基づいて作問していく. その際, 異なるタイプ間で負の相関がみられたり, 逆に高すぎる相関がみられたりした場合は, 読解力を総合的に測っているとは言い難いだろう. よって, 6 つのタイプ間に適度な正の相関があることが望ましい. それを示したのが表 2 である.

　表 2 からは, どの問題タイプ間にも 0.38 以上 0.72 以下の相関があることがわかる. このことから, それぞれの問題タイプは異なるものの同じ方向の能力を測っていることがわかり, RST の 6 タイプの分類が妥当であることを示している. ただし, これは,「基礎的読解力」のすべてがこの 6 タイプでカバーされ

表 2　問題タイプ間での能力値の相関係数

問題タイプ	DEP	ANA	PARA	INF	REP	INSTd	INSTm
DEP	1	0.715	0.631	0.497	0.586	0.475	0.483
ANA		1	0.669	0.531	0.619	0.541	0.530
PARA			1	0.493	0.588	0.471	0.481
INF				1	0.464	0.402	0.416
REP					1	0.433	0.548
INSTd						1	0.389
INSTm							1

表 3　問題タイプ間での能力値の相関係数

問題タイプ	DEP	ANA	PARA	INF	REP	INSTd	INSTm
平均的な因子負荷量	0.569	0.550	0.426	0.383	0.512	0.510	0.528

ていることは保証していないことに注意が必要である．

タイプ内の一貫性および信頼係数　次に，タイプ内の一貫性および信頼係数について見ておこう．テストで問うているのが「同じタイプの問題」であることを保証することは意外に難しい．作問の際に，「仕様に基づいて同じように作っている」と作問者が考えていたとしても，問題文に書かれていない知識を前提にしていたり，受検者に予期しない認知負荷がかかるような問題になっていたりする可能性は十分に考えられる．そこで，RST では，問題タイプごとに 1 つの能力を測っている（1 因子性）と仮定し，平均的な因子負荷量を求め，問題タイプ内の一貫性（同じ能力を測っている程度）について検証を行った．その結果，表 3 の結果が得られた．

一般的に，平均的な因子負荷量が 0.3〜0.4 以上あると一貫性があると考えられている．このことから，RST の各問題タイプの問題は同じ概念を測定していると言って差し支えないだろう．

RST では，各受検者は解く問題も解いた問題数も異なるなかで，能力値を測定しなければならない．そこで，信頼性の検討にあたっては，各問題タイプにおける平均的な解答数等を算出し，これに基づいて，各問題タイプにおける平均的な能力推定値の信頼性係数を算出した．なお，信頼性係数は 0 から 1 の値をとる統計量であり，その値が 1 に近いほど，その問題タイプにおける能力値の推定精度が高いことを表している．その結果，ランダムに問題を提示した場合でも，表 4 のような平均的な信頼性係数が得られることがわかった．

押しなべて 0.55 以上の平均的な信頼係数が得られていることがわかる．これ

表 4　ランダムに問題を提示した際の各問題タイプの平均的な信頼性係数

問題タイプ	DEP	ANA	PARA	INF	REP	INSTd	INSTm
平均的な信頼性係数	0.653	0.692	0.597	0.624	0.692	0.609	0.555

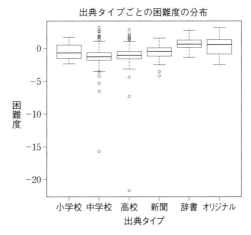

図 5　出典と問題の困難度の関係

はあくまでもランダムに問題を提示している場合なので，適応型テストにした場合はより高い信頼係数が得られることが期待できる．

出典ごとの困難度　RST の出典が小学校から高校までの教科書と辞書，新聞であることから，知識の有無で正解率に大きな差が出るのではないか，との懸念をもつ読者も少なくないだろう．たとえば，「オスマントルコ」という国名は高校の世界史が初出であるから，中学生にとっては読みづらく，高校生にとってはイメージしやすく読みやすい問題になり，純粋に「読解力」を測っていることにはならないのではないか，との疑問である．これまでに出題した問題の困難度が出典によってどれくらい異なるかを示したのが，図 5 である．

　図 5 から，出典と問題の困難度には何の関係もないことがわかる．個別の問題で見ると，また，受検者へのアンケートと突き合わせをすると，好きな科目と解けた問題の出典科目との間に関係がないこともわかった．言い換えると，「好きな科目の教科書から出題された問題はよく解けるが，嫌いな科目から出題された問題は解けない」ということはない，ということがわかる．このことからも，RST は知識や興味関心を測っているのではなく，純粋に「短いテキストを

表 5　偏差値と RST 受検高校の能力値の平均値との相関係数

問題タイプ	偏差値.net (N = 48)	家庭教師トライ (N = 43)
DEP	0.857	0.843
ANA	0.873	0.861
PARA	0.853	0.845
INF	0.878	0.858
REP	0.872	0.877
INSTd	0.843	0.840
INSTm	0.806	0.816

正確に読めるか否か」という基礎的読解力を測ることに成功していることを示している.

総合的学力との関係　知識の既習・未習や，科目の好き嫌い・興味関心に関係のない「短いテキストを正確に読む能力」が一体何に関係するのか，と不可解に感じるかもしれない．そこで着目したのが，受検者が在学する高校の偏差値と読解能力値の関係である.

　表5は，ネット上で公開されている「偏差値.net」と「家庭教師トライ」に基づく各高校の偏差値と，その高校における各問題タイプの能力値の平均との相関係数を示したものである．驚くべきことに相関係数がすべて 0.8 を上回る極めて高い相関があった.

　では，因果はどの方向にあるのだろう．偏差値の高い学校で実施されている教育プログラムや環境によって読解力が上がるのか，それとも読解力が高いから偏差値の高い学校に入学できるのか．後に述べるが，RST で測る基礎的な読解力は，高校ではほとんど上昇していない．また，公立中学校における RST の能力値の分散は極めて大きい．このことから，RST で測ることができる基礎的読解力が高い順に，高い偏差値の高校に入学できていることがわかる.

　本書では触れることができないが，基礎的な読解力は高校入学にとどまらず，入学しうる大学の偏差値や（多科目での受験が必須となる）国立大学への入学可能性やその偏差値にも影響を与えていることが明らかになりつつある．以上見てきたように，RST は妥当性・信頼性・総合的学力の推定性の上で，その設計が適切であることが示されていると言えるだろう.

1.5　教科書が読めない子どもたち

RST で問う問題は，平均正解率が 20%を切るものから 90%を超えるものま

表 6 教育段階別の個人正解率の平均値

学年	DEP	ANA	PARA	INF	REP	INSTd	INSTm
小 6	0.578	0.540	0.679	0.449	0.370	0.278	0.302
中 1	0.646	0.596	0.654	0.441	0.305	0.294	0.161
中 2	0.680	0.645	0.684	0.451	0.338	0.330	0.214
中 3	0.727	0.688	0.729	0.510	0.423	0.356	0.257
高 1	0.789	0.770	0.763	0.584	0.490	0.374	0.362
高 2	0.791	0.763	0.749	0.609	0.462	0.346	0.307
高 3	0.812	0.787	0.822	0.658	0.525	0.363	0.388

でさまざまである．それらから，ランダムに出題された問題を，1問ごとの時間制限なしに，インターバルをはさみつつ30分程度で解いていく．RSTのような「答えが問題に書かれている問題」を解く経験は初めてであろうから，念のため各タイプが始まる前に練習問題を2問出題し，慣れさせている．その上で，個人の正解率（解いた問題のうち何問正答したか）の学年ごとの平均を表したものが，表6である．

明らかな傾向として，中学1〜3年生の間は，どの問題タイプの正解率も上昇している．では，中学校では学年と個人の正解率との間に明確な正の相関があるか，というとそうではない．相関係数は0.1から0.2のごく弱い正の相関しか見られないのである．学年内の分散があまりに大きすぎるためである．1つのクラスの中に，ランダムに選択肢を選ぶのと変わらない生徒と，ほぼすべての問題に正解する生徒が混在している．そして，表5が示した通り，よく読める生徒から順に高い偏差値の高校に入学しているのである．一方，高校に入学すると，正解率は有意には上昇しなくなる．原因は不明である．

さて，中学3年と高校1年の間には，大きな差があるように表6からは見える．しかし，これを「受験勉強の成果」と読むのは早計である．RSTの受検を希望する高校は，どちらかというと，偏差値中位から上位の高校が多い．表5で得られた結果を用いて，偏差値50の高校と中学3年生を比較すると，ANAとINSTmでやや差が見られるものの，それ以外に有意な差は見られなかった．伝統的な受験勉強に励んでも読解力が上昇するわけではなさそうだ．

冒頭で触れたが，係り受け解析 (DEP) と照応解決 (ANA) については，フレームやデータ量にも依存するが，現状のAIでも7〜8割以上の正解率を期待しうる．となると，大雑把に言って，高校生はこの2つにおいてAIと同程度の正解率だと言えるだろう．人–機械協働による生産性向上を願うなら，AIが苦手とするINF，REP，INSTの正解率が7〜8割欲しいところである．

しかしながら，人間もこれらの問題タイプを苦手としているということを表 6 は示している．たとえば，ある語の定義文を読んで，そこから「どのような例がその語の正しい使い方か」を問う具体例の問題では，辞書的な問題も理数的な問題も平均正解率が 4 割を超えることなく高校を卒業していることがわかる．特に，理数的な具体例問題の中学 3 年生の正解率は 0.257 に過ぎない．つまり「素数とは何か」「波の周期とは何か」について書かれた文を読んでも，その意味を理解できないらしいのである．しかも，学校で習い，定期試験のために勉強したはずのことであっても，正解を選べていない．

1.6　人–機械協働社会の実現のための読解力

問題文の中に明らかに答えが書いてあるような問題を解くことができない生徒がいる，ということは，ディスレクシア研究の文脈以外では，これまで科学的に調査されたことも，問題視されたこともなかった．しかし，多くの教員はうすうすそのことに気付いていたし，あるいは自然言語処理研究者の中にも，たとえば含意関係認識の問題の正誤をクラウドソーシングでラベル付けすると使い物にならないということに頭を悩ましていた人は存在していたはずだ．しかし，RST による大規模調査が行われるまで，その事実は可視化されず，「やる気がなかったのだろう」というような意欲の問題だと思われて見過ごされてきた．一定程度の教育を受けた人であれば，そこに書かれていることを，その通りに受け取ることは少なくともできるはず，という思い込みを疑うことは，それだけ難しかったということだろう．

今回，約 45,000 人の受検者を対象として行った RST 調査によって，少なくとも以下のことが明らかになった．

まず，RST は短いテキストを正確に読む能力を測るテストとしての妥当性や信頼性を十分に備えている．RST は短いテキストを用いた読解力調査であるため，長文読解問題と異なり，大量の問題を作問することが比較的容易であり，またテストの一貫性を保ちやすい．しかも，この基礎的読解力は総合的学力に直結し，高校入試，大学入試への影響が大きい．今後，基礎的読解力と生涯賃金や資格取得にかかる時間との関係等も明らかにしていきたい．

基礎的読解力は中学卒業までは，現状の学校教育の中で伸長していくが，分散が極めて大きい．この分散の大きさは解消されないまま受験勉強に突入し，基礎的読解力に応じて入学できる高校がほぼ決定されている．高校入学後は，現状の学校教育の中では基礎的読解力は伸び悩んでいる．このことから，高校教

科書やマニュアルを十分に読みこなせない，ましてや Wikipedia や行政文書な
どさらに複雑な文書を活用できない社会人が相当数に上ると予想される．人–機
械協働で生産性を上げるために不可欠な基礎的読解力が，社会人にどの程度身
に着いているか，今後調査範囲を拡大していきたい．

2　機械翻訳と人との協働において生じるエラー分析

　東ロボは，（あらかじめ定められたアノテーションをほどこす，という人間の
介在はあるが）基本的に大学入試問題を End-to-End で現在および近未来の AI
で解くことが可能か，また，その限界はどこにあるかということを示すプロジェ
クトである．一方で，近未来の AI の社会実装の在り様を考えると，何も AI に
End-to-End で課題を解かせる必要はなく，人が AI を巧く使いこなすことに
よって生産性が上がればよいという考え方もあるだろう．
　そこで，東ロボでは人と AI が協働することによって生産性が向上しうるか，
その場合，AI に，また人間にはどのような性能と能力が求められるかについて
の研究も並行して行った．この節では，それらの取り組みの中から，機械翻訳
と人との協働において生じるエラーの分析について紹介する．
　この研究では，機械翻訳システムを用いてセンター試験「英語」の問題を日
本語に翻訳し，中高生がそれらを解いたときの正解率を測定した．使用した問
題は，図 6 に示すような会話穴埋め問題（会話文完成問題）である．このタスク
は，選択式という疑似的な形ではあるが機械翻訳を通じた対話を紙上で模擬し

次の会話の [**BLANK**] に入れるのに最も適当なものを，下の 1~4 から選べ．

A: Jack, I just finished washing your school uniform, and found your cellphone
　　in the washing machine. It's broken!
B: Oh, no. I have to call Bob now.
A: That's not the point! I just bought it for you last week!
B: Oh, yeah. I'm so sorry. But Mom, how am I going to call him?
A: [**BLANK**] We'll talk about your carelessness later.

1. Buy him a new phone.
2. I'll call you soon.
3. Just use my phone.
4. Tell him to wait for me.

図 **6**　会話穴埋め問題の例

ており，種々の翻訳エラーが機械翻訳を通じた対話の成否に与える影響を，統制された形で調査できる．以下，実験の方法および結果について述べる．

2.1　機械翻訳エラーと正解率

この実験 [Matsuzaki 16] では，翻訳システムとして 2015 年 5 月時点の Google 翻訳, Yahoo!翻訳, および情報通信研究機構 (NICT) が開発した「みんなの自動翻訳@TexTra」(以下, NICT 翻訳) の 3 システムを使用した．また, 比較のため, 2 種類の人手による翻訳に対する結果を同時に調べた．Google 翻訳および NICT 翻訳はフレーズベース統計翻訳 (PBSMT), Yahoo!翻訳はルールベース翻訳に基づくシステムである．図 7 に, Google 翻訳による図 6 の問題の翻訳を例として示す．

種々の翻訳エラーが会話文の理解に与える影響を調査するため，まず，センター試験過去問から収集した会話穴埋め問題 200 問を上記の 3 システムで翻訳し，結果に含まれる翻訳エラーを 3 段階に分けた．そして，最も深刻なレベルのエラーを生じたシステムの数が多かったもの上位 50 問を抽出し，実験で使用した．被験者は 1 つの高校の 2 年生および 3 年生で計 795 名である．上記 3 システムによる翻訳に 2 種類の人手による翻訳を加えた 5 タイプの翻訳を各 2 問ずつ含む 10 問からなる冊子を被験者に配布し，被験者は 1 問につき 1 分で解答を行った．冊子の内容は被験者ごとに異なり，翻訳された問題 1 つにつき平均して 31.8 人から解答を得た．実験では，問題に対する解答に加え，解答に対する自信度，および，問題を翻訳したシステムに対する評価を各問題ごとにそれぞれ 3 段階で質問した．

被験者実験とは独立に，まず翻訳された問題に含まれる翻訳エラーを階層的

A: ジャックは，私はちょうどあなたの学校の制服を洗浄終了し，洗濯機であなたの携帯電話を発見しました．それは壊れたです！

B: いや，ああ．私は今，ボブを呼び出す必要があります．

A: それはポイントではないのです！私はちょうど先週，あなたのためにそれを買いました！

B: そうそう．ごめんなさい．しかし，ママは，どのように私は彼に電話するつもり？

A: [BLANK] 我々は，後での不注意について話します．

1. 彼に新しい携帯電話を購入しています．
2. 私はすぐに電話します．
3. ちょうど私の携帯電話を使用しています．
4. 私のために待機するように彼に言います．

図 7　機械翻訳された会話穴埋め問題の例（2015 年 5 月時点での Google 翻訳による）

表 7 翻訳エラーの分類と各タイプのエラーを含む文の頻度 (%)

	Google	NICT	Yahoo!
語の脱落	1.9	15.2	1.0
語順誤り	5.0	1.4	1.7
訳語誤り	56.9	35.6	36.9
辞書にない語義	0.7	2.2	0.2
多義語の語義選択の誤り	30.1	16.1	22.3
余計な語の挿入	8.0	6.2	2.8
イディオムの誤訳	19.0	8.5	9.9
活用の誤り	10.9	9.9	7.3
有生・無生の誤り	2.2	2.1	1.9
翻訳されない（翻字のみ）	5.5	1.6	1.9
述語–項関係の誤り	15.6	19.0	4.0
ガ格	3.8	10.9	0.9
ヲ格	6.7	5.4	0.9
ニ格	1.2	1.0	0.0
その他	5.4	3.6	2.2
節間関係の誤り	10.2	6.4	4.0
接続詞の誤訳	4.0	3.1	3.5
その他の接続表現の誤訳	6.4	3.3	0.5
文法的性質の誤り	13.5	14.2	4.3
態の誤り（能動・受動）	1.4	0.5	0.3
法の誤り（確言・疑問・命令）	6.6	3.1	1.0
極性の誤り（肯定・否定）	1.2	1.2	0.3
様相の誤り（推量・義務・必然など）	3.8	3.8	2.6
基本語順からの逸脱	1.4	6.2	0.0
意味的誤り	5.9	6.4	5.9
評価極性の誤り	2.9	3.1	3.3
省略を補う際の誤り	3.3	3.3	2.6

に分類した．表 7 はその分類と，各分類に当てはまるエラーを含む文の頻度 (%) を翻訳システムごとに示す．表から，ルールベースの Yahoo!翻訳は，フレーズベース統計翻訳（Google および NICT）に比べ述語–項関係の誤りや文法的性質の誤りが少ないこと，一方，多義語に対する語義選択の誤りや意味的な誤りの頻度はシステム間の差がより小さいことなどがわかる．

　次に，問題に含まれる各タイプの翻訳エラーの数を説明変数とし，正解率 (y_{RCA})，自信度 (y_{conf})，システムに対する評価 (y_{eval}) のそれぞれを目的変数[1]と

1) 正確には，問題ごとの難易度の差を吸収するために，たとえば正解率については機械翻訳に対する正解率から人手による翻訳に対する正解率を引いた差を目的変数とした．また，各タイプの翻訳エラーの影響を，システムごとの差異を吸収しながら調べるために，翻訳に用いたシステムを表す 2 値（1 または 0）の説明変数 (b_{Google}, b_{NICT}, $b_{\mathrm{Yahoo!}}$) を加えた．

表 8　タイプ別の翻訳エラー数を説明変数としたときの回帰係数

係数	独立変数		
	y_{RCA}	y_{conf}	y_{eval}
（切片）	-0.10^{***}	-0.16^{***}	-0.27^{***}
b_{Google}	0.03	-0.13	-0.31^{***}
b_{NICT}	-0.01	-0.21^{**}	-0.35^{***}
$b_{\text{Yahoo!}}$	0.01	-0.16^{**}	-0.29^{***}
語の脱落	-2.07^{**}	-1.87^{*}	-0.68
語順誤り	-0.60	-2.53	-1.03
訳語誤り	-2.16^{***}	-2.99^{***}	-2.23^{***}
述語–項関係	0.33	-1.29	-1.10
節間関係	-1.55	-3.81^{**}	-1.58
文法的性質	-1.52^{*}	-2.95^{**}	-2.59^{***}
意味的誤り	-2.74^{**}	-3.12^{**}	-3.18^{***}
補正 R^2	0.366	0.554	0.613

（凡例：$^{*}p < 0.05$, $^{**}p < 0.01$, $^{***}p < 0.001$）

して線形回帰を行ったときの回帰係数を表 8 に示す．エラーを数える際のタイプ分けとしては，表 7 に示した階層分類のうちトップレベルの 7 タイプを使用した．自信度および翻訳システムの評価については，3 段階の評価（A: 自信がある，B: 少し自信がない，C: 全く自信がない；A: システムは役立つ，B: 役立つこともある，C: 役に立たない）を 2, 1, 0 と数値化した．

　表 8 の結果のうち，補正 R^2（自由度調整済み決定係数）の値から，解答に対する自信度および翻訳システムに対する評価に関しては回帰モデルが中程度の当てはまりを示す一方，正解率については説明しきれない部分がより大きいことがわかる．しかしなお，回帰係数の大きさおよびその統計的有意性から，正解率に最も影響する翻訳エラータイプは，語の脱落・訳語の誤り・意味的誤りであり，比較的多いエラーのなかでも述語–項関係（「てにをは」の誤り）は影響が小さいことなどがわかる．

2.2　ニューラルネット機械翻訳による正解率の向上

　2016 年ごろから各種の翻訳サービスでも利用が始まったニューラルネットによる統計的機械翻訳 (NMT) を用いて 2.1 項と同じ実験を行った．システムとしては 2017 年 8 月時点での Google 翻訳および NICT 翻訳を用いた（いずれもNMT）．被験者は 1 つの高校の 2 年生 284 名である．使用した問題は，2.1 項で述べた実験において最も平均正解率が低かった 30 問である．

　前項の実験において，フレーズベース統計翻訳 (PBSMT) に基づく旧版の

Google 翻訳および NICT 翻訳を用いた場合の，この 30 問に対する平均正解率は
それぞれ 34% および 35% であった．これに対し，NMT 版の Google 翻訳，NICT
翻訳を用いた実験では，平均正解率としてそれぞれに対し 59% および 53% を得
た．前項と本項の実験では被験者集団が異なるものの，NMT による訳質の向
上が会話穴埋め問題の正解率に大きく寄与していることは明らかである．

　図 8 に，新旧の Google 翻訳の間で平均正解率の向上が最も大きかった問題
を例として挙げる．[ ] 内は正解選択肢をはめ込んでいる．問題の下線部に対す
る，Google 翻訳および NICT 翻訳の旧版 (PBSMT)，新版 (NMT) 計 4 システ
ムによる翻訳を示す．Google NMT では，PBSMT 版での訳語選択エラー（交
換/交流）やイディオム的なモダリティ表現 (be afraid) の誤訳などが改善され，
ほぼ正確な訳を出力しており，これによって正解率が大きく向上したと思われ
る．NICT NMT でも同様の改善が見られるものの，極性（否定・肯定）に関す
る翻訳エラーが起きており，正解率の向上は小さなものとなっている．

　図 9 は，NMT による正解率の向上がほぼ見られなかった問題の例である．下

A:	I bought these eggs here, but they were bad.
B:	I'm sorry about that.
A:	[Can I have my money back?]
B:	No, I'm afraid we can only give exchanges. It's store policy.

システム	正解率	下線部に対する翻訳
旧 Google	10%	いいえ，私たちは唯一の交流を与えることができます怖いです．
新 Google	94%	いいえ，私たちは交換しかできません．
旧 NICT	40%	いいえ，残念ですが，交換だけを与える恐れですね
新 NICT	47%	いいえ，残念ながら交換できます．

図 8　Google ニューラルネット翻訳で正解率の向上が見られた問題の例

A:	Guess which of our students forgot to do the homework last night.
B:	I suppose the usual two did, didn't they?
A:	[Not this time.]
B:	That's surprising.

システム	正解率	解答に対する自信度	下線部に対する翻訳
旧 Google	6%	A: 19%; B: 34%; C: 47%	今回は接続しません．
新 Google	13%	A: 12%; B: 58%; C: 25%	今回ではない．
旧 NICT	34%	A: 10%; B: 31%; C: 59%	現時点ではありません．
新 NICT	30%	A: 15%; B: 39%; C: 42%	今回は．

図 9　ニューラルネット翻訳で正解率の向上が見られなかった問題の例

線部 "Not this time" は省略的表現であり，たとえば「今回は違うんです」のように訳すためには文脈の理解を必要とする．このような判断は NMT においても困難であり，チャンスレベル (25%) を大きく上回る正解率は得られていない．一方で，Google NMT による翻訳に対しては正解率が 13% と非常に低いにもかかわらず「解答に全く自信がない」と答えた割合が 25% と他の 3 システムに比べ低くなっている．この原因についてはより詳細な検討が必要だが，NMT によって訳文の流暢性が向上したことが一因ではないかと考えられる．そもそも少数の数値的尺度で AI システムの性能を評価・序列化することは容易ではないが，人–機械協働の形で総体として生産性を高めるために，AI システムの品質のどの側面が重要となるかについては，今後さまざまなタスクでの検討が必要となるだろう．

2.3　人–AI 協働に向けて

ここでは，人–機械協働による知的課題解決の例として，機械翻訳を経由して会話穴埋め問題を解く課題について実験結果を述べた．この実験では，システムと人の間でインタラクションを行わない，最も単純な形態の人–機械協働系について，機械翻訳エラーがタスクの成否に与える影響を調査した．今後は，これまでの方式と異なるエラー傾向を持つであろうニューラル翻訳を用いた実験結果について，より詳細な分析を行うとともに，システムとのインタラクションを含む，より複雑な形態の人–機械協働システムについても評価を行いたい．

3　東ロボと機械読解

各科目の営みを通して，東ロボにおける読解の仕方にもさまざまなものがあることがわかる．

英語は，Word2vec や言語モデルを中心とした言語処理技術や深層学習を用いることで，選択肢のスコア付けを行っている．国語は，選択肢と本文の単語オーバーラップの度合いに着目し，機械学習の手法を用いて選択肢をスコア付けしている．世界史は，質問応答技術や含意認識技術を利用することで，選択肢をスコア付けしている．数学は，組み合わせ範疇文法 (CCG) を用い，問題文を形式表現に変換している．物理では，パターンを用いて問題文を形式表現に変換している．数学と物理は，問題文を形式表現に変換することが読解の中心であり，英語，国語，社会については，問題文について選択肢の真偽を考慮す

ることが読解の中心となっている.

　数学や物理では，言語表現のバリエーションは限定的だが，意味表現を正確に取得しなくてはならないことから，手作業をベースとした辞書やパターンによる意味表現への変換のアプローチを採っている. 一方，英語，国語，世界史では，言語表現のバリエーションは豊かであり，意味表現を得ることが難しい. しかし，意味表現を正確に取得しなくても答えられる可能性があることから，統計的手法が採用されている.

　ここまでの模試で特によい成績を収めているのは数学と世界史である. 数学については，分野は限定的とは言え，意味表現を正確に理解することに成功した. また，世界史は，対象とするテキストが限られていることから，統計的手法が有効に働いた. 物理は，実世界の現象を正確に意味表現に変換することの難しさに直面し，英語，国語は実世界を表す言語現象の複雑さの前に，比較的単純な手法に頼らざるをえなかったところがある.

　これらの結果を踏まえ，特化型 AI を中心とした，人間と AI が協働する社会を目指すことは妥当だというのは東ロボチームの認識であるが，その際に，近年の世界的な機械読解の取り組みについても押さえておいた方がよいだろう.

3.1　世界的な機械読解の営み

　機械読解 (Machine Reading Comprehension, MRC) は，2018 年の執筆時点において，ますます活気を帯びてきている研究分野である. コンピュータに文書を読ませて質問に答えさせるために，さまざまな手法が提案され，データセットも公開されている. 質問を入力として解答を出力するというシンプルな問題設定が，現在ブームとなっている深層学習の End-to-End 学習と親和性が高いことから，データセットが公開されると世界中の研究チームがそのデータセットに飛びついて，精度を上げようと血道をあげて取り組んでいる. リーダーボードと呼ばれる成績のランキングを示したホームページが作成されることが慣例となっており，データセットが公開されるとすぐに記録が塗り替えられていく.

　ここでは，近年よく扱われている機械読解のデータセットについて紹介し，そこで扱われている手法について触れる.

　CNN/Daily Mail のデータセット公開 [Hermann 15] から機械読解の研究に弾みがついたといえる. [Hermann 15] は 2015 年の文献であるが，その引用数はすでに 500 を超えている. これは，比較的大規模なニュース記事コーパスとそれに対する質問と応答のデータセットであり，質問に対し，ニュース記事か

ら固有名詞を 1 つ選んで回答するという問題設定となっている.

　回答が固有名詞だけではシンプルすぎることなどから, スタンフォード大が作成した SQuAD（スクォッド）と呼ばれるデータセット [Rajpurkar 16] では, Wikipedia の記事を対象とし, 質問に対し, テキストスパンを選択することで回答するという問題設定としている. SQuAD 2.0 [Rajpurkar 18] からは, 質問に対し, 回答となるテキストスパンが記事中に存在しない質問も追加され, よりリアルな問題設定となった. 図 10 は, SQuAD 2.0 のリーダーボードのスクリーンショットである.

　SQuAD は, テキストを見て人間が質問文を考えたデータセットであるため, 質問文の言語表現がテキストに寄ってしまったり, 人間の本当のニーズに即した質問文になっていなかったりする可能性がある. そこで, マイクロソフト社が作成した MS MARCO（エムエスマルコ）と呼ばれるデータセット [Nguyen 16] では, リアルなユーザによる検索クエリを質問文として用いている. また, 回

Leaderboard

SQuAD2.0 tests the ability of a system to not only answer reading comprehension questions, but also abstain when presented with a question that cannot be answered based on the provided paragraph. How will your system compare to humans on this task?

Rank	Model	EM	F1
	Human Performance *Stanford University* *(Rajpurkar & Jia et al. '18)*	86.831	89.452
1 Jul 13, 2018	VS^3-NET (single model) *Kangwon National University in South Korea*	**68.438**	**71.282**
2 Jun 25, 2018	KACTEIL-MRC(GFN-Net) (single model) *Kangwon National University, Natural Language Processing Lab.*	68.224	70.871
3 Jun 26, 2018	KakaoNet2 (single model) *Kakao NLP Team*	65.708	69.369
4 Jul 11, 2018	abcNet (single model) *Fudan University & Liulishuo AI Lab*	65.256	69.198
5 Jun 27, 2018	BSAE AddText (single model) *reciTAL.ai*	63.383	67.478
5 May 31, 2018	BiDAF + Self Attention + ELMo (single model) *Allen Institute for Artificial Intelligence [modified by Stanford]*	63.383	66.262

図 10　SQuAD のリーダーボード

Leaderboard

Model	Report Time	Institute	RACE	RACE-M	RACE-H
Human Ceiling Performance	Apr. 2017	CMU	94.5	95.4	94.2
Amazon Mechanical Turker	Apr. 2017	CMU	73.3	85.1	69.4
Finetuned Transformer LM	June 2018	OpenAI	**59.0**	**62.9**	**57.4**
BiAttention (MRU) (ensemble)	Mar. 2018	Nanyang Technological University & Institute for Infocomm Research	53.3	60.2	50.3
Dynamic Fusion Networks (ensemble)	Nov. 2017	CMU & MSR	51.2	55.6	49.4
BiAttention (MRU)	Mar. 2018	Nanyang Technological University & Institute for Infocomm Research	50.4	57.7	47.4
Hierarchical Co-Matching	June 2018	Singapore Management University & IBM Research	50.4	55.8	48.2
Dynamic Fusion Networks	Nov. 2017	CMU & MSR	47.4	51.5	45.7
ElimiNet (ensemble)	Oct. 2017	IIT Madras	46.5	N/A	N/A

図 **11**　RACE のリーダーボード

答として，複数の Web 記事をもとに人間が作成した文章が準備されている．

　さらに難しいデータセットとして RACE（レース）[Lai 17] がある．RACE
は，中国の中高生の英語の問題セットであり，英語の本文と問題，そして選択肢
からなる．これは，東ロボの英語問題の複数文問題，長文問題とほぼ同じ問題設
定である．これまでのデータセットと異なり，人間の能力を測る目的で作られ
ていることから，コンピュータにとっては非常に難しいデータセットとなって
いる．図 11 は，RACE のリーダーボードのスクリーンショットである．デー
タが公開された当初は機械読解には難しすぎるデータセットかもしれないと思
われたが，最近ではリーダーボードも活況を呈してきた．

　上記のデータセットはどれも約 10 万問程度あり，深層学習を行うためのデー
タ量が確保されているところが特徴である．深層学習の分野では，このところ
外部知識や大規模な言語モデルの導入が盛んである．特に，言語モデルの効果
が顕著である．RACE において，現時点で最も高性能（59%の正解率）の手法
も機械翻訳で好成績を上げた Transformer という仕組みと言語モデルによる事
前学習を用いたものである [Radford 18]．Word2vec による単語の意味，そし
て，大規模な言語モデルによる並びの情報の上に，タスク特有の識別関数を学
習することで性能を上げている．

　最近では task-agnostic というキーワードや zero-shot 学習という言葉もよく
聞かれる．タスクに依存しなかったり，学習データを必要としないことを意味
する言葉である．機械読解の分野では，複数のデータセットが揃ってきたこと
から，なるべく統一的な手法で機械読解をモデル化し，未知の質問に回答できる

ようにしようとする機運が高まってきているように感じられる [McCann 18].

3.2　英語チームによる RACE データセットの利用

英語チームではいち早く深層学習の適用に取り組んできていたが，2016 年までのセンター模試を受ける段階では，RACE データセットは公開されていなかった．しかし，RACE データセットは明らかに東ロボの英語問題に似ている．本データを使うことで，英語問題の正解率が上がる可能性がある．そこで，東ロボにおいて，今後の深層学習の適用が精度向上につながるかどうかを確認するために，実験を行った．

具体的には，RACE データセットを用い，Stanford-Attentive Reader (SAR) [Chen 16]，および，Gated-Attention Reader (GAR) [Dhingra 17] によって深層学習のモデルを学習し，英語問題における意見要旨把握問題 114 問を解いてみた．SAR と GAR は機械読解において一般的な深層学習の手法である．

その結果，これまでで一番よかった Word2vec による手法が 29％程度の正解率（第 1 章の意見要旨把握問題における Word2vec の精度は 40％だが，本実験ではテストセットを拡充しており，こちらの方がより適切な評価になっていると考えられる）だったのに対し，44％まで精度改善できた．Word2vec で解くことができなかった問題について，質問文の内容と関係のある箇所を適切に捉え回答できていると思われるケースも見られた．本実験の詳細については，[喜多 18, 東中 18] を参照されたい．

この結果から，東ロボと似たようなデータセットがあれば点数改善の見込みがあることがわかる．SAR/GAR はすでに古典的な手法になってきているが，リーダーボードにあるような最新の手法を用いることで，50％を超える正解率も可能だと思われる（予備的な検討では，すでにそのような結果も得られている）．英語チームでは，さらなる深層学習適用の可能性を探っていくことにしている．

3.3　東ロボと機械読解の目指すもの

機械読解のコミュニティも最終的には東ロボチームの問題意識に近づいているように感じられる．それはつまり，データがないところやスモールデータでなんとかしなくてはならないという問題意識である．しかし，現状データセットがない問題についての機械読解の性能は低く，それほどすぐにブレークスルーが起こるとは考えにくい．また，現実の問題は，物理の章での冒頭でも書かれているように「例外しかない」という状況である．そのようなケースに対応で

きるのは現状では人間だけである．東ロボのこれまでの営みやその精度のこと
を考えると，人間と協働する AI の時代について考えることが先決だというこ
とには疑いはない．

参考文献

[Chen 16] Chen, D., Bolton, J., and Manning, C. D.: A Thorough Examination of
the CNN/Daily Mail Reading Comprehension Task, in *Proceedings of the 54th
Annual Meeting of the Association for Computational Linguistics (ACL)*, pp.
2358–2367 (2016)

[Dhingra 17] Dhingra, B., Liu, H., Yang, Z., Cohen, W., and Salakhutdinov, R.:
Gated-Attention Readers for Text Comprehension, in *Proceedings of the 55th An-
nual Meeting of the Association for Computational Linguistics (ACL) (Volume
1: Long Papers)*, pp. 1832–1846 (2017)

[Hermann 15] Hermann, K. M., Kocisky, T., Grefenstette, E., Espeholt, L., Kay, W.,
Suleyman, M., and Blunsom, P.: Teaching machines to read and comprehend, in
Proceedings of Advances in Neural Information Processing Systems (NIPS), pp.
1693–1701 (2015)

[Lai 17] Lai, G., Xie, Q., Liu, H., Yang, Y., and Hovy, E.: RACE: Large-scale reading
comprehension dataset from examinations, in *Proceedings of the 2017 Conference
on Empirical Methods in Natural Language Processing (EMNLP)*, pp. 785–794
(2017)

[Matsuzaki 16] Matsuzaki, T., Fujita, A., Todo, N., and Arai, N. H.: Translation
Errors and Incomprehensibility: a Case Study using Machine-Translated Second
Language Proficiency Tests, in *Proceedings of the Tenth International Conference
on Language Resources and Evaluation (LREC)* (2016)

[McCann 18] McCann, B., Keskar, N. S., Xiong, C., and Socher, R.: The Natural
Language Decathlon: Multitask Learning as Question Answering, *arXiv preprint
arXiv:1806.08730* (2018)

[Nguyen 16] Nguyen, T., Rosenberg, M., Song, X., Gao, J., Tiwary, S., Majumder,
R., and Deng, L.: MS MARCO: A human generated machine reading comprehen-
sion dataset, in *Proceedings of the Workshop on Cognitive Computation: Inte-
grating Neural and Symbolic Approaches* (2016)

[Radford 18] Radford, A., Narasimhan, K., Salimans, T., and Sutskever, I.: Improv-
ing Language Understanding by Generative Pre-Training (2018)

[Rajpurkar 16] Rajpurkar, P., Zhang, J., Lopyrev, K., and Liang, P.: SQuAD:

100,000+ questions for machine comprehension of text, in *Proceedings of the 2016 Conference on Empirical Methods in Natural Language Processing (EMNLP)*, pp. 2383–2392 (2016)

[Rajpurkar 18] Rajpurkar, P., Jia, R., and Liang, P.: Know What You Don't Know: Unanswerable Questions for SQuAD, in *Proceedings of the 56th Annual Meeting of the Association for Computational Linguistics (ACL) (Volume 2: Short Papers)*, pp. 784–789 (2018)

[喜多 18] 喜多 智也, 平 博順：Gated-Attention Reader を用いた英語意見要旨把握問題の自動解答, 第 24 回言語処理学会年次大会, D5-3 (2018)

[東中 18] 東中 竜一郎, 杉山 弘晃, 成松 宏美, 磯崎 秀樹, 菊井 玄一郎, 堂坂 浩二, 平 博順, 喜多 智也, 南 泰浩, 風間 健流, 大和 淳司：「ロボットは東大に入れるか」プロジェクトの英語における意見要旨把握問題の解法, 2018 年度人工知能学会全国大会予稿集, pp. 2C1–02 (2018)

おわりに

　私がこの原稿を書いているのは 2018 年 6 月である．2018 年は「大学ショック」と呼ばれている．戦後のベビーブームの団塊世代の子供にあたる団塊ジュニア，そしてそのジュニアの山が終わり，目に見えて 18 歳人口が減少する起点の年にあたる．私が 2011 年に「ロボットは東大に入れるか」プロジェクトを始めたとき，そのことは当然念頭にあった．大学入試は学習到達度による絶対的指標による選抜ではない．あくまでも相対的選抜に過ぎない．仮に，東京大学を含む各大学が入学定員を減らすことなく 2021 年を迎えたときどうなるか．そのとき意味を理解しない AI であっても相対的に東大合格すれすれまでうっかり到達してしまう可能性があるのではないか，との懸念を持っていたのである．たぶん，私たちが 2016 年に「すべての科目で一斉模試受験をすることを凍結する」という宣言を出したとき，多くの方は私たちが「東大入試突破を単に諦めた」と考えたに違いない．しかし，私にとって当初から最も関心があったのは，2016 年までに開発した東ロボの各教科解答システムに最新のデータやツールを用いたアップデートを施した上で 2021 年にセンター模試に挑戦したときにどうなるか，ということであった．そうすれば，2025 年の社会で AI がどれだけホワイトカラーの職を奪うかがさらにはっきりする．

　2011 年に私が想定したこの案に，大きな障壁となる事態が発生した．まさに 2021 年に予定されているセンター入試改革である．これまで東ロボの開発を題材に，現代の AI の可能性と限界について紹介してきた．AI にとって最大の鬼門は「突然のフレーム（枠組み）の変更」である．もしも，東大数学入試においてさえ問題が PISA 形式になり，会話文が出てきたり，具体的な状況把握を求められるようになったら，5 年間かけて築き上げてきた数学用の辞書では太刀打ちできなくなる．四技能（聞く，話す，読む，書く）の英語試験というものが何を指すのか，実施の 2 年前になっても明確な案が出てこない状況では，準備のしようがない．

　しかし，現在はやや楽観視している．新センター入試の試行調査において，新しいタイプの問題に高校生がまったく対応できず，特に数学では記述式問題の

平均点が限りなく 0 点に近かったからである．結局のところ，意味を理解して読めない生徒は，AI 同様に過去問という正解データの上でのパターン認識で問題を解かざるをえないのだ．その意味で，2021 年までに高校生が高校 2 年終了時までに，高校の教科書を苦もなくすらすらと読めるようになる＝リーディングスキルテストで満点に近い点を取れる，ようにならなければ，新センター入試改革は絵に描いた餅に終わり，十分な識別力を発揮できないだろう．であれば，東ロボにとってはかえってチャンスがある．

　既に，TOEIC で高得点を取る AI は情報通信研究機構を中心として検討されていると聞く．こうした業者による英語四技能テストで東大英語試験が免除されるのだとしたら，英語の偏差値が高まる可能性がある．東大数学入試は PISA 化するとは考えにくいので，東ロボは現在の得点を維持できると期待できる．加えて，東ロボにとって幸運なのは，国立大学の 2 次試験の模範答案と採点基準を公開するようにとの方向性が打ち出されたからだ．日本人は国立大学入試の「公平性」に対して，極端に潔癖である．私大が小論文でどのような採点をしているかは気にも留めず，国立大学のささいな出題ミスに目くじらを立て，マスコミも大々的に報道する．そのことの帰結は，火を見るより明らかだろう．採点基準と模範解答を公開することになれば，出題委員と採点担当者はさらに萎縮し，入試のフレームは狭まる．フレームが狭まり，採点基準が明らかになれば，AI は，そして AI のように訓練される生徒は，さらに有利になる．世界史と日本史の記述式でも，意味をまったく理解しない AI が生徒の得点を大幅に上回ることは十分にありうる．

　業者による四技能英語，数学，世界史・日本史という 4 科目の十分な得点によって，意味を理解しない東ロボが，東大入学最低点を上回る，という奇妙な現象が起こることは，決して荒唐無稽な話ではなかろう．そのことを私は最も憂える．なぜなら，それは科学技術の勝利などではなく，高度経済成長と人口増加時代の社会観を修正しえなかった日本という国の政策の敗北であり，それに巻き込まれた人間の敗北に過ぎないからだ．

　東ロボとはなんだったのか——そのことを 2030 年になってから振り返っても，後の祭りである．本書を通じて，東ロボが問いかけたことを，技術・教育・社会という広い枠組みでそれぞれの方に，今，改めてお考えいただければ幸いだ．

索引

執筆者および分担一覧

編者

新井紀子（あらい・のりこ，序章・終章の責任者）
東京都生まれ．一橋大学法学部・イリノイ大学数学科卒業．イリノイ大学大学院数学研究科を経て，東京工業大学より博士（理学）．2006 年から国立情報学研究所教授．2008 年から同社会共有知研究センター長．2017 年から（社）教育のための科学研究所代表理事．専門は数理論理学．2011 年より人工知能プロジェクト「ロボットは東大に入れるか」プロジェクトディレクタ．2016 年より読解力を診断する「リーディングスキルテスト」の研究開発を主導．
受賞：文部科学大臣表彰（科学技術分野），Netexplo Award，『AI vs. 教科書が読めない子どもたち』で，日本エッセイストクラブ賞，大川出版賞を受賞など．
著書：『AI vs. 教科書が読めない子どもたち』（東洋経済新報社，2018），『生き抜くための数学入門』（イーストプレス，2011），『数学は言葉』（東京図書，2009）など多数．

東中竜一郎（ひがしなか・りゅういちろう，序章・第 1 章・終章の責任者）
2001 年日本電信電話株式会社入社．2008 年慶應義塾大学大学院政策・メディア研究科博士課程修了．NTT コミュニケーション科学基礎研究所・NTT メディアインテリジェンス研究所上席特別研究員．博士（学術）．
著書：『質問応答システム』（コロナ社，2009），『おうちで学べる人工知能のきほん』（翔泳社，2017）など．

各章責任者

佐藤理史（さとう・さとし，第 2 章）
1988 年京都大学大学院工学研究科博士後期課程研究指導認定退学．京都大学大学院情報学研究科助教授などを経て，2005 年より名古屋大学大学院工学研究科教授．工学博士．著書：『コンピュータが小説を書く日』（日本経済新聞出版社，2016），『言語処理システムをつくる』（近代科学社，2017）など．

森　辰則（もり・たつのり，第 3 章）
横浜国立大学工学部助教授などを経て，2007 年より横浜国立大学大学院環境情報研究院教授．工学博士．訳書：『統計的自然言語処理の基礎』（共訳，共立出版，2017）など．

星野　力（ほしの・ちから，第 3 章）
2007 年東京工業大学大学院博士後期課程修了．日本ユニシス（株）総合技術研究所上席研究員．博士（工学）．

松崎拓也（まつざき・たくや，第 1 章）
東京大学大学院情報理工学系研究科助教，国立情報学研究所社会共有知研究センター特任准教授などを経て，名古屋大学大学院工学研究科准教授．博士（情報理工学）．著書：『数理言語学事典』（共著，産業図書，2013），『言語処理学事典』（共立出版，2009）など．

岩根秀直（いわね・ひでなお，第 5 章）
2014 年九州大学大学院数理学府数理学専攻博士後期課程修了．（株）富士通研究所，国立情報学研究所，博士（数理学）．

執筆者（五十音順）

新井紀子（国立情報学研究所）　　　　　　　　はじめに，序1節，終1節，
　　　　　　　　　　　　　　　　　　　　　　おわりに

五十嵐健夫（東京大学）　　　　　　　　　　　5.3節
石井　愛（日本ユニシス(株)総合技術研究所）　3.1.1項，3.2節，3.4.1項
石下円香（国立情報学研究所）　　　　　　　　3.3.3項
磯崎秀樹（岡山県立大学）　　　　　　　　　　1.12節
岩ケ谷崇（サイバネットシステム(株)）　　　　5.2.3項
岩根秀直（(株)富士通研究所，国立情報学研究所）4.2.4項，5.1節，5.2.2項，5.4節
尾崎幸謙（筑波大学）　　　　　　　　　　　　終1節
菊井玄一郎（岡山県立大学）　　　　　　　　　1.7，1.9節
小林実央（日本ユニシス(株)総合技術研究所）　3.1.1項，3.2節，3.4.1項
阪本浩太郎（横浜国立大学）　　　　　　　　　3.3.1項
佐藤理史（名古屋大学）　　　　　　　　　　　2.1.1，2.2.1項，2.3～2.6節
菅原真悟（国立情報学研究所）　　　　　　　　終1節
杉山弘晃（NTT CS）　　　　　　　　　　　　1.3，1.6節
平博順（大阪工業大学）　　　　　　　　　　　1.8節
髙田拓真（名古屋大学）　　　　　　　　　　　3.3.2項
堂坂浩二（秋田県立大学）　　　　　　　　　　1.4節
登藤直弥（筑波大学）　　　　　　　　　　　　終1節
成松宏美（NTT CS）　　　　　　　　　　　　1.4節
東中竜一郎（NTT CS・NTT MD）　　　　　　序2節，1.1，1.5，1.13節，終3節
星野　力（日本ユニシス(株)総合技術研究所）　3.1.1項，3.2節，3.4.1項
松崎拓也（名古屋大学）　　　　　　　　　　　4.1節，4.2.1～4.2.3項
　　　　　　　　　　　　　　　　　　　　　　4.3節，終2節，コラム
南　泰浩（電気通信大学）　　　　　　　　　　1.2，1.10，1.11節
森　辰則（横浜国立大学）　　　　　　　　　　3.1節，3.4.2項
大和淳司（工学院大学）　　　　　　　　　　　1.11節
横野　光（(株)富士通研究所）　　　　　　　　2.1.2，2.2.2項，2.7，2.8節，
　　　　　　　　　　　　　　　　　　　　　　5.2.1項

　　　　　※ NTT CS＝日本電信電話（株）NTT コミュニケーション科学基礎研究所
　　　　　※ NTT MD＝日本電信電話（株）NTT メディアインテリジェンス研究所

協力者（五十音順）

青木花純，浅川護，穴井宏和，天嵜聡介，荒木良元，井内健人，池田真土里，石田裕也，石原侑樹，伊藤圭汰，伊藤巧，稲邑哲也，犬塚慎也，植田佳文，大滝俊哉，大本佳奈，開田聡子，加藤真基，狩野芳伸，加納隼人，川上聖貴，川添愛，河村玲奈，神門典子，喜多智也，北川啓太朗，木野内友梨，木村遼，尭天貴之，工藤淳真，久保大輝，河野泰宏，小林宗弘，坂本祐磨，佐藤翔多，佐藤文香，佐藤洋祐，澤田宏，湛溢洋，渋木英潔，下村賢，下山晃一，鈴木潤，鈴木佑京，盛陽，高瀬惇，但馬康宏，伊達信太郎，玉木竜二，照井章，外川拓真，内藤大樹，永田昌明，中野仁登，西田京介，西村翔平，野口輝，林克彦，平尾努，広松芳紀，深作亮也，藤川哲志，藤田彬，星野翔，前田賢一郎，眞鍋陽俊，峰匡哉，三村奈央，宮尾祐介，目黒豊美，森川源士，森崎亮太，山田高太郎，湯藤真大，横田英里子，横山和弘，吉田達平，芳野拓哉，盧博文，和田瑞稀，Austin Windsor，Teguh Budianto，数研出版（株）

人工知能プロジェクト「ロボットは東大に入れるか」

第三次 AI ブームの到達点と限界

2018 年 9 月 25 日　初　版

[検印廃止]

編　者　　新井紀子・東中竜一郎
発行所　　一般財団法人　東京大学出版会
代表者　　吉見俊哉
〒 153-0041 東京都目黒区駒場 4-5-29
電話 03-6407-1069　　Fax 03-6407-1991
振替 00160-6-59964
キャラクターデザイン　　山崎　理
印刷所　　三美印刷株式会社
製本所　　誠製本株式会社

川添　愛

白と黒のとびら　オートマトンと形式言語をめぐる冒険

A5 判/324 頁/2,800 円

川添　愛

精霊の箱　チューリングマシンをめぐる冒険　上・下

A5 判/上 312・下 304/各 2,600 円

川添　愛

自動人形の城　人工知能の意図理解をめぐる物語　　A5 判/304 頁/2,200 円

甘利俊一 監修／深井朋樹 編

脳の計算論　シリーズ脳科学 1　　　　　　　　　　A5 判/288 頁/3,600 円

山口和紀 編

情報　[第 2 版]　東京大学教養学部テキスト　　　A5 判/304 頁/1,900 円

増原英彦＋東京大学情報教育連絡会

情報科学入門　Ruby を使って学ぶ　　　　　　　　A5 判/256 頁/2,500 円

岩下武史・片桐孝洋・高橋大介

スパコンを知る　その基礎から最新の動向まで　　A5 判/176 頁/2,900 円

ここに表示された価格は本体価格です．御購入の
際には消費税が加算されますので御了承下さい．